A ERA DA FALIBILIDADE

GEORGE SOROS

A ERA DA FALIBILIDADE

CONSEQUÊNCIAS DA GUERRA CONTRA O TERRORISMO

Tradução de
Pedro Elói Duarte

ALMEDINA

Título original: *The Age of Fallibility*
Consequences of the War on Terror

A ERA DA FALIBILIDADE

AUTOR
GEORGE SOROS

© George Soros, 2006

EDITOR
EDIÇÕES ALMEDINA, SA
Avenida Fernão de Magalhães, n.º 584, 5.º Andar
3000-174 Coimbra
Tel.: 239 851 904
Fax: 239 851 901
www.almedina.net
editora@almedina.net

PRÉ-IMPRESSÃO • IMPRESSÃO • ACABAMENTO
G.C. – GRÁFICA DE COIMBRA, LDA.
Palheira – Assafarge
3001-453 Coimbra
producao@graficadecoimbra.pt

Janeiro, 2008

DEPÓSITO LEGAL
269615/08

Os dados e as opiniões inseridos na presente publicação
são da exclusiva responsabilidade do(s) seu(s) autor(es).

Toda a reprodução desta obra, por fotocópia ou outro qualquer processo,
sem prévia autorização escrita do Editor,
é ilícita e passível de procedimento judicial contra o infractor.

ÍNDICE

Agradecimentos	7
Prólogo	9
Introdução	25

Parte I: Estrutura Conceptual

1. Pensamento e Realidade	35
2. O Significado de Sociedade Aberta	89

Parte II: O Momento Actual da História

3. O Que Está Errado com a América?	127
4. Uma Sociedade Hedonista	161
5. O Que Está Errado com a Ordem Mundial?	207
6. Explorar as Alternativas	253
7. A Crise Energética Global	281

Apêndice: A Estrutura Original	299
Índice Remissivo	365

AGRADECIMENTOS

Não teria conseguido escrever este livro sem a ajuda da minha assistente pessoal, Yvonne Sheer. Michael Vachon fez muito mais do que se esperava de um Director de Comunicações. Outros colaboradores meus, incluindo Douglas York, Dan Lustig, Wylia Sims e Edward Sypniewski, auxiliaram-me também de variadas formas.

Recebi comentários preciosos de muitas pessoas, que listarei por ordem alfabética: Hakan Altinay, Zoe Baird, Kurt Biedenkopf, Emma Bonino, Robert Boorstin, Rosa Brooks, Maria Cattaui, Steven Clemons, Joan Dunlop, Yehuda Elkana, Sylvie Erb, Gareth Evans, Joseph Firestone, Roman Frydman, Misha Glenny, Karen Gordon, John Gray, Lani Guinier, Morton Halperin, Joost Hiltermann, Mary Kaldor, Anatole Kaletsky, Robert Kushen, Terje Larsen, Charles Leykum, Karin Lissakers, Mark Malloch Brown, Anthony Marx, William Maynes, Pierre Mirabaud, Kalman Mizsei, Ethan Nadelmann, Aryeh Neier, Howard Newman, Kalypso Nicolaidas, Wiktor Osiatynski, Christopher Patten, Istvan Rev, Anthony Richter, Jack

Rosenthal, Thomas Scanlon, Laura Silber, John Simon, Robert Skidelsky, F. van Zyl Slabbert, Aleksander Smolar, Jonathan Soros, Mark Steitz, Herb Sturz, Strobe Talbott, Stuart Umpleby, Mabel van Oranje, Byron Wien e Andre Wilkens.

Na Universidade Central Europeia, em Budapeste, beneficiei de uma discussão com os seguintes participantes: Aziz Al-Azmeh, Sorin Antohi, Andri Chassambouli, Yehuda Elkana, Katalin Farkas, Eva Fodor, Janos Kis, Liviu Matei, Daniel Monterescu, Prem Kumar Rajaram, Howard Robinson e Carstein Schneider; e num seminário informal, realizado em minha casa com Leon Botstein, Rosa Brooks, Troy Duster, Hendrik Hertzberg, Harold Koh, Gara LaMarche, Deborah Leff, Nicholas Lemann, Aryeh Neier, Peter Osnos, John Podesta, Simon Rosenberg, Mark Schmitt, Jennifer Soros, Jonathan Soros e Michael Vachon.

A PublicAffairs e em especial o seu fundador, Peter Osnos, supcraram-se como de costume.

Abril de 2006
George Soros

PRÓLOGO

Muitos são os que sonham fazer do mundo um lugar melhor, mas, ao contrário da maioria das pessoas, tive a sorte de conseguir realizar muitos dos meus sonhos. Dito isto, a minha influência tem sido demasiado exagerada. Chamaram-me «o homem que arruinou o Banco de Inglaterra» quando o Reino Unido foi obrigado a abandonar o Mecanismo de Taxas de Câmbio do Sistema Monetário Europeu. Mohamed Mahatir, o ex-primeiro-ministro da Malásia, acusou-me de ser o causador da crise financeira asiática de 1997. O presidente da Rússia, Vladimir Putin, considera-me responsável pelas chamadas revoluções coloridas na Geórgia e na Ucrânia. E fui acusado de tentar comprar as eleições depois de me ter oposto à reeleição do presidente George W. Bush em 2004. Todas estas acusações são exageradas ou infundadas. Por exemplo, não negociei em divisas asiáticas durante vários meses antes da crise; logo, não podia tê-la provocado. Mas continua a dizer-se que tive influência em alguns destes acontecimentos e em muitos outros. As minhas fundações trabalharam nos países que faziam parte do império soviético e apoiaram as forças que lutavam para transformar esses países em sociedades abertas. Deram apoio à cultura, à educação e à ciência quando o monólito do Estado comunista se desmoronou. Ajudaram a educar uma nova elite romani (cigana) consciente. A Década da Inclusão dos Ciganos, que juntou nove governos, a União Europeia e o Banco Mundial num esforço concertado para melhorar as condições de vida dos ciganos, foi ideia minha. Nos anos 90, durante as guerras dos Balcãs, a minha fundação e os seus corajosos funcionários fizeram tudo o que podiam para aliviar o terror em Sarajevo. Estive também por detrás da campanha Divulgue o Que Paga e da Iniciativa pela Transparência nas Indústrias Extractivas. Com ou sem razão, convenci-me de que posso ter alguma influência no rumo dos acontecimentos, de que posso ter uma política.

Como é que alcancei esta posição privilegiada? Isso é uma longa história e já contei partes dela. Para resumir, penso que combino três qualificações. Em primeiro lugar, desenvolvi um sistema conceptual que me deu uma certa compreensão da história, em particular daquilo a que chamo situações longe do equilíbrio; em segundo, tenho um conjunto de fortes crenças éticas e políticas; em terceiro lugar, ganhei muito dinheiro. Muitas pessoas têm um ou dois destes atributos, mas a combinação dos três é rara. Além disso, a rede de fundações sem fins lucrativos que estabeleci providencia-me uma base firme de conhecimento local pelo qual posso reivindicar o direito de ser ouvido sobre vários assuntos. E as pessoas que dirigem estas fundações têm o direito de participar na vida política dos seus países, um direito que eu, como estrangeiro, não posso ter.

De início, eu era um individualista. Quando o sistema soviético se desmoronou, as minhas fundações funcionavam bem sozinhas; mas, quando tentei cooperar com outras instituições ou governos, tive pouco êxito. Os acontecimentos ocorriam demasiado depressa para que fosse possível acompanhá-los. Durante muito tempo, as minhas fundações eram praticamente as únicas existentes e isso tornou-as muito influentes; mas quando propunha várias iniciativas políticas, as minhas propostas caíam geralmente em saco roto. Desde então, a situação inverteu-se. A minha capacidade de fazer coisas sozinho diminuiu bastante, isto porque lido com questões muito maiores e porque já não sou o único a agir no terreno. Por outro lado, adquiri um poder considerável de congregar esforços. Posso ajudar a resolver as questões tomando a iniciativa ou, simplesmente, participando. Isso permite-me desenvolver um plano de acção e assumir posições melhor do que antes.

Gostaria de esclarecer a minha posição. O meu objectivo é fazer do mundo um lugar melhor. Isto não é nada invulgar. Muitas pessoas partilham desta minha aspiração e trabalham para ela de forma mais desinteressada do que eu. Aquilo que me distingue é o facto de o poder fazer numa escala muito maior do que a maioria das outras pessoas. Certa vez, Branko Crvenkovski, quando era primeiro-ministro da Macedónia, descreveu-me como um estadista sem Estado. «Os Estados têm interesses, mas não têm princípios», disse ele. «O senhor tem princípios, mas não tem interesses.» Gosto desta descrição e tento viver de acordo com ela. O mundo tem grande necessidade de estadistas sem Estado.

A nossa sociedade desconfia daqueles que se dizem virtuosos, e com razão. Muitas pessoas ricas que constituem fundações têm, para isso, segundas motivações. Quero acreditar que sou diferente. Poder fazer aquilo que está certo é um privilégio raro e exercer esse privilégio é muito compensador. Mas, às pessoas que questionam as minhas motivações, digo-lhes sempre que têm o direito de o fazer. Quando afirmo ser desinteressado, o ónus da prova é meu.

Enquanto estadista sem Estado, enfrento muitos obstáculos. Em primeiro lugar, não sou verdadeiramente desinteressado. Devo confessar que nutro o desejo de causar impacto e dá-me gozo estar envolvido nos acontecimentos históricos. Em segundo, não tenho um saber perfeito. Posso muito bem enganar-me. Fiz a minha fortuna nos mercados financeiros compreendendo-os e corrigindo os meus erros. Na política internacional, os erros têm consequências mais duradouras. Em terceiro lugar, reconheço que ninguém me elegeu ou nomeou como guardião do interesse público; assumi esse papel sozinho. As pessoas têm razão em desconfiar de alguém que pode levar a cabo uma política, mas que não tem de prestar contas ao público. No entanto, penso que os interesses comuns da humanidade têm grande necessidade de ser protegidos e é preferível fazê-lo de forma imperfeita do que nem sequer tentar. Um dos meus heróis, Sergei Kovalyov, disse-me certa vez: «Durante toda a vida, lutei por causas perdidas.» Ele era um antigo dissidente soviético que, depois, veio a ser o porta-voz da Duma russa e desempenhou um papel importante na resolução da primeira guerra na Chechénia. Tento seguir-lhe as pisadas. Nos mercados financeiros, assumo posições com o objectivo de ganhar. Na esfera social, assumo posições porque acredito nelas, quer tenha ou não sucesso. Esta é a diferença entre os mercados financeiros, que não são geridos por considerações morais, e a esfera social, onde a moralidade devia ter um papel a desempenhar.

Tenho agora 75 anos de idade e o meu horizonte temporal está a ficar cada vez mais pequeno. Por isso, tenho de estabelecer uma distinção entre aquilo que espero poder fazer no meu tempo de vida e a missão da minha rede de fundações depois de eu morrer. Tenho alguma relutância em definir a minha própria agenda porque quero mantê-la em aberto, mas tenho de começar a definir a agenda das minhas fundações, pois não o poderei fazer depois.

14 | A ERA DA FALIBILIDADE

Este livro ajudou-me a clarificar a minha agenda. Por vezes, vejo as coisas de forma clara. Nesses momentos, posso levar a cabo acções decisivas. Isto aconteceu muitas vezes na minha carreira financeira. O exemplo mais conhecido foi quando «arruinei o Banco de Inglaterra». Sucedeu também na minha vida filantrópica e pública. Destaco as decisões de criar uma rede de fundações de sociedade aberta quando o sistema soviético se desmoronou e de me opor à reeleição do presidente Bush. Quando comecei a escrever este livro, não via as coisas de forma clara; esta foi uma das razões que me levaram a escrevê-lo. Quando o concluí, senti que passava por mais um desses momentos. Sei o que é preciso ser feito e estou preparado para isso, mesmo que tal signifique perder batalhas. A minha esperança e aspiração é que, depois de os leitores terem lido o livro, acabem por sentir o mesmo.

Desenvolvi uma filosofia que desempenhou um papel central na minha vida. Orientou-me para ganhar dinheiro e para gastá-lo, embora não tenha a ver com dinheiro. Sei quão importante é esta filosofia para mim pessoalmente, mas estou ainda por saber se ela pode ter um significado similar para os outros. Esta é a minha grande prioridade e este livro é, provavelmente, o meu último esforço nesse sentido.

Traduzindo a minha filosofia numa agenda política, posso definir o meu objectivo como uma sociedade aberta global. Persigo-o em dois níveis. Um diz respeito à ordem mundial, o outro à ordem que predomina em cada um dos países.

Acho que a ordem mundial é frustrante como agenda prática. Implica grandes ideias e muitas palavras, mas não têm grande impacto. As minhas fundações estão habituadas a resolver problemas, e é por isso que penso que os grandes discursos são debilitantes. Há muito mais a fazer para promover sociedades abertas nos vários países. As condições nem sempre são favoráveis, mas, de vez em quando, abrem-se algumas janelas de oportunidade e, quando isso acontece, gosto de entrar em acção.

Tenho de explicar o que quero dizer com sociedade aberta global. Sublinho que não quero dizer um governo global. Os governos, devido à sua própria natureza, interferem com a liberdade individual. Quando há muitos países por onde escolher, podemos emigrar; mas um governo global seria opressivo quase por definição. O que eu quero dizer é a regência do direito internacional. A ordem mundial vigente não é satisfatória. Os neoconservadores (ou *neocons*, como agora são chamados) têm razão neste ponto: as relações internacionais são regidas pela força e não pela lei. Isto tem de mudar: o direito internacional tem de ser imposto. Isto requer instituições internacionais mais fortes do que aquelas que temos hoje. Obviamente, precisamos do Tribunal Criminal Internacional (TCI), mas precisamos também de outras instituições menos óbvias. A Organização Mundial do Comércio (OMC) é um bom exemplo, pois tem um mecanismo eficiente de aplicação. A OMC é muito criticada por ser injusta para com os países em desenvolvimento e isto tem de ser resolvido pela alteração das regras; mas a estrutura em si é exemplar.

Uma sociedade aberta global tem de reconhecer que todas as regras são imperfeitas e passíveis de ser melhoradas. Necessitamos também de regras para alterar as regras, mas estas não têm necessariamente de ser postas num código, pois isso podia levar a uma interminável discussão sobre o sentido das palavras. Já temos um exemplo disso na Assembleia Geral das Nações Unidas. Deixemos que o uso determine as regras – há muito a dizer pela lei comum nas relações internacionais.

Descrevi a estrutura geral de uma sociedade aberta global. Agora tem de ser preenchida com conteúdos. Aqui, recuso propor uma prescrição válida para sempre, pois cada sociedade e cada geração tem de definir para si mesma o significado da sociedade aberta. A forma presente da globalização é assimétrica. Os mercados, sobretudo os mercados financeiros, tornaram-se globais, mas as instituições necessárias para que uma sociedade se desenvolva ou sobreviva não passaram pelo mesmo processo. Os acordos políticos baseiam-se na soberania dos Estados; não são suficientes para cuidarem dos interesses colectivos da humanidade, como a paz, a segurança, o ambiente, a justiça social e até a estabilidade dos mercados financeiros.

A soberania é um conceito anacrónico; foi herdado de um tempo em que os reis dominavam os seus súbditos. Na Revolução Francesa, o rei foi decapitado e o povo apoderou-se da soberania do Estado. Ainda que fosse utópico substituir a soberania do povo por outra coisa, o princípio, em si mesmo, é desajustado ao cada vez mais interdependente mundo de hoje. Há muitos problemas que transcendem as fronteiras nacionais. Por exemplo, enfrentamos uma crise energética global. E, dentro das fronteiras nacionais, os governantes abusam frequentemente do seu poder. Quando o abuso chega a um ponto em que o povo não tem outro recurso, a comunidade internacional tem o dever de intervir. Este é um caso para a aplicação daquilo a que Karl Popper chamou engenharia social gradativa, e estou disposto a empenhar-me nela pessoalmente e por meio das minhas fundações.

Estou sempre envolvido em muitos projectos e a lista altera-se continuamente. Alguns projectos têm êxito, outros falham. Tendo a envolver-me mais naqueles que avançam por si mesmos e a abandonar os que necessitam de demasiado esforço. Por exemplo, apoiei a Comunidade das Democracias desde o seu lançamento, em 2000, pela Declaração de Varsóvia, porque subscrevo os seus princípios, mas, como projecto para as fundações, considerei-o sempre marginal. Após a conferên-

18 | A ERA DA FALIBILIDADE

cia de 2005, no Chile, que foi um festival de conversa inútil, tive vontade de abandoná-la, mas, depois da constituição do Conselho dos Direitos Humanos das Nações Unidas, a Comunidade pode até ter futuro. Por contraste, a campanha Divulgue o Que Paga, lançada em 2002, transformou-se num movimento bem sucedido contra a má utilização das receitas provenientes dos recursos naturais e envolvi-me profundamente nela.

Escrever este livro ajudou-me a estabelecer prioridades para o futuro. Algumas delas distanciam-se bastante das nossas actividades anteriores. Identifiquei dois problemas que ameaçam a nossa sobrevivência: a crise energética global e a proliferação nuclear. A respeito do primeiro, estamos já na vanguarda do combate contra a maldição* dos recursos naturais e estamos agora a envolver-nos no problema do aquecimento global. A política russa de usar os contratos de fornecimento de gás para subornar os países vizinhos e para desviar para benefício privado aquilo que deviam ser receitas públicas será um campo de interesse especial. A proliferação nuclear, por outro lado, tem estado completamente fora da acção das minhas fundações.

---

* A «maldição dos recursos» refere-se a um paradoxo, segundo o qual os países com abundância de recursos naturais tendem a ter um crescimento económico menor do que os países que não têm esses recursos (*N.T.*).

Não sei o que podemos fazer em relação a este problema, mas não podemos ignorá-lo.

O principal obstáculo a uma ordem mundial estável e justa são os Estados Unidos. Trata-se de uma afirmação muito dura – e, para mim, dolorosa –, mas, infelizmente, estou convencido de que é verdadeira. Os Estados Unidos continuam a definir a agenda mundial, apesar da sua perda de influência desde o 11 de Setembro, e a administração Bush está a definir a agenda errada. A agenda Bush é nacionalista: enfatiza o uso da força e ignora os problemas globais, cuja solução requer a cooperação internacional. O resto do mundo dança ao som da música tocada pelos Estados Unidos e se isto continuar durante muito tempo corremos o risco de destruir a nossa civilização. Mudar a atitude e as políticas dos Estados Unidos continua a ser a minha grande prioridade.

A tarefa ficou mais complicada desde as eleições de 2004 e esta foi a fonte da minha confusão quando me sentei para escrever este livro. Já não se trata de afastar o presidente Bush da Casa Branca; é necessário repensar de forma mais profunda o papel da América no mundo. Não basta reatar as políticas da administração anterior; os Estados Unidos têm que mudar a sua maneira de pensar. O processo deve começar pelo reconhecimento da guerra contra o terrorismo como uma metáfora falsa. Admite-se agora que a invasão do Iraque foi um erro grave, mas a guerra contra o terrorismo continua a ser uma política geralmente aceite.

20 | A ERA DA FALIBILIDADE

A mudança da maneira de pensar não pode ser levada a cabo apenas pelo apoio ao Partido Democrata nas eleições de 2006 e de 2008, pois os democratas não mostram sinais de quererem empenhar-se na tarefa de repensar a atitude americana. Pelo contrário, mostram-se tão apavorados com a acusação dos republicanos de que são brandos, que estão determinados em superar os adversários políticos na guerra ao terrorismo. No entanto, penso que é importante que os democratas ganhem o controlo do Congresso em 2006. Uma Câmara dos Representantes controlada pelos democratas poderia revelar os podres que a administração Bush hoje esconde debaixo do tapete.

Devido à forma arbitrária como os distritos congressionais foram divididos, conquistar o Congresso não será fácil, isto apesar da viragem da opinião pública contra a administração Bush. Além disso, o Partido Republicano é apoiado por um movimento conservador bem financiado, e a Comissão Nacional Republicana tem uma máquina eleitoral muito superior à da Comissão Eleitoral Democrata. É urgente fortalecer o Partido Democrata de modo a criar um campo de luta mais equilibrado. As restrições financeiras impostas pela lei McCain-Feingold* vão dificultar esta tarefa.

---

* A lei McCain-Feingold, promulgada em 2002, regula e limita as formas de financiamento das campanhas eleitorais (*N.T.*).

A Comissão Nacional Republicana continuará a gozar de uma vantagem permanente porque construiu a sua máquina antes de estas restrições entrarem em vigor. O objectivo principal tem de ser resgatar o Partido Republicano dos conservadores e dos extremistas religiosos que agora o controlam. A democracia americana assenta em dois partidos que competem pelo centro e o sistema alterou-se quando os extremistas capturaram o Partido Republicano. Para se reestabelecer o equilíbrio, os extremistas têm de ser derrotados. Uma retumbante vitória democrata em 2006 poderia conseguir isso*.

Não gosto de me envolver em política partidária, pois o Partido Democrata não apoia as políticas que eu defendo; de facto, se o partido as apoiasse, não ganharia eleições. Prefiro estar acima da política. No entanto, sinto-me obrigado a apoiar o Partido Democrata até que o Partido Republicano seja resgatado dos extremistas. Gosto também de apoiar grupos de reflexão e organizações civis capazes de criarem um contrapeso ao movimento conservador, mas não quero que se tornem numa imagem reflectida dos conservadores. Se o movimento conservador representa uma ameaça para a sociedade aberta, um movimento progressista que

---

* Nas eleições legislativas de 7 de Novembro de 2006, o Partido Democrata conseguiu esta vitória retumbante e passou a dominar o Congresso (*N.T.*)

utilizasse os mesmos métodos mais não faria do que reforçar a ameaça. Mas o movimento conservador mostrou-se muito eficiente. Como pode um contrapeso ser igualmente eficiente e, ainda assim, manter os princípios da sociedade aberta? Esta é uma questão desconcertante.

A minha ênfase no papel dos Estados Unidos como fonte de estabilidade no mundo e defensores da nossa civilização é, de certa forma, exagerada devido a considerações pessoais. Escolhi os Estados Unidos como lar, por isso, tenho um interesse pessoal em justificar a minha escolha. Além disso, sou obrigado a adoptar um ponto de vista americano se quero tentar influenciar a política americana. Mas sou também europeu. O falhanço dos Estados Unidos em exercerem correctamente a liderança levou-me a acreditar que a Europa pode desempenhar um papel mais importante, e, se o fizesse, podia constituir um exemplo a ser seguido pelos Estados Unidos. Talvez seja este o momento certo para criar uma fundação europeia da sociedade aberta. Estou também a criar um Fundo Cultural Árabe. Uma língua comum podia aproximar os países que correm o risco de ser destruídos pelos conflitos sectaristas, e a cultura pode servir de contrapeso à radicalização do Islão. Escusado será dizer que tanto a iniciativa europeia como a árabe devem ter patrocinadores e líderes locais. A minha fundação dará apenas o impulso e financiamento iniciais.

O declínio acentuado do poder e da influência dos Estados Unidos tornou o mundo mais instável. Sou patrocinador e apoiante do Grupo Internacional de Crise [ICG, na sigla inglesa], cuja missão é antecipar as crises antes que estas irrompam, analisá-las e sugerir soluções. Há inúmeras crises em estado latente. Estou especialmente preocupado com o rumo cada vez mais autoritário e agressivo que a Rússia está a seguir. Encerrei a minha fundação na Rússia mesmo a tempo de evitar perseguições, mas estou empenhado em manter viva a chama da liberdade naquele país. Estou também disposto a fazer o que for possível para ajudar os países vizinhos que conseguiram realizar eleições livres a conservarem a sua independência em relação à Rússia.

Originalmente, não queria que as minhas fundações me sobrevivessem. Tinha grandes reservas quanto à filantropia, pois esta contraria a essência do carácter humano. Somos egoístas por natureza, mas os filantropos devem agir de forma desinteressada; isto dá origem a todo o tipo de contradições e a uma tendência para a hipocrisia. Achava que, enquanto fundador, estava mais bem capacitado para proteger a fundação contra estas armadilhas do que um conselho de administração orientado por responsabilidades institucionais.

Entretanto, mudei de ideias. Achei que seria egoísta se permitisse que a fundação morresse comigo. Afinal de contas, há muita gente que dedica a vida à fundação. Por que deve o trabalho dessas pessoas acabar com a minha morte? Mas esta não foi a razão principal, pois penso que o pessoal da fundação deve servir a missão da fundação e não o contrário. Percebi que as fundações têm uma missão que podem continuar a cumprir sem mim. Essa missão é apoiar a sociedade civil na vigilância do desempenho dos governos. Trata-se de uma função essencial da sociedade civil numa democracia, mas é difícil angariar o apoio de outros filantropos, sobretudo nos países menos desenvolvidos. Percebi isto na África do Sul, onde o partido do governo tem uma maioria absoluta; no entanto, as condições para uma sociedade aberta são preservadas por um poder judicial independente e por uma sociedade civil disposta a pedir contas ao governo. Paralelamente ao apoio à sociedade civil, a fundação deve também ajudar os governos a desenvolverem as suas capacidades. É uma iniciativa que pretendo pôr em prática ainda em vida.

Para além destas duas actividades, espero que as fundações continuem a envolver-se em muitas outras acções. Porque quero que as fundações continuem a ser tão empreendedoras como o são agora, devo abster-me de definir antecipadamente o campo das suas actividades. Antes de começar a escrever este livro, não sabia que iria envolver-me na crise energética mundial; então, como posso prever aquilo em que a fundação se deve concentrar quando eu já cá não estiver?

INTRODUÇÃO

Como celebrei recentemente o meu 75.º aniversário, é uma altura adequada para reflectir. Tenho tido uma vida preenchida e interessante. Há muito para recordar, mas a minha vida ainda não acabou e não estou preparado para redigir as minhas memórias. De qualquer modo, não as redigiria muito bem. Tenho muito má memória dos acontecimentos passados. Costumo dizer, a brincar, que só me lembro do futuro. A minha vida passou por muitas fases e cada uma delas envolveu-me intensamente na altura em que a vivi. Agora que estou noutra fase, tenho dificuldade em reviver as antigas e nem o quero fazer. Prefiro olhar para a frente do que para trás.

Tenho uma mentalidade abstracta e os acontecimentos concretos só me interessam na medida em que me fornecem alguma experiência ou conhecimento que seja relevante para a minha vida. É impressionante como tantos acontecimentos que vivi passaram por mim sem deixarem grandes vestígios. Fiz também questão de não coleccionar documentos que me ajudariam a refrescar a memória ou que constituiriam matéria-prima para um biógrafo. Tomei esta decisão por volta de 1984, quando criei uma fundação na Hungria para apoiar a sociedade civil contra o regime comunista. As pessoas que trabalhavam com a fundação corriam sérios riscos e achei que a minha fundação servia para elas e não para mim. Esta atitude contribuiu para o sucesso da fundação. Agora lamento não ter feito um arquivo, pois a rede da fundação adquiriu uma dimensão e importância que merece ser convenientemente documentada. Mas, naquela altura, foi a decisão acertada.

Em vez de redigir as minhas memórias, quero expor e desenvolver a estrutura conceptual que me guiou ao longo da vida. Como é difícil transmitir ideias abstractas, resolvi fazer uma abordagem autobiográfica. Esta abordagem tem uma grande desvantagem: não poderei evitar dizer o que penso; na escrita autobiográfica, mais ninguém o pode fazer por mim.

Quando falo em expor e desenvolver as minhas ideias, tenho em mente dois objectivos distintos. Certo ou errado, acho que adquiri alguns conhecimentos importantes e desejo partilhá-los. Ao mesmo tempo, confronto-me com questões sem paralelo no passado e sinto a necessidade de as compreender melhor. Isto exige o estudo dos problemas actuais e a revisão e desenvolvimento da estrutura conceptual que utilizo. No passado, utilizava a minha estrutura conceptual como guia para a acção. Agora que cheguei aos 75 anos de idade, o meu campo futuro de acção é limitado. Gostaria que este livro servisse de guia, não só para mim mas também para outras pessoas nos seus esforços para melhorarem o mundo.

Entre os problemas que hoje me preocupam incluem-se a guerra ao terrorismo, como lidar com ditadores como Saddam Hussein, como promover o desenvolvimento democrático e aliviar a pobreza e como lidar com o aquecimento global e a proliferação nuclear. Para alguns problemas, descortino soluções possíveis; outros são profundamente frustrantes.

A minha maior frustração tem a ver com os graves equívocos que, nos últimos anos, têm predominado nos Estados Unidos. Os equívocos têm um papel proeminente na minha visão do mundo. Considero-os factores causais na formação do curso da história. E vejo a sociedade aberta como uma forma desejável de organização social exactamente devido à sua capacidade de corrigir os equívocos. Como é que a sociedade aberta mais antiga e mais bem sucedida pode ter sido vítima de equívocos?

No meu último livro, *The Bubble of American Supremacy*, tentei responsabilizar a administração Bush. Chamei à guerra contra o terrorismo e à invasão do Iraque aberrações temporárias que seriam corrigidas nas eleições seguintes. Mas o presidente Bush foi reeleito. Agora tenho de aprofundar a questão e perceber o que está errado na sociedade contemporânea americana. É isto que pretendo fazer neste livro.

O meu argumento é que a América se tornou uma sociedade «hedonista»* incapaz de enfrentar uma realidade desagradável. É por isso que as pessoas podem ser tão deploravelmente enganadas pela administração Bush. A menos que esta atitude hedonista possa ser alterada, os Estados Unidos estão condenados a perder a sua posição dominante no mundo. Isto terá consequências muito adversas não só para a América, mas também para o mundo.

Para desenvolver a minha argumentação, tenho de começar pelo princípio e analisar a relação entre o pensamento e a realidade. Será uma discussão abstracta e filosófica, mas, se estiver certo ao afirmar que os equívocos desempenham um papel proeminente na história, não a posso evitar. O nosso entendimento da realidade é inerentemente imperfeito e todas as criações humanas são defeituosas de uma forma ou de outra. As sociedades abertas reconhecem a nossa falibilidade, as sociedades fechadas negam-na. Os Estados Unidos são uma sociedade aberta, mas as pessoas não são muito versadas em filosofia e não compreendem totalmente os princípios da sociedade aberta. É por isso que são enganadas. Para desenvolver este argumento, tenho de explicar o conceito de sociedade aberta.

---

* No original, «*a feel-good society*» (*N.T.*).

Tentei fazer com que a discussão filosófica, na Primeira Parte, fosse tão legível quanto possível, o que fortalecerá os argumentos da Segunda Parte. Por exemplo, explico que a verdade não é tão evidente por si mesma quanto os Pais Fundadores pensavam quando assinaram a Declaração de Independência. Desde então, descobrimos que a verdade pode ser manipulada. Para continuarmos na senda da verdade, temos de compreender que as metáforas falsas e outros equívocos podem ter consequências adversas inesperadas. Grande parte do eleitorado não tem consciência disto. Quem não estiver interessado nesta discussão, pode passar directamente para a segunda parte do livro.

Na Segunda Parte, falo daquilo que penso serem os problemas mais prementes do momento actual da história: os perigos presentes para a América enquanto sociedade aberta; os falhanços da União Europeia enquanto sociedade aberta; as dificuldades na promoção da democracia; a falta de uma comunidade internacional legítima capaz de exercer a responsabilidade de proteger; a crise energética global e a proliferação nuclear. Não posso reivindicar o mesmo tipo de validade para as minhas opiniões sobre estes temas como o faço relativamente à estrutura conceptual. Se o fizesse, isso invalidaria a minha estrutura. Enquanto participante, não posso evitar expor a minha opinião pessoal, que é já visível na escolha dos problemas abordados.

Posso resumir assim o meu argumento principal da Segunda Parte: os Estados Unidos caíram nas mãos de ideólogos extremistas, liderados pelo vice-presidente Dick Cheney e pelo secretário da Defesa Donald Rumsfeld, que acreditam que a verdade pode ser manipulável com sucesso. Conseguiram manipular um presidente renascido e um povo hedonista. Mas existe uma realidade que ultrapassa a compreensão deles e que fez com que as suas políticas fossem contraproducentes. A raiz do problema é uma metáfora falsa, a guerra ao terrorismo. Causou prejuízos terríveis na nossa posição no mundo e colocou em risco a nossa sociedade aberta no nosso próprio país; contudo, é ainda geralmente aceite como resposta natural ao 11 de Setembro. Exponho em pormenor o prejuízo e afirmo que este, em grande parte, é auto-infligido pela interpretação propositadamente errada da realidade. Só podemos começar a reparar o prejuízo quando repudiarmos a metáfora falsa da guerra contra o terrorismo. Temos de fazer mais do que apenas reatar as políticas seguidas antes do 11 de Setembro. Temos de reconhecer que, enquanto poder dominante no mundo, temos uma responsabilidade especial. Além de proteger os nossos interesses nacionais, temos de liderar a protecção dos interesses comuns da humanidade. Darei alguns pormenores acerca do que isso implica.

O poder do homem sobre a natureza tem aumentado exponencialmente, mas a sua capacidade de se governar não acompanhou este aumento de poder. Não há outro país que possa substituir os Estados Unidos num futuro previsível. Se os Estados Unidos não conseguirem providenciar o tipo correcto de liderança, a nossa civilização pode autodestruir-se. Esta é a realidade desagradável com que nos defrontamos.

PARTE I
ESTRUTURA CONCEPTUAL

CAPÍTULO 1
Pensamento e realidade

A nossa relação com a realidade é mais complexa do que se pensa. Isto vale para a humanidade em geral. A sociedade americana, em particular, desenvolveu algumas deficiências específicas na sua atitude para com a realidade. Proponho discutir o problema universal na primeira parte do livro e, na segunda, os problemas específicos da sociedade americana contemporânea.

O PENSAMENTO COMO PARTE DA REALIDADE

Por realidade, quero dizer tudo o que, de facto, existe ou acontece. Todos os seres humanos com consciência, os seus pensamentos e acções, fazem parte da realidade. Este facto – que o nosso pensamento faz parte daquilo sobre o qual pensamos – tem grandes implicações tanto para o nosso pensamento como para a realidade. Levanta alguns obstáculos insuperáveis à compreensão da realidade e torna também esta realidade diferente daquilo que pensamos que ela seja. Esta distinção não se aplica necessariamente a toda a realidade. Alguns aspectos da realidade permitem-nos adquirir conhecimento, mas outros não são receptivos à compreensão objectiva, e a realidade como um todo pertence a esta categoria. Uma das coisas que não podem ser conhecidas é o ponto onde se situa exactamente a linha divisória entre aquilo que pode e o que não pode ser conhecido. O método científico continua a entrar em áreas que, antes, eram consideradas impenetráveis. Por exemplo, dantes, a consciência pertencia ao domínio da filosofia, mas agora é objecto de estudo científico.

O conhecimento é representado por proposições verdadeiras. Segundo a teoria da verdade como correspondência, as proposições são verdadeiras se corresponderem aos factos. Para haver correspondência, os factos e as proposições que a eles se referem devem ser independentes uns dos outros. É este requisito que não é preenchido quando o nosso pensamento faz parte daquilo sobre o qual pensamos. Esta dificuldade não aparece a respeito de outros aspectos da realidade. O movimento dos corpos celestes e a eclosão dos ovos ocorrem independentemente daquilo que pensarmos sobre eles. Estes são os objectos de conhecimento.

O mesmo não se pode dizer quando pensamos sobre a realidade como um todo, ou sobre os fenómenos que têm participantes humanos. Quando nós próprios participamos nos eventos acerca dos quais pensamos, as dificuldades tornam-se muito maiores. O nosso conhecimento não só é incompleto como também, e mais importante, o nosso entendimento imperfeito ou falibilidade se tornam parte da realidade.

Quando tomamos decisões, não podemos confiar apenas no conhecimento. A realidade não é dada de forma independente; é contingente em relação às nossas decisões. Como resultado, as nossas decisões não podem corresponder àquilo que faríamos se estivéssemos na posse de todos os factos relevantes. Por outras palavras, o nosso comportamento não é inteiramente racional. Mas esta formulação é já uma distorção daquilo que a razão humana pode fazer. Pressupõe que as decisões podem, em princípio, ser baseadas na consideração de todos os factos relevantes. Trata-se de uma distorção que está profundamente enraizada no modo como vemos a nossa relação com a realidade. Na verdade, o mero facto de falarmos de uma relação entre pensamento e realidade implica que o nosso pensamento está, de alguma maneira, separado daquilo sobre o qual pensamos. Mas não é assim. A relação entre pensamento e realidade não é entre duas entidades separadas, mas sim entre uma parte e um todo. Não é sensato acreditar que podemos adquirir um conhecimento objectivo e racional de algo a que pertencemos, ou que podemos basear as nossas decisões nesse conhecimento. No entanto, esta crença é geralmente aceite.

Pensamos na realidade como algo independente do nosso pensamento, no sentido em que essa realidade está lá fora à espera de ser compreendida, e compreender a realidade consiste em criar uma imagem na nossa mente que lhe corresponda. Esta é a visão expressa na teoria da verdade como correspondência. Efectivamente, quando o pensamento e a realidade são separados, é possível formular proposições que correspondem aos factos. Por exemplo, considere-se esta proposição: «Está a chover.» É uma proposição verdadeira. Funciona para alguns aspectos da realidade, mas não para outros. Quando o nosso pensamento faz parte da realidade sobre a qual pensamos, desaparece a separação entre pensamento e realidade. Em vez de uma correspondência unívoca entre proposições e factos, há uma relação biunívoca. Agora, consideremos esta proposição: «Tu és meu inimigo.» O que eu digo pode afectar o modo de pensar daquele a quem me dirijo. A proposição pode corresponder a um facto, mas a correspondência não significa conhecimento devido à relação biunívoca. Posso ter tornado aquela pessoa em minha inimiga, em vez de apenas reconhecer passivamente que ela é minha inimiga. A verdade não pode ser conhecida, pois é contingente em relação àquilo que pensamos. Isto coloca a relação entre pensamento e realidade numa perspectiva muito diferente daquela a que estamos habituados. A nossa visão do mundo nunca corresponderá ao mundo tal como ele é, porque fazemos parte do mundo, e aquilo que pensamos torna-se automaticamente parte daquilo sobre o qual temos de pensar. Tentar compreender a relação entre o pensamento e a realidade é como tentar acertar num alvo em movimento. O modo como olhamos para o mundo altera o mundo. Isto faz com que o conhecimento perfeito seja inacessível. No entanto, é possível aperfeiçoar a nossa compreensão, ainda que não possamos alcançar a perfeição[1].

O CONCEITO DE REFLEXIVIDADE

Reconhecer que a nossa compreensão do mundo em que vivemos é inerentemente imperfeita (ou falível) constitui um importante passo em frente. Em vez de pensarmos em termos de uma relação unívoca em que as nossas proposições correspondem ou não aos factos, temos de levar em conta uma relação no sentido

[1] Note-se a diferença no modo como uso os termos «conhecimento» e «compreensão». Não quero definir a diferença – pois tal levar-me-ia a discussões intermináveis –, por isso, limito-me a indicá-la. O conhecimento é objectivo, a compreensão é declaradamente subjectiva. O conhecimento está ligado à teoria da verdade como correspondência e ao método científico; a compreensão é mais pessoal e mais particular. Digo *mais* particular porque o conhecimento não pode evitar ser também particular. Quando o conhecimento é deficiente, temos de recorrer à compreensão.

oposto. O nosso pensamento tem impacto sobre o mundo em que vivemos. Nem todos os aspectos da realidade são afectados, mas os que o são podem ser mais bem compreendidos em termos de uma relação biunívoca entre o pensamento e a realidade.

Por um lado, tentamos compreender a nossa situação: a isto chamo a nossa função cognitiva. Por outro, tentamos ter impacto no mundo: a isto chamo função participativa. As duas funções funcionam em direcções opostas e podem interferir uma com a outra. A função cognitiva procura aperfeiçoar a nossa compreensão. A função participativa tenta ter impacto no mundo. Se as duas funções operassem de forma independente uma da outra, poderiam, teoricamente, servir muito bem os seus propósitos. Se a realidade fosse dada de forma independente, as nossas ideias corresponderiam à realidade. E se as nossas decisões fossem baseadas no conhecimento, os resultados corresponderiam às nossas expectativas. Mas não é isto que acontece, pois as duas funções cruzam-se e interferem uma com a outra. Dei um nome a esta interferência: reflexividade. O facto de eu lhe ter dado um nome não significa que tenha descoberto alguma coisa original; desde a Antiguidade que o fenómeno é estudado sob diferentes nomes.

As situações reflexivas caracterizam-se por uma *falta de correspondência* entre as nossas percepções e o actual estado de coisas. Veja-se o mercado bolsista, por exemplo. As pessoas compram e vendem acções antecipando os valores futuros dos títulos bolsistas, mas estes valores são contingentes em relação às expectativas do investidor. As expectativas não podem ser qualificadas como conhecimento. Na ausência de conhecimento, os participantes têm de introduzir um elemento de julgamento ou de predisposição nas suas tomadas de decisão. Deste modo, os resultados podem divergir das expectativas. Importa perceber que a reflexividade introduz um elemento de incerteza e de imprevisibilidade não só na mundividência do participante, mas também na realidade com que os participantes se defrontam. A realidade pode ser muito diferente daquilo que seria se os participantes baseassem as suas decisões apenas no conhecimento.

CONDIÇÕES LONGE DO EQUILÍBRIO

A teoria económica geralmente aceite baseia-se no princípio do comportamento racional. Este princípio permite que a economia determine o valor do equilíbrio. Mas eu afirmo que as situações reflexivas não tendem necessariamente para o equilíbrio; de facto, podem afastar-se muito daquilo que seria o equilíbrio teórico[2]. Para descrever estes casos, falo de «condições

---

[2] Nesta discussão, utilizarei a noção de equilíbrio em vários sentidos. Aqui, refiro-me ao «equilíbrio das expectativas racionais»,

longe do equilíbrio». Nos mercados financeiros, as condições longe do equilíbrio predominam frequentemente, mas nem sempre. Aplico também a expressão «condições longe do equilíbrio» às situações políticas e sociais. Saber o momento exacto em que estas condições predominam é uma questão fascinante, que não foi ainda bem estudada porque o conceito de reflexividade não tem um reconhecimento generalizado.

Dediquei-me ao estudo das condições longe do equilíbrio tanto na teoria como na prática. Estive exposto a elas ainda em tenra idade, quando a Alemanha nazi ocupou a Hungria em 1944, e eu teria sido exterminado por ser judeu se o meu pai não tivesse conseguido que eu assumisse uma identidade falsa. O que podia estar mais fora do normal? Depois, conheci o regime soviético, com todos os seus trejeitos e excessos, antes de abandonar a Hungria e tornar-me estudante na London School of Economics. Aqui, fui inspirado pela filosofia de Karl Popper, que me ajudou a formar a

que parte do princípio de que, exceptuando os desvios aleatórios, as expectativas dos participantes do mercado se conformam a um modelo económico. Em seguida, usarei o termo no sentido mais lato das percepções que correspondem à realidade. Noutros casos, refiro-me a um equilíbrio geral que garante a utilização óptima dos recursos. Em todos estes sentidos, o equilíbrio é inacessível. Há também a noção simples de um valor de equilíbrio que define o mercado; este equilíbrio predomina sempre em mercados que funcionam bem.

minha própria filosofia. Quando me tornei gestor de *hedge funds**, especializei-me em situações longe do equilíbrio nos mercados financeiros e fiz a minha fortuna compreendendo-as melhor do que a maioria dos outros participantes do mercado. Enquanto filantropo, envolvi-me no colapso do império soviético – um processo longe do equilíbrio *par excellence*. No meu livro *Opening the Soviet System*, estabeleci uma analogia com o processo expansão-retracção [*boom-bust*]** característico dos mercados financeiros. Mais recentemente, apliquei a mesma analogia ao descrever as políticas da administração Bush após os ataques terroristas de 11 de Setembro de 2001.

RECONSIDERAR O CONCEITO DE COMPORTAMENTO RACIONAL

A reflexividade ocorre num segmento relativamente limitado da realidade, mas é o segmento que, para nós, participantes, tem maior significado. É a situação em

---

* Um *hedge fund* é um fundo de investimento especial cujo objectivo é obter a maior rendibilidade possível, utilizando todas as possibilidades de investimento, e reduzir a volatilidade (risco) desses investimentos (*N.T.*).

** O *boom-bust* é um processo directamente associado aos ciclos económicos caracterizado por um movimento de expansão, seguido de outro de retracção (*N.T.*).

que participamos. Esta situação caracteriza-se por uma interferência entre as funções cognitivas e participativas. Por isso, a nossa compreensão da situação é imperfeita e as nossas decisões têm consequências inesperadas. A interferência não pode ser eliminada, mas, ao reconhecermos a reflexividade, ficamos mais perto de compreender a realidade do que se postulássemos o comportamento racional.

Se o comportamento racional é inacessível, como é que desempenhou um papel tão importante na nossa visão do mundo? A resposta é que o comportamento racional é uma condição ideal que poderia eliminar as consequências inesperadas. Ainda que o conhecimento perfeito esteja fora de alcance, quanto mais conhecemos, em melhor situação ficamos. A busca do conhecimento é uma característica emblemática da nossa civilização.

Enquanto atitudes predominantes em relação à realidade, o conhecimento e a verdade têm as suas raízes no Iluminismo. Neste período histórico, a humanidade tinha um conhecimento e controlo relativamente limitados das forças da natureza, mas o método científico mantinha a nossa promessa infinita, pois estava a começar a produzir resultados significativos. Podia-se pensar a realidade como algo que estava ali, à espera de ser descoberto. Afinal de contas, no século XVIII, o nosso planeta nem sequer tinha sido completamente explorado. Recolher factos e estabelecer relações entre eles era muito compensador. O conhecimento era adquirido de tantas maneiras diferentes e vinha de tantas direcções diferentes que as possibilidades pareciam ilimitadas. A razão afastava séculos de superstições e, no lugar destas, criava um sentimento triunfante de progresso. A mundividência predominante não impunha limites à função cognitiva; reconhecia apenas uma relação unívoca entre pensamento e realidade e tratava a realidade como algo dado de forma independente, que podia ser compreendido através da elaboração de proposições que correspondiam aos factos.

Este ponto de vista alcançou o seu apogeu no positivismo lógico, uma filosofia que floresceu no início do século XX em Viena. O positivismo lógico sustentava que as proposições bem formadas eram verdadeiras ou falsas. As proposições que não entravam numa destas categorias eram consideradas destituídas de sentido. Os positivistas lógicos viam os factos e as proposições como entidades diferentes. A única relação entre as duas era que as proposições verdadeiras correspondiam a factos e as proposições falsas não correspondiam a factos.

A possibilidade de as proposições constituírem também factos era geralmente, mas não totalmente, ignorada. Atribuía-se grande atenção ao paradoxo do mentiroso. Este paradoxo foi pela primeira vez formulado por Epiménides, o filósofo cretense, quando disse que os Cretenses mentiam sempre. Se isso fosse um facto, a afirmação era verdadeira. Mas se um filósofo cretense podia fazer uma afirmação verdadeira, os cretenses nem sempre mentiam; a afirmação de Epiménides portanto, era falsa. Bertrand Russell, o filósofo britânico responsável pela ida de Ludwig Wittgenstein para Cambridge, deu uma solução para o paradoxo do mentiroso. Russell estabeleceu uma distinção entre duas classes de proposições: as proposições auto-referenciais e as proposições não auto-referenciais. Como o valor de verdade das proposições auto-referenciais não pode ser determinado de forma inequívoca, Russell propôs que fossem excluídas do universo das proposições dotadas de sentido. Esta solução pode ter servido para preservar a antiga separação entre factos e proposições, mas impedia que as pessoas pensassem em coisas que lhes diziam respeito ou que tivessem consciência de si mesmas. O carácter absurdo desta posição foi sublinhado por Ludwig Wittgenstein, que concluiu o seu *Tratado Lógico-Filosófico* afirmando que aquele que compreendesse o livro teria de o reconhecer como destituído de sentido. Pouco depois, abandonou o positivismo lógico e tornou-se um dos fundadores da filosofia analítica.

A tradição de considerar a realidade como algo dado de forma independente permanece fortemente enraizada na nossa maneira de olhar para o mundo. Considere-se, por exemplo, a teoria económica clássica, que assenta no princípio do comportamento racional. Começou por admitir o conhecimento perfeito, princípio seminal para a ciência do século XIX[3]. O método científico, para merecer o seu nome, devia produzir previsões e explicações inequívocas. Para se determinar o valor de equilíbrio em que a oferta e a procura estão equilibrados, era necessário admitir que as pessoas conheciam as suas próprias preferências e que estavam totalmente conscientes das oportunidades com que se defrontavam. Admitia-se que as preferências e as oportunidades eram independentes umas das outras. Tratava-se de uma posição razoável, desde que todas as preferências e oportunidades fossem totalmente conhecidas. Afinal de contas, só podiam ser totalmente conhecidas se fossem dadas de forma independente.

É agora geralmente reconhecido que a pressuposição do conhecimento perfeito era irrealista, mas a ideia de que a escala de preferências e o leque de oportuni-

---

[3] Alguns pensadores importantes da economia do século XX, porém, reconheceram que o conhecimento é imperfeito e que este facto cria dificuldades fundamentais para a definição da racionalidade económica. Por exemplo, na sua crítica ao planeamento socialista, Friedrich Hayek afirmava haver uma distinção fundamental entre a racionalidade individual e «a utilização do conhecimento que não é dado a ninguém na totalidade». Ver *Individualism and Economic Order* (Chicago, University of Chicago Press, 1948). Para discussões relacionadas, ver Frank Knight, *Risk, Uncertainty and Profit* (Boston, Houghton Mifflin, 1921), e John Maynard Keynes, *The General Theory of Employment, Interest and Money* (Nova Iorque, Harcourt, Brace, 1936).

dades são independentes entre si não foi abandonada. Os economistas continuam à procura do ponto de equilíbrio; quando não o podem encontrar, falam de equilíbrios múltiplos. Tentei sublinhar que há uma interligação reflexiva entre os valores e as oportunidades, entre os aspectos subjectivos e objectivos da realidade, graças à qual nem os valores predominantes nem as oportunidades existentes podem ser totalmente conhecidos e o ponto de equilíbrio não pode ser determinado. Mas a minha teoria da reflexividade não progrediu muito. As escolas de gestão ensinam-na, mas é ignorada pela maioria dos economistas académicos[4].

---

[4] Uma excepção é Roman Frydman. Ver Roman Frydman e Michael D. Goldberg, *Imperfect Knowledge Economics: Exchange Rates and Risk* (Princeton, NJ, Princeton University Press, a publicar em 2007). O conceito de reflexividade é mais reconhecido na sociologia. Alvin Gouldner, no seu livro publicado em 1970, *The Coming Crisis of Western Sociology* (Nova Iorque, Basic Books), chamava a atenção para uma «sociologia reflexiva» – que, depois, se tornaria numa corrente influente na sociologia dos anos 70 e 80 –, pois reconhecia que os sociólogos são agentes importantes nos acontecimentos sociais e políticos que eles descrevem, e o seu envolvimento no mundo modifica os processos que estudam. Anthony Giddens afirma que «a ciência social está activamente ligada à sua matéria de estudo, que, em parte, ajuda a reflexividade a constituir-se». Ver *Modernity and Self-Identity: Self and Society in the Late Modern Age* (Stanford, CA, Stanford University Press, 1991). Harold Garfinkel, o representante mais proeminente da etnometodologia, disse que os sociólogos são como peixes a nadar num aquário, analisando confiantemente outros peixes, sem alguma vez terem

Isto não surpreende, pois a teoria da reflexividade implica que o valor de equilíbrio, em especial nos mercados financeiros, nem sempre pode ser determinado. Fornecer previsões e explicações inequívocas era a marca de autenticidade do método científico, e os economistas académicos não estão muito dispostos a abandoná-la. Sabem, de forma angustiada, que os mercados financeiros se afastam geralmente de um equilíbrio teórico, em vez de para ele tenderem, mas estão relutantes em abandonar a procura de um equilíbrio teórico. Até as suas explicações das bolhas e de outras perturbações se baseiam em termos de equilíbrio. Qualquer discussão sobre o desequilíbrio dinâmico implica um equilíbrio teórico. Quando falo de condições longe do equilíbrio, invoco também o conceito de equilíbrio. Isto mostra quão difícil é falar da realidade sem estabelecer uma distinção entre os seus aspectos objectivos e subjectivos e sem os tratar como se fossem independentes uns dos outros.

Já passaram agora mais de 200 anos desde o Iluminismo; entretanto, as limitações da razão tornaram-se cada vez mais evidentes. Na verdade, eram visíveis quase desde o início. A Revolução Francesa renunciou

---

parado para reconhecer o aquário e a água que têm em comum com os peixes que estudam.

Ver também: *An Invitation to Reflexive Sociology*, de Pierre Bourdieu e Loïc Wacquant (Chicago University Press, 1992).

às antigas organizações tradicionais e tentou impor uma concepção racional nas questões humanas. A revolução começou com grande entusiasmo, mas malogrou com o terror de 1794. Desde então, tem havido muitas grandes concepções, mas nenhuma funcionou como se esperava. É altura de reconhecer que a nossa compreensão da realidade é inerentemente imperfeita e que as nossas decisões estão destinadas a terem consequências inesperadas. A Era da Razão deve dar lugar à Era da Falibilidade. Isto seria um progresso.

Infelizmente, deixámos a Era da Razão sem levarmos em conta a nossa falibilidade. Os valores e conquistas do Iluminismo estão a ser abandonados sem que algo melhor os substitua. Nas ciências sociais e humanas, com a excepção da economia, a atitude relativamente à realidade resvalou para o extremo oposto. O idioma pós-moderno não reconhece a realidade, mas apenas narrativas. Penso que esta posição é tão falsa quanto o positivismo do Iluminismo. A verdade reside algures no meio. Existe uma realidade, só que está fora do nosso alcance. O relativismo extremo da nossa sociedade pós-moderna não fornece critérios satisfatórios para distinguir o verdadeiro e o falso, o certo e o errado. As pessoas sentem-se desoladas e anseiam por um maior grau de certeza. Actualmente, a América é dirigida por um líder destemido que exige confiança e lealdade absolutas na guerra contra o terrorismo, mas os resultados das suas políticas são muito diferentes daquilo que ele prometera às pessoas. Temos de compreender a relação entre o pensamento e a realidade e aprender a lidar com a nossa falibilidade.

A FALIBILIDADE

A falibilidade tem uma conotação negativa. De facto, cada progresso que fazemos para compreender melhor a relação entre o pensamento e a realidade tem uma acepção negativa, pois envolve uma desistência da perfeição. Mas esta interpretação negativa é, por si mesma, uma manifestação da nossa falibilidade. Reconhecer a nossa falibilidade tem um aspecto positivo que é mais importante do que a perda de uma perfeição ilusória. Aquilo que é imperfeito pode ser aperfeiçoado, e o aperfeiçoamento pode manifestar-se não só no nosso pensamento, mas também na realidade. Ainda que a compreensão perfeita esteja fora de alcance, há espaço infinito para o aperfeiçoamento. A minha interpretação da reflexividade é basicamente optimista – mas tenho de admitir que, à medida que vou envelhecendo sem ver grandes progressos com a minha interpretação, não estou imune ao desespero.

Desenvolvi uma visão do mundo coerente e autoconsistente baseada nos princípios da reflexividade e falibilidade. Não é perfeita nem completa, mas levou-me muito longe na compreensão da realidade e na minha participação nesta realidade. Guiou-me tanto nos mercados financeiros como na minha actividade filantrópica. Não posso ajuizar o quão original é a minha visão do mundo. Afinal de contas, lida com questões comuns a toda a gente. Já se falou tanto sobre estas questões que seria estranho se eu dissesse algo de original. Na verdade, o original é também idiossincrático. Outros devem ter dito coisas similares de maneiras diferentes. Fui influenciado por muitos livros. Reconheço o que lhes devo, ainda que não tenha feito uma lista das referências.

No entanto, acho que pode haver algo de original no modo como formei a minha visão. Cheguei a esta conclusão ao notar que a minha estrutura conceptual é, de uma forma geral, mal compreendida. Muitos comentadores dizem que estou apenas a embelezar o óbvio. Mas isto não pode ser verdade, pois a minha estrutura está em conflito com algumas teorias geralmente aceites, como a teoria de que os mercados financeiros tendem para o equilíbrio, e a minha interpretação de situações específicas, como a guerra contra o terrorismo, opõe-se fortemente às opiniões correntes.

A INFLUÊNCIA DE KARL POPPER

O meu pensamento desenvolveu-se a partir de muitas influências e experiências. A influência mais importante, para além da dos meus pais, veio de Karl Popper, que foi meu tutor durante o último ano que passei na London School of Economics. Como vivi a ocupação nazi e soviética na minha Hungria natal, o livro de Popper *A Sociedade Aberta e os Seus Inimigos* [*The Open Society and Its Enemies*] teve sobre mim um efeito de revelação e levou-me a explorar a filosofia do seu autor. Popper afirmava que as ideologias nazi e comunista têm algo em comum – ambas alegam estar na posse da verdade definitiva. Como a verdade definitiva está fora do alcance humano, ambas as ideologias tinham de estar baseadas numa interpretação tendenciosa e distorcida da realidade; por isso, só podiam ser impostas à sociedade através de métodos repressivos. Popper justapunha um princípio diferente de organização social, baseado no reconhecimento de que as pretensões à verdade definitiva não podem ser validadas. A este princípio chamou «sociedade aberta» e considerava-o preferível a uma concepção definitiva. Popper nunca definiu exactamente o que significa sociedade aberta; face à nossa compreensão imperfeita, não gostava de se perder em definições. De qualquer modo, uma sociedade aberta tem de ser constantemente redefinida pelas pessoas que nela vivem, senão pode tornar-se numa concepção definitiva.

É evidente que o conceito de sociedade aberta está intimamente associado ao conceito de democracia, mas trata-se de um conceito epistemológico e não polí-

54 | A ERA DA FALIBILIDADE

tico. Historicamente, o conceito de democracia nasceu de uma consideração do papel do poder na sociedade. Os indivíduos podem usar o seu poder para favorecerem os próprios interesses, não o interesse comum. Uma forma de proteger o interesse comum é insistir na divisão dos poderes. Esta foi a pedra angular da Constituição dos Estados Unidos da América. Os Pais Fundadores, em especial James Madison, John Adams e Thomas Jefferson, estavam muito conscientes da nossa compreensão imperfeita, mas esta não foi a base sobre a qual se fez a Constituição. É um ponto importante a não esquecer.

A democracia americana é anterior ao conceito de sociedade aberta. A Constituição é um produto da Era da Razão, a sociedade aberta pertence à Era da Falibilidade. Esta diferença teve um resultado curioso: a América é uma sociedade aberta que não compreende totalmente o conceito de sociedade aberta; se a América compreendesse o conceito, George W. Bush nunca poderia ter tido o tipo de popularidade que alcançou. Como se dirá mais à frente, temos muito que aprender com o conceito de sociedade aberta.

O facto de a sociedade aberta ser um conceito epistemológico é fonte tanto de forças como de fragilidades. A sua grande força é ligar a sociedade aberta aos conceitos de falibilidade e reflexividade para produzir uma visão do mundo coerente sem se cair na armadilha de uma ideologia dogmática. A sua grande fragilidade é ignorar as relações de poder que desempenham um papel fundamental na formação dos acontecimentos.

Estabeleci uma rede de fundações para promover os princípios da sociedade aberta, mas a nossa acção debate-se frequentemente com os ditames da *realpolitik*. Cheguei à conclusão de que os princípios da sociedade aberta, por si mesmos, não servem de orientação para a acção política. Nas decisões políticas, há várias considerações que têm de ser levadas em conta; no entanto, os princípios da sociedade aberta devem ter mais importância do que aquela que tradicionalmente recebem.

Karl Popper era, fundamentalmente, um filósofo da ciência. Absorvi as suas ideias sobre o método científico de forma tão ávida como reagi à sua ideia da sociedade aberta, mas submeti os seus argumentos à análise crítica e afastei-me dele num ponto muito importante. Popper proclamava aquilo a que chamava «doutrina da unidade do método científico», ou seja, os mesmos métodos e critérios aplicam-se tanto ao estudo das questões sociais como ao estudo dos fenómenos naturais. Isto não podia ser verdade. Os participantes nas questões sociais agem numa base de compreensão imperfeita. A sua falibilidade introduz um elemento de incerteza nas questões sociais que não afecta o estudo dos fenómenos naturais. Esta diferença tem de ser reconhecida.

Tentei exprimir esta diferença pela introdução do conceito de reflexividade. O conceito de auto-referência já foi extensivamente analisado. Mas a auto-refe-rência pertence exclusivamente ao domínio das propo-sições. Se a separação entre o universo das proposições e o universo dos factos é uma distorção da realidade, então tem de haver um efeito similar no domínio dos factos. É esta relação que o conceito de reflexividade tenta exprimir. A reflexividade é um mecanismo de reacção [*feedback*] que afecta não só as proposições (tor-nando indeterminado o seu valor de verdade), mas também os factos (introduzindo um elemento de incer-teza na sequência dos acontecimentos).

A REFLEXIVIDADE
NOS MERCADOS FINANCEIROS

Isto é tudo muito abstracto. Precisamos de alguns exem-plos. Em *The Alchemy of Finance* [*A Alquimia da Finança*], cito muitos exemplos dos mercados financeiros. Cada caso envolve algum tipo de curto-circuito entre os aspectos subjectivos e objectivos da realidade; normal-mente, manifesta-se como uma ligação circular entre os valores atribuídos às entidades e as próprias entida-des. Resultam em processos de expansão-recessão [*boom-bust*], que inicialmente se reforçam, mas que aca-bam por se autodestruírem.

Um dos meus primeiros êxitos como gestor de fundos de investimento especiais [*hedge funds*] consistiu em explorar o chamado *boom* de fusões que ocorreu em finais dos anos 60. Começou quando os administradores de algumas empresas de alta tecnologia especializadas na defesa perceberam que a taxa de crescimento histórica de que as suas companhias gozavam não podiam ser mantidas após a Guerra do Vietname. Empresas como a Textron e a Teledyne começaram a adquirir companhias de menor relevo e, enquanto o crescimento dos seus lucros por acção [*per-share earnings*] acelerou, o seu índice de preço/lucro [*price/earnings multiples*] em vez de diminuir, expandiu-se. Abriram o caminho. O sucesso destas empresas atraiu imitadores; mais tarde, até as empresas mais triviais podiam obter uma cotação elevada entrando simplesmente numa orgia de aquisições. Uma empresa podia atingir um elevado índice de preço/lucro apenas pela promessa de o usar bem com a realização de aquisições.

As administrações desenvolveram técnicas especiais de contabilidade que intensificaram o impacto das aquisições. Introduziram também mudanças nas empresas adquiridas. Geriam as operações, distribuíam os activos e geralmente concentravam-se no resultado líquido, mas estas mudanças foram menos significativas do que o impacto dos lucros por acção das próprias aquisições.

Os investidores reagiram como os patos à água. De início, o desempenho de cada empresa era aferido em função do seu próprio mérito, mas, gradualmente, as grandes empresas foram sendo reconhecidas como grupos. Nasceu assim um novo tipo de investidores, os chamados gestores de fundos de investimento de alto risco [*go-go funds managers*] ou «pistoleiros», que desenvolveram uma afinidade especial com os administradores das grandes empresas. Desenvolveram-se linhas directas de comunicação entre eles e as empresas colocavam *letter stocks** directamente nos gestores de fundos. A pouco e pouco, as grandes empresas aprenderam a gerir tanto o preço das suas acções como os seus lucros.

A concepção errónea em que se baseava a explosão das grandes empresas consistia na crença de que as empresas deviam ser avaliadas em função do crescimento dos seus lucros por acção declarados, independentemente do modo como se realizava o crescimento. Esta concepção errónea foi explorada pelos gestores, que usaram as suas acções sobrevalorizadas para adquirirem empresas em condições vantajosas, inflacionando assim ainda mais o valor das suas acções. Analiticamente, este equívoco não teria surgido se os investidores tivessem compreendido a reflexividade e percebido

---

* Acções não registadas na Security and Exchange Comission (SEC), nos EUA, e que, por isso, não podem ser vendidas ao público geral. São assim chamadas porque a SEC exige do comprador uma carta em que declare que não tenciona revender as acções (*N.T.*).

que as avaliações inflacionadas podem gerar crescimento de receitas.

Os índices de preço/lucro cresceram e a realidade deixou de poder sustentar as expectativas. Cada vez mais pessoas reconheciam a concepção errónea em que se baseava a explosão, ainda que continuassem a jogar o jogo. Para manter o ritmo do crescimento dos lucros, as aquisições tinham de ser cada vez maiores e, por fim, as grandes empresas chegaram aos seus limites de expansão. O acontecimento culminante foi a tentativa de Saul Steinberg, do Reliance Group, em adquirir o Chemical Bank: foi combatido e derrotado pelo sistema.

Quando os preços das acções começaram a cair, o declínio alimentou-se de si mesmo. O impacto favorável das aquisições nos lucros por acção diminuiu e deixou de se poder fazer novas aquisições. Os problemas internos que tinham sido varridos para debaixo do tapete durante o período de rápido crescimento externo vieram à tona. Os lucros declarados revelaram surpresas desagradáveis. Os investidores ficaram desiludidos e os gestores sofreram as suas próprias crises. Após os estonteantes tempos de sucesso, poucos estavam dispostos a empenhar-se na enfadonha gestão do dia-a-dia. Como me disse o presidente de uma empresa: «Não tenho público para o qual actuar.» A situação agravou-se com uma recessão e muitas das grandes empresas desintegraram-se literalmente. Os investidores estavam preparados para pensar o pior e, para alguns, o pior aconteceu. Para outros, a realidade foi melhor do que o esperado e a situação acabou por se estabilizar. As empresas sobreviventes, muitas delas com novas administrações, emergiram lentamente das ruínas.

O meu encontro mais bem documentado com uma sequência expansão-contracção [*boom-bust*] foi o dos fundos de investimento imobiliário de hipoteca [*mortgage trusts*]. O *mortgage trust* é uma forma especial de fundo de investimento imobiliário. A sua característica principal é que, se distribuir 95% das suas receitas, pode distribuir essas receitas com isenção do imposto sobre o rendimento de pessoas colectivas. A oportunidade criada por esta legislação só começou a ser realmente explorada em 1969, quando foram fundados numerosos *mortgage trusts*. Assisti à criação destes fundos de investimento imobiliário e, ainda com pouca experiência nas grandes empresas, reconheci o seu potencial de expansão-contracção. Publiquei um estudo, no qual afirmava que o método convencional de análise de acções – que tenta prever o valor futuro dos lucros e, depois, calcular o preço que os investidores podem estar dispostos a pagar por esses lucros – não se aplica. Este método não é adequado à análise dos *mortgage trusts* porque o preço que os investidores estão dispostos a pagar pelas acções é um factor importante na determinação do valor futuro dos lucros. Em vez de prevermos os lucros futuros e as avaliações separadamente, temos de prever o rumo futuro de todo o processo de auto-reforço.

Concebi então um roteiro em quatro actos. Começa com uma sobrevalorização dos primeiros *mortgage trusts*, que lhes permite justificarem a sobrevalorização emitindo acções adicionais a preços inflacionados; em seguida, vêm os imitadores, que destroem a oportunidade. O roteiro termina em falências por toda a parte.

O meu estudo teve uma história interessante. Apareceu numa altura em que os gestores de fundos de investimento de alto risco sofreram perdas severas com o colapso das grandes empresas. Como tinham direito a uma parte dos lucros, mas não tinham de participar na perda dos fundos que geriam, estavam dispostos a agarrar-se a qualquer coisa que lhes permitisse recuperarem rapidamente as suas perdas. Compreenderam instintivamente como funcionava um processo de auto-reforço, pois tinham acabado de participar num desses processos e estavam ansiosos por jogar. O estudo teve uma reacção tremenda, cujo alcance só percebi quando recebi um telefonema de um banco de Cleveland, pedindo-me um novo exemplar, pois o deles tinha sido tantas vezes copiado que deixara de ser legível. Nesta altura, existiam apenas alguns *mortgage trusts*, mas, depois, as acções começaram a ser tão procuradas que quase duplicaram de preço no período de cerca de um mês. A procura gerou oferta e numerosas emissões apareceram no mercado. Quando se tornou evidente que a oferta de novos *mortgage trusts* era inesgotável, os preços caíram quase tão rapidamente quanto tinham subido. Obviamente, os leitores do meu estudo não levaram em conta a facilidade de entrada e o erro deles foi pouco depois corrigido. No entanto, o entusiasmo inicial ajudou a pôr em funcionamento o processo de auto-reforço descrito no estudo. Os acontecimentos subsequentes seguiram o rumo previsto no estudo. Os *mortgage trusts* gozaram de um *boom* que não foi tão violento quanto aquele que ocorreu após a publicação do meu estudo, mas acabou por ser mais duradouro.

Investi fortemente nos fundos de investimento imobiliário de hipoteca e tive alguns lucros quando a recepção do estudo excedeu as minhas expectativas. Mas eu estava suficientemente entusiasmado com o meu próprio sucesso para ser apanhado com uma carteira significativa de acções quando ocorreu a contracção. Aguentei e até aumentei as minhas posições. Continuei a seguir atentamente a indústria durante cerca de um ano e acabei por vender as minhas acções, realizando bons lucros. Depois, perdi o contacto com o grupo até que, passados alguns anos, os problemas começaram a aparecer. Estava tentado a estabelecer uma posição curta*, mas estava em desvantagem por-

---

* No original, *short position*. Termo que se utiliza para quem está vendido, isto é, quando o vendedor vende um título a descoberto, ou seja, que não possuía na sua carteira, ficando com uma posição curta (*N.T.*).

que já não conhecia bem as empresas. Contudo, quando reli o estudo que eu redigira há alguns anos, convenci-me da minha própria previsão; resolvi vender a posição curta de forma mais ou menos indiscriminada. Além disso, quando as acções caíram, mantive a mesma posição ao vender outras acções a descoberto. A minha previsão original realizou-se e a maioria dos *mortgage trusts* foi à falência. O resultado foi um lucro de mais de 100% sobre as minhas posições curtas – quase uma impossibilidade, já que o lucro máximo numa posição curta é de 100%. (A explicação é que continuei a vender outras acções.)

Uma relação circular semelhante entre o acto de avaliação e as entidades que são avaliadas pode ser observada na expansão e contracção de empréstimos concedidos pelos grandes bancos internacionais nos anos 70. Os bancos usavam os chamados índices de dívida para avaliarem a solvência dos países a quem concediam créditos, mas só muito tarde perceberam que os índices de dívida eram afectados pelas suas próprias actividades de crédito. Analisei a sequência dos acontecimentos e muitos outros casos em *The Alchemy of Finance*, publicado em 1987. Testemunhei e participei desde então em várias sequências expansão-contracção [*boom-bust*], incluindo o colapso do mecanismo europeu de taxas de câmbio em 1992, a crise emergente do mercado de 1997 e a expansão da Internet em finais dos anos 90, que se tornou numa contracção em 2000.

UM EXEMPLO CONTEMPORÂNEO

Penso que nos encontramos agora no meio de uma gigantesca bolha imobiliária. Foi causada pela determinação do Banco da Reserva Federal em não permitir que um declínio do mercado bolsista em 2001 se tornasse numa retirada do auto-reforço. A taxa de juro dos fundos federais baixou para 1%. As instituições de crédito encorajaram os detentores de hipotecas a refinanciarem as suas hipotecas e a levantarem os seus patrimónios líquidos em excesso. Aliviaram as suas condições de crédito e introduziram novos produtos, como taxas de juro de hipotecas ajustáveis, hipotecas «só de juros» e «taxas de juro provocadoras» promocionais. Tudo isto encorajou a especulação nos negócios imobiliários. Os preços das casas começaram a subir à taxa de dois dígitos. Isto serviu para reforçar a especulação, e a subida dos preços das casas fez com que os proprietários se sentissem ricos; o resultado foi uma explosão de consumo que sustentou a economia nos últimos anos. Mais uma vez, a bolha pode ser atribuída a um curto-circuito entre o valor dos activos e o acto de avaliação. A este curto-circuito chama-se efeito riqueza.

A REFLEXIVIDADE ENQUANTO NORMA

A reflexividade funciona também na vida real, mas é mais difícil de analisar e de demonstrar do que nos mercados financeiros. Isto porque a reflexividade é ubíqua. Não constitui um desvio à norma; ela é a norma. Para percebermos este ponto, temos de evitar o erro de confundir a reflexividade com o processo expansão--contracção. A reflexividade adquire muitas formas e dimensões. Nos mercados financeiros, há uma teoria, a teoria do equilíbrio, que se revela falsa devido às sequências expansão-contracção que ocorrem de tempos a tempos. Não existe uma teoria similar que se revele falsa a respeito das condições sociais ou dos acontecimentos históricos, ainda que, desde o Iluminismo, uma presunção geral de racionalidade se tenha enraizado profundamente na nossa visão do mundo, e esta presunção seja desafiada pelo conceito de reflexividade.

O Iluminismo via a razão como separada da realidade. Ainda que o cérebro faça claramente parte do corpo, considerava-se que a mente constituía um intelecto fora do corpo capaz de pensamento racional. Isso não seria possível sem uma clivagem entre a mente e o cérebro. O modo como o cérebro funciona influencia a maneira como os pensamentos são expressos na linguagem.

Temos a capacidade de produzir proposições que

correspondem aos factos. Mas esta capacidade é, em si mesma, parte da realidade. Podemos pensar o contrário. Podemos alegar que a razão constitui um intelecto fora do corpo, que é capaz de alcançar o conhecimento perfeito, mas trata-se de uma pretensão que distorce a realidade.

REVELAÇÕES DA CIÊNCIA COGNITIVA

Não podemos formar uma imagem da realidade sem a distorcer. Algumas descobertas recentes da ciência cognitiva mostraram que a informação que recolhemos tem de ser processada antes de chegar à nossa consciência. Isto porque a informação é recebida numa largura de banda de mais de um milhão, enquanto que a consciência funciona com uma largura de banda de cerca de 40. As experiências demonstraram que o processo demora cerca de meio segundo; por conseguinte, a nossa consciência está meio segundo atrasada em relação à realidade[5]. Este atraso é demasiado grande para permitir que a consciência governe muitas das nossas reacções. Jogar ténis ou tocar violino requer um comportamento que não é controlado pela consciência;

---

[5] Tor Norretranders, *The User Illusion: Cutting Consciousness Down to Size* (Nova Iorque, Penguin, 1999).

é por isso que os jogadores de ténis e os violinistas têm de praticar tanto para desenvolver os seus reflexos.

A consciência é um desenvolvimento relativamente recente no cérebro animal. Longe de estar fora do corpo, a mente está profundamente integrada em funções cerebrais mais primitivas. A ligação entre a razão e o cérebro animal pode ser vista na linguagem que utilizamos para formularmos os nossos argumentos. Para cima e para a frente é bom, para baixo e para trás é mau. A ciência cognitiva descobriu que não pode haver razão sem emoção. Em Setembro de 1848, Phineas Gage, o chefe de uma equipa de construção que trabalhava na via férrea Rutland-Burlington, provocou uma explosão acidental que fez saltar a sua barra de ferro, que lhe trespassou a cabeça e lhe destruiu a maior parte do lóbulo frontal. Miraculosamente, as suas funções cerebrais não foram afectadas, mas a sua personalidade alterou-se e ele tornou-se errático e inconstante[6]. Este caso recebeu muita atenção. Desde então, a ligação entre a razão e a emoção tem sido estudada e explorada pela indústria publicitária e, mais recentemente, por operacionais políticos. Os operacionais políticos descobriram que é mais eficiente apelar às emoções do que à razão. Com Frank Luntz, consultor

---

[6] António Damásio, *Descartes' Error: Emotion, Reason, and the Human Brain* (Nova Iorque, Pinguin Putnam, 1994).

político de organizações de direita, o enquadramento da mensagem tornou-se uma arte. É o responsável por expressões apelativas, como «tax relief», «death tax», o «Clear Skies Act» e «No Child Left Behind».

George Lakoff, um cientista cognitivo, expôs a forma como Frank Luntz opera, mas teve menos sucesso em produzir antídotos. No seu livro, Lakoff e o co-autor Mark Johnson afirmam que a distinção entre mente e cérebro é uma falácia que há muito que tem induzido a filosofia em erro[7]. Ainda que seja uma falácia, tem sido muito fértil. O conceito do intelecto fora do corpo abriu um caminho para a busca da verdade que produziu resultados impressionantes. Não há dúvida de que uma distorção da realidade foi construída sobre estes resultados e continuamos ainda a sofrer as suas consequências.

FALÁCIAS FÉRTEIS

À separação entre o pensamento e a realidade chamo uma falácia fértil. Não é a única. As falácias férteis abundam na história. Todas as culturas assentam em

---

[7] George Lakoff e Mark Johnson, *Philosophy in the Flesh: The Embodied Mind and Its Challenge to Western Thought* (Nova Iorque, Basic Books, 1999).

falácias férteis. São férteis porque criam e produzem resultados positivos antes de as suas deficiências serem descobertas; são falácias porque a nossa compreensão da realidade é inerentemente imperfeita.

A nossa falibilidade implica que as organizações sociais não se possam basear apenas no conhecimento ou na razão; devem também incorporar as tendências acumuladas dos participantes. O conjunto de tendências é comumente descrito como «cultura». É nesta base que afirmo que todas as culturas são construídas sobre falácias férteis.

As culturas diferem umas das outras. Estas diferenças são indícios de que as tendências e outras formas de compreensão imperfeita desempenham um papel importante na formação da realidade. Mas esta observação, por si só, nada prova. Para dar conteúdo à teoria da reflexividade, é necessário mais qualquer coisa. Tentei preencher esta condição ao analisar as situações longe do equilíbrio, em que as percepções estão muito afastadas da realidade. Identificar estas situações pode servir para mostrar que a interpretação predominante da realidade é, de algum modo, distorcida. Para isso, tentei aplicar a minha teoria expansão-contracção [*Boom-Bust*] às situações históricas. Em *Opening the Soviet System*, analisei a ascensão e queda do comunismo soviético como um processo expansão-contracção, e em *The Bubble of American Supremacy* comparei as políticas da administração Bush a uma bolha do mercado bolsista.

Estas tentativas podem ter sido úteis, mas foram muito pouco conclusivas porque uma das características distintivas da teoria da reflexividade é o facto de não afirmar estar na posse de explicações ou previsões determinadas.

EXPERIÊNCIAS DE SITUAÇÕES LONGE DO EQUILÍBRIO

Penso que as minhas experiências pessoais são mais convincentes. As situações longe do equilíbrio desempenharam um papel importante na minha vida. De facto, as minhas experiências de situações longe do equilíbrio remontam até antes de eu ter nascido. Quando rebentou a Primeira Guerra Mundial, o meu pai, um jovem muito ambicioso, ofereceu-se como voluntário no exército austro-húngaro. Foi capturado pelos Russos e levado como prisioneiro de guerra para a Sibéria. Sendo ambicioso, tornou-se editor de um jornal produzido pelos prisioneiros. O jornal chamava-se *A Prancha*, porque os artigos manuscritos eram afixados numa prancha; os autores escondiam-se atrás da prancha e ouviam os comentários feitos pelos leitores. O meu pai tornou-se tão popular que foi eleito representante dos prisioneiros. Quando alguns soldados se evadiram de um campo vizinho, o representante desses prisioneiros foi executado como retaliação. Em vez de esperar que acontecesse o mesmo no seu campo, o meu pai organizou um grupo e liderou a fuga. O seu plano era construir uma jangada e navegar até ao oceano, mas os seus conhecimentos de geografias eram deficientes; não sabia que todos os rios na Sibéria desembocavam no mar Árctico. Andaram à deriva durante várias semanas até perceberem que estavam a dirigir-se para o Árctico e precisaram de vários meses para regressar à civilização através da taiga. Entretanto, deu-se a Revolução Russa e foram por ela apanhados. Só após várias aventuras é que o meu pai conseguiu regressar à Hungria; se tivesse ficado no campo, teria chegado a casa muito mais cedo.

Quando regressou, o meu pai era um homem diferente. As suas experiências durante a revolução afectaram-no profundamente. Perdera a ambição e desejava apenas gozar a vida. Transmitiu aos filhos valores muito diferentes dos do meio em que vivíamos. Não desejava acumular riquezas nem tornar-se socialmente proeminente. Pelo contrário, trabalhava apenas o suficiente para sustentar a casa. Lembro-me de, na altura do Natal, o meu pai mandar-me ir ter com o seu principal cliente pedir dinheiro emprestado para umas férias e, depois, andar mal-humorado até ter ganho o suficiente para pagar o empréstimo. Ele passava muito tempo com os filhos. Quando eu vinha da escola, costumava ir ter com ele à piscina e, depois de nadarmos, deleitava-me com a narração de uma das suas aventuras na

Sibéria. Ensinou-me que há alturas em que as regras normais não se aplicam, e que, se obedecermos às regras nessas alturas, podemos vir a perecer.

Quando a Alemanha nazi ocupou a Hungria, em Março de 1944, o meu pai pôs este preceito em prática. Estava mais bem preparado mentalmente do que a maioria das outras pessoas e não hesitou em agir em conformidade com as suas crenças. Arranjou documentos de identificação falsos e organizou-se de forma a viver com identidades forjadas, não só para a sua família, mas também para muitas outras. Cobrava dinheiro a alguns dos seus clientes, mas ajudava muitos outros gratuitamente. Nunca o vi tão ocupado. Foram os seus melhores tempos[8].

O ano de 1944 foi a experiência formadora da minha vida. Eu tinha 14 anos de idade e uma admiração infinita pelo meu pai. Absorvi e adoptei toda a sua visão do mundo. Como eu disse muitas vezes, o ano da ocupação alemã foi, para mim, uma experiência estranhamente positiva. Confrontámo-nos com o perigo de morte e as pessoas morriam à nossa volta, mas conseguimos não só sobreviver, como também sair vitorio-

---

[8] Tivadar Soros, *Masquerade: Dancing Around Death in Nazi-Occupied Hungary* (Nova Iorque, Arcade Publishing, Inc., 2001). Originalmente publicado em esperanto, *Maskerado Ĉirkǎ la Morto: Nazimondo en Hungarujo* (J. Régulo, 1965 e Roterdão, Universala Esperanto-Asocio, 2001).

sos, pois pudemos auxiliar muitos outros. Tínhamos os anjos do nosso lado e triunfámos contra probabilidades esmagadoras. O que mais podia pedir um rapaz de 14 anos?

Após as estonteantes aventuras da perseguição nazi, a situação começou a deteriorar-se durante a ocupação soviética. De início, as aventuras continuaram e conseguimos ultrapassar as situações perigosas. O consulado suíço contratou o meu pai para trabalhar como oficial de ligação com as forças ocupantes russas. Nessa altura, o consulado suíço protegia os interesses dos Aliados, tratava-se, por isso, de um cargo importante. Quando as forças aliadas estabeleceram os seus próprios representantes, o meu pai demitiu-se, pois pensava que se trabalhasse para os Aliados ficaria demasiado exposto. Foi uma decisão inteligente – evitou ser depois perseguido. Mas a situação estava a tornar-se enfadonha e opressiva para um jovem que se habituara à aventura. Também achei que não era saudável que um jovem de 15 anos pensasse exactamente como o seu pai de 55 anos de idade. Eu disse ao meu pai que queria ir embora. «Para onde queres ir?», perguntou ele. «Para Moscovo, para saber mais sobre o comunismo, ou para Londres, por causa da BBC», respondi. «Conheço bem a União Soviética e posso ensinar-te tudo sobre ela», disse o meu pai. Então, restava Londres. Não foi fácil, mas cheguei a Londres em Setembro de 1947.

Viver em Londres foi uma desilusão. Não tinha dinheiro nem amigos. Após a minha vida aventurosa, sentia-me muito confiante, mas as pessoas de Londres não estavam interessadas. Era um estranho numa terra estranha e descobri a solidão. Chegou uma altura em que fiquei sem dinheiro. Estava a comer na Lyons Corner House e, depois de pagar a comida, fiquei sem um tostão. «Bati no fundo», disse para mim mesmo, «e tenho de me levantar. Será uma boa experiência». Mas foi mais um obstáculo do que uma ajuda, porque, a partir de então, não queria voltar a bater no fundo.

O PRINCÍPIO DA INCERTEZA HUMANA

Conto estes acontecimentos para mostrar as experiências que moldaram a minha estrutura conceptual. A perseguição nazi, a ocupação soviética e a vida sem dinheiro em Londres foram situações longe do equilíbrio. Desde cedo aprendi que as condições reais podem ser muito diferentes daquilo que normalmente se espera, e que a opinião predominante é frequentemente inadequada às condições reais. O fosso entre as percepções e a realidade pode, por vezes, transformar-se num abismo.

Dediquei-me ao estudo desta diferença. Ao desenvolver o conceito de reflexividade, cheguei à conclusão de que as falácias e outras concepções erróneas eram factores causais na formação da história. De facto, sobrevalorizei o papel das interpretações tendenciosas e distorcidas na determinação dos acontecimentos. Afirmava que essas interpretações conferiam à história o seu carácter único e irreversível; mas tratava-se, sem dúvida, de uma concepção distorcida, pois muitos outros factores operam na história, para além da reflexividade. No entanto, acabou por ser uma distorção útil, já que me chamou a atenção para um fenómeno que, na altura, era estranhamente ignorado: as bolhas financeiras. A minha concepção da história pode ser considerada uma falácia fértil.

Como vimos, a reflexividade introduz um elemento de indeterminação ou de incerteza no pensamento dos participantes e na situação em que participam. Existe também um princípio de incerteza em acção na física quântica, mas esse princípio é diferente do princípio de incerteza nas questões humanas. O princípio de incerteza de Werner Heisenberg rege o comportamento das partículas quânticas, quer seja ou não reconhecido. Por contraste, o comportamento dos participantes pensantes pode ser influenciado por aquilo que eles ou outros pensam sobre eles. O princípio da incerteza humana coloca um obstáculo ao estudo científico do comportamento humano. Como já referi, fui muito influenciado por Karl Popper e, de uma forma geral, aceito a sua interpretação do método científico de maneira mais

76 | A ERA DA FALIBILIDADE

entusiasta do que a maioria dos filósofos da ciência contemporâneos, mas lamento a sua incapacidade de reconhecer a natureza e o significado do obstáculo.

REVISÃO DO ESQUEMA
DO MÉTODO CIENTÍFICO DE POPPER

Popper concebeu um esquema muito simples e elegante do método científico, que consiste em três elementos e três operações. Os três elementos são as condições iniciais, as condições finais e as generalizações de validade universal ou leis científicas. As três operações são a previsão, a explicação e o teste. Quando as condições iniciais se combinam com as leis científicas, fornecem uma previsão. Quando as condições finais se combinam com essas leis, fornecem uma explicação. Neste sentido, as previsões e as explicações são simétricas. Aquilo que falta neste esquema é a verificação das leis. Este foi o contributo especial de Karl Popper para a nossa compreensão do método científico. Popper afirma que as leis científicas não podem ser verificadas; podem apenas ser refutadas ou consideradas falsas. É aqui que entra a verificação. As leis científicas podem ser testadas combinando as condições iniciais com as condições finais. Se não se conformarem à lei científica em causa, essa lei é considerada falsa. Um caso que não apresente conformidade pode ser suficiente para destruir a validade da generalização, mas nenhuma quantidade de casos em conformidade é suficiente para verificar uma generalização para além de qualquer dúvida. Neste sentido, existe uma assimetria entre a verificação e a falsificação. A simetria entre a previsão e a explicação e a assimetria entre a verificação e a falsificação são as duas características principais do esquema de Popper.

A meu ver, a asserção de que as leis científicas não podem ser verificadas constitui um dos maiores contributos de Popper para a filosofia. Resolve o problema, de outro modo insolúvel, da indução. Só porque o Sol nasceu no Oriente todos os dias desde que o homem se lembra, como podemos ter a certeza de que continuará a fazê-lo? O esquema de Popper afasta a necessidade da certeza. Podemos aceitar as generalizações científicas como provisoriamente válidas até que sejam consideradas falsas. Esta interpretação enfatiza o papel central que o teste desempenha no método científico. Estabelece um processo crítico que permite que a ciência se desenvolva e inove.

Muitas das características do esquema de Popper foram criticadas por filósofos profissionais. Por exemplo, Popper afirma que quanto mais severo for o teste a que uma generalização sobrevive, maior o seu valor. Os filósofos profissionais questionam se a severidade dos testes e o valor das generalizações podem ser avaliados. No entanto, a asserção de Popper faz muito sentido para mim e provei-a nos mercados financeiros. Quanto mais as hipóteses de investimento que eu adoptava estavam em conflito com a opinião geralmente prevalecente, maiores foram os meus ganhos quando as hipóteses se mostraram verdadeiras. É neste sentido que posso afirmar que aceito o esquema de Popper de maneira mais entusiasta do que os filósofos profissionais.

Como já disse, afasto-me de Popper num único ponto. Popper defende aquilo a que chama doutrina da unidade do método, ou seja, os mesmos métodos e critérios aplicam-se tanto às ciências sociais como às ciências naturais. Lamento ter de discordar. Penso que aquilo que designei por princípio da incerteza humana introduz um obstáculo inerente às ciências sociais; estabelece uma divisão entre as ciências naturais e as ciências sociais. O ponto exacto onde esta divisão se localiza é discutível. Em que lado ficam as ciências da vida, como a genética? Não é necessário haver uma linha firme de divisão para dizer que as ciências sociais enfrentam um obstáculo – o princípio da incerteza humana – que não existe nas ciências naturais.

Mas o método científico não é a questão principal. Como podem os participantes tomar as melhores decisões se não podem baseá-las no conhecimento? Este é o ponto central. É inevitável uma diferença entre a percepção e a realidade, que causa sempre alguma discrepância entre os resultados e as expectativas. O que importa é a dimensão desta diferença e a severidade das consequências adversas inesperadas. Como podem elas ser minimizadas? Esta era a questão que me preocupava tanto na teoria como na prática.

Foi neste contexto que considerei o esquema do método científico de Popper tão inspirador. Popper demonstra que até nas ciências naturais, nas quais é possível estabelecer uma correspondência entre as proposições e os factos, é essencial conservar um processo crítico e uma atitude crítica. Quão mais importante não será dedicarmo-nos ao pensamento crítico noutras esferas, onde as incertezas são muito maiores? Isto leva-me ao conceito de sociedade aberta, que se baseia no reconhecimento de que ninguém está na posse da verdade definitiva.

O POSTULADO DA FALIBILIDADE RADICAL

No capítulo seguinte, explicarei o conceito de sociedade aberta, mas, antes disso, quero dizer mais uma coisa sobre a compreensão imperfeita ou falibilidade. De uma forma geral, concordo com a posição de Popper, mas não me fico por aí. Popper afirma que *podemos* estar errados. Como hipótese de trabalho, adopto a premissa de que estamos *condenados* a errar. Chamo a isto o postulado da falibilidade radical. Este postulado baseia-se no seguinte argumento: somos capazes de adquirir alguma compreensão da realidade; mas quanto mais compreendemos, mais há para ser compreendido. Face a este alvo em movimento, temos tendência para sobrecarregar os conhecimentos que adquirimos, estendendo-os a áreas onde já não são aplicáveis. Deste modo, até as interpretações válidas da realidade estão destinadas a originarem interpretações distorcidas. Este argumento é similar ao Princípio de Peter, segundo o qual os funcionários competentes são promovidos até alcançarem o seu nível de incompetência.

Esta minha posição é reforçada pelas descobertas da linguística cognitiva. George Lakoff, entre outros, mostrou que a linguagem utiliza mais a metáfora do que a lógica estrita. As metáforas funcionam transferindo observações ou atributos de um conjunto de circunstâncias para outro, e é quase inevitável que o processo seja levado demasiado longe. Podemos ver isto no caso do método científico. A ciência é um método muito bem sucedido para se adquirir conhecimento. Como tal, parece contradizer o postulado da falibilidade radical, ou seja, de que estamos condenados a errar. Mas o processo foi levado demasiado longe. Devido ao sucesso das ciências naturais, os cientistas sociais foram muito longe na imitação das ciências da natureza.

Consideremos a teoria económica clássica no seu uso do conceito de equilíbrio e na sua imitação da física newtoniana. No entanto, nos mercados financeiros, onde as expectativas desempenham um papel importante, a asserção de que os mercados tendem para o equilíbrio não corresponde à realidade. A teoria das expectativas racionais procedeu a grandes malabarismos para criar um mundo artificial onde prevalece o equilíbrio, mas, nesse mundo, a realidade é ajustada à teoria, em vez de se passar o contrário. Trata-se de um caso em que se aplica o postulado da falibilidade radical.

Mesmo quando não cumprem as regras e princípios do método científico, os pensadores sociais tentam dar um aspecto científico às suas teorias para serem aceites. Tanto Sigmund Freud como Karl Marx diziam que as suas teorias determinavam o rumo dos acontecimentos nos seus campos respectivos porque elas eram científicas. (Nesta altura, as leis científicas deviam ser deterministas.) Popper conseguiu desmascará-los, especialmente a Marx, mostrando que as teorias deles não podiam ser testadas de acordo com o seu próprio esquema; logo, não eram científicas. Mas podia ter ido mais longe. Não reconheceu que o estudo dos fenómenos sociais se depara com um obstáculo que não existe nas ciências naturais – o princípio da incerteza humana. Por conseguinte, a imitação submissa das ciências naturais não produz uma representação adequada da realidade. O equilíbrio geral e as expectativas racionais estão muito longe da realidade. Fornecem exemplos de como uma abordagem que produz resultados válidos é excessivamente explorada e sobrecarregada até deixar de ser válida.

Suponhamos que as minhas objecções aos conceitos de equilíbrio geral e de expectativas racionais eram geralmente aceites e que as teorias eram abandonadas; deixariam de servir como exemplos da falibilidade radical. Isto mostra a imperfeição fatal do meu postulado: não é necessariamente verdadeiro. Não estamos condenados a errar em todas as situações. Os erros podem ser corrigidos.

Em que posição fica, então, o meu postulado? Se fosse uma teoria científica, revelar-se-ia falsa, uma vez que, no esquema de Popper, um único caso é suficiente para determinar a falsidade de uma teoria. Mas o postulado da falibilidade radical não é uma teoria científica. É uma hipótese de trabalho e, enquanto tal, funciona muito bem. Enfatiza a divergência entre a realidade e a percepção que os participantes têm da realidade e concentra a atenção nas concepções erradas como factor causal na história. Isto leva-nos a uma interpretação particular da história que pode ser esclarecedora. O momento actual é importante. Vejo a guerra contra o terrorismo como uma concepção errónea ou metáfora falsa, que está a provocar um efeito terrível na América e no mundo.

A ideia da falibilidade radical é igualmente útil nos mercados financeiros. Mostra o papel das concepções erróneas nos processos expansão-contracção. Leva-nos a olhar para a imperfeição em todas as construções, quer se trate de uma teoria ou de uma instituição; no entanto, não deve desencorajar-nos de tentar aperfei-çoá-las. E deve proteger-nos de considerarmos qual-quer proposição ou sistema como eternamente válido. Precisamos de uma estrutura conceptual considerada eternamente válida para darmos sentido a um universo que, de outro modo, é confuso, mas temos de reconhe-cer que essa estrutura está condenada a ser distorcida e incompleta e que, por isso, precisa de ser revista. A mi-nha estrutura preenche estes requisitos. Se o postulado da falibilidade radical fosse uma teoria científica, for-necer-nos-ia a sua própria falsificação, tal como o para-doxo do mentiroso.

O postulado da falibilidade radical e a ideia das falá-cias férteis são específicos da minha maneira de pensar. Estes conceitos parecem negativos, mas não o são. Aquilo que é imperfeito pode ser aperfeiçoado; a fali-bilidade radical deixa espaço infinito para o aperfei-çoamento. Na minha definição, uma sociedade aberta é uma sociedade imperfeita que se mantém aberta ao aperfeiçoamento. A sociedade aberta gera esperança e criatividade, ainda que a sociedade aberta esteja cons-tantemente em perigo e a história esteja cheia de desi-lusões. Apesar da terminologia de conotação negativa – compreensão imperfeita, falibilidade radical, falácias férteis –, a minha visão da vida é profundamente opti-

A BUSCA DA VERDADE

mista. É por isso que, de tempos a tempos, consigo produzir melhorias na vida real.

A BUSCA DA VERDADE

A questão permanece: qual é a importância da minha estrutura conceptual? Sou testemunha da sua importância pessoal. A busca da verdade através de um processo crítico é uma convicção profunda que me tem orientado pela vida. Outra convicção é a ideia de que a verdade definitiva é inacessível. Como parte do processo crítico, perguntei-me por que é tão importante a busca da verdade. Trata-se de uma questão válida. No método científico, a verdade é o que mais importa: uma teoria científica só conta se for válida. O mesmo não acontece na política e noutros aspectos da vida social. As ideias falsas podem prevalecer. O que é mais importante: procurar a verdade ou prevalecer? A resposta não é óbvia. Cada pessoa e cada sociedade têm de estabelecer as suas próprias prioridades. Não tenho dúvidas acerca das minhas prioridades. Por questões pessoais, tenho um interesse profundo pela verdade. Não tenho necessariamente de a afirmar, mas, pelo menos, quero conhecê-la. O homem que mais admiro é Andrei Sakharov, o cientista nuclear russo, que insistiu em dizer a verdade mesmo quando isso lhe causava problemas; gostaria de imitá-lo, mas não tenho a sua força de carácter. Dizer a verdade pode ser prejudicial não só para si mesmo, mas também para os outros; por isso, a discrição pode ser a melhor parte da bravura*. No entanto, quis falar de questões políticas, principalmente em oposição ao presidente George W. Bush. Fiz isso porque achava estar em melhor situação do que a maioria dos outros que podiam ser ouvidos. Eu não estava dependente do governo nem dos contactos profissionais. Podia suportar a luta.

Aquilo que não posso dizer é se a minha estrutura conceptual terá algum interesse para os outros. O modo como as minhas interpretações da realidade diferem das outras geralmente predominantes, em especial a respeito da guerra contra o terrorismo, mas também dos mercados financeiros, leva-me a pensar que devo estar a dizer algo com sentido e, talvez, até original. Contudo, tenho consciência de que, ao analisar a relação entre o pensamento e a realidade, estou a percorrer terrenos bem batidos. Alguns dos temas que exploro já foram extensamente discutidos. Desde os tempos antigos que o conceito de auto-referência é uma das preocupações dos filósofos. Do mesmo modo, os actos de fala (ou seja, em que a fala constitui uma acção) foram geralmente reconhecidos. No entanto, penso que o

---

* *Discretion is the better part of valor* é uma expressão de Falstaff, na peça de Shakespeare *Henrique IV* (*N.T.*).

O PROBLEMA DA MORTE

Para testar se a minha estrutura conceptual pode ter o mesmo significado para os outros, gostaria de submeter as minhas ideias sobre a morte à consideração dos leitores. A mortalidade é uma questão importante quando se tem 75 anos de idade, mas, para mim, tornou-se um problema muito mais cedo, quando descobri que os meus pais eram mortais. Quando eu era criança, confiava neles, dependia deles e tentava agradar-lhes, mas que direito tinham eles de me por neste mundo se iam morrer e deixar-me sozinho? Senti-me traído. Como a religião não fazia parte da nossa vida familiar (mais tarde, a minha mãe tornou-se religiosa), a ideia da morte assombrava-me profundamente a existência. Separou a minha adolescência da infância. Fui uma criança feliz e sociável, que vivia no conforto do amor dos pais. A minha adolescência foi mais complicada. Podia praticamente sentir as pontas dos meus lábios a virarem-se para baixo, a mudarem de um sorriso para uma expressão triste e sombria. Como os adolescentes costumam fazer, dediquei-me a uma contemplação profunda da vida e da morte. Desde então, o problema da morte não mais me largou, embora, quando desenvolvi a minha estrutura conceptual, tenha encontrado uma solução intelectualmente satisfatória para a minha mortalidade.

A ideia da morte é simplesmente inaceitável para a consciência humana porque é a aniquilação dessa consciência. A morte torna todas as nossas ideias, incluindo a nossa ideia de realidade e de nós mesmos, inexistentes. É um anátema, algo que nem sequer pode ser contemplado. Mas a descoberta de que há uma divergência inerente entre as nossas percepções do mundo e o próprio mundo faz incidir uma nova luz sobre o problema. A ideia da morte não é o mesmo do que o facto da morte. A ideia da morte é a negação da consciência, e o facto da morte não é a negação da vida, mas sim a sua conclusão natural. Se a morte vier numa altura em que todas as paixões já se esgotaram, ela não precisa de ser assustadora. Ainda que considere intelectualmente satisfatória esta interpretação da morte, a ideia de morrer continua a assombrar-me, pois as minhas paixões ainda não se esgotaram. Não sei se as outras pessoas consideram esta interpretação tão intelectualmente satisfatória quanto eu a vejo.

CAPÍTULO 2
O significado de sociedade aberta

O significado de sociedade aberta é óbvio para aqueles que viveram numa sociedade fechada. Sociedade aberta significa liberdade e ausência de repressão. Quando estabeleci uma rede de fundações no antigo império soviético, não considerei necessário explicar o conceito de sociedade aberta às pessoas envolvidas porque era o oposto ao que elas tinham vivido. Quando a repressão acaba, a sua lembrança vai-se desvanecendo com o tempo. Os Estados Unidos são uma sociedade aberta, mas as pessoas não compreendem bem o conceito e muito menos se interessam por ele.

A sociedade aberta não é uma ideia fácil. Assemelha--se ao conceito de democracia liberal, mas há uma diferença importante: é um conceito epistemológico e não político. Baseia-se no reconhecimento da nossa compreensão imperfeita e não na teoria política. Isto gera grandes dificuldades filosóficas e práticas. A melhor forma de as explicar é através de uma abordagem histórica.

Como já referi, foi Karl Popper quem me apresentou ao conceito de sociedade aberta. O seu livro *A Sociedade*

Aberta e os Seus Inimigos causou-me grande impressão porque fazia incidir uma nova luz sobre as ideologias que tinham tido influência decisiva na minha vida: o fascismo, o nacional-socialismo e o comunismo. Popper afirmava que estas ideologias partilhavam uma característica comum: alegavam estar na posse da única interpretação válida da realidade e exigiam lealdade absoluta ao seu ponto de vista. Mas a verdade definitiva está fora do alcance humano; por isso, essas ideologias só se podiam impor na sociedade através do uso da força ou de outras formas de sujeição. E a repressão serve para criar uma sociedade fechada.

Popper propôs uma forma de organização social cujo princípio é o reconhecimento de que nenhuma reivindicação da verdade definitiva pode ser validada e, por isso, nenhum grupo pode impor as suas interpretações aos outros. Designou esta forma de organização social por sociedade aberta, na qual os indivíduos com interpretações diferentes podem viver juntos em paz. Numa sociedade aberta, os indivíduos gozam da maior liberdade, que é compatível com a liberdade dos outros. Os condicionalismos necessários são estabelecidos pela regência da lei.

O termo «sociedade aberta» foi pela primeira vez usado por Henri Bergson, o filósofo francês, no seu livro *As Duas Fontes da Moral e da Religião*, originalmente publicado em 1932. Bergson afirmava que a moral e a religião podem basear-se na identidade tribal ou em

O SIGNIFICADO DE SOCIEDADE ABERTA | 91

considerações da condição humana universal. O Antigo Testamento é um exemplo do primeiro caso e o Novo Testamento do segundo. A moralidade tribal dá origem a uma sociedade fechada, que confere direitos e obrigações aos membros da tribo e discrimina os que não pertencem à tribo; a moralidade universal gera uma sociedade aberta, que reconhece certos valores humanos fundamentais independentemente das filiações tribais, étnicas ou religiosas. Popper levou mais longe a questão: afirmou que as ideologias universais, como o comunismo, podem também representar uma ameaça para a sociedade aberta, se alegarem representar a verdade incontestável e se discriminarem aqueles que não concordam com essa alegação. Baseava a questão da sociedade aberta na nossa compreensão inerentemente imperfeita, ou falibilidade.

Karl Popper não deu uma definição de sociedade aberta, pois não gostava de definições. Devido à nossa falibilidade, qualquer definição está condenada a ser distorcida ou incompleta e pode dar origem a um debate interminável sobre o significado das palavras. Popper preferia descrever ideias e, depois, gostava de as rotular. O seu método ia da direita para a esquerda, em vez da esquerda para a direita. Quando descrevia várias posições intelectuais, usava rótulos, que normalmente terminavam num «ismo»; de facto, os escritos de Popper estão cheios de «ismos». Enquanto rótulo, a «sociedade aberta» adquiriu mais importância porque entrou no título do livro de Popper. Ao que parece, *A Sociedade Aberta e os Seus Inimigos* não foi o único título em que Popper pensou, mas a escolha foi feita pelo editor. Assim, sociedade aberta adquiriu o significado que tem para mim quase por acidente. Achei o conceito atraente porque contrastava com o fascismo e com o comunismo, e eu tinha sofrido ambos. Devo dizer que dei mais importância ao conceito de sociedade aberta do que o próprio Karl Popper.

Nos escritos de Karl Popper, sociedade aberta não é um conceito totalmente desenvolvido. Baseia-se na ideia de que o conhecimento perfeito está fora de alcance do intelecto humano. Uma sociedade aberta aceita a nossa falibilidade; uma sociedade fechada rejeita-a. Não é claro se a sociedade aberta denotava um estado de coisas real ou ideal. Não pode ser uma representação total da realidade porque se baseia apenas num aspecto da realidade, um aspecto abstracto e filosófico, e não se refere a outros aspectos, como o poder político ou o contexto histórico.

Tenho de confessar que precisei de muito tempo para reconhecer que o conceito de sociedade aberta não tem uma base adequada na teoria política. Só muito recentemente é que percebi todas as implicações deste facto. Quando li pela primeira vez *A Sociedade Aberta e os Seus Inimigos*, fiquei tão impressionado com a obra que elaborei uma estrutura conceptual que justapunha a sociedade aberta e a sociedade fechada. Vou resumir agora essa estrutura. Os leitores interessados numa versão mais alargada podem recorrer ao apêndice.

A estrutura foi construída a partir do conceito de mudança. Defini a mudança para excluir tudo o que é previsível. Quer isto dizer que só os acontecimentos que não são previsíveis de acordo com o estado prevalecente do conhecimento podem ser qualificados como mudança.

Em primeiro lugar, considerei uma sociedade baseada na ausência de mudança. Nesta sociedade, a mente tem de lidar apenas com um conjunto de condições: as que existem no tempo presente. Aquilo que aconteceu no passado e que acontecerá no futuro é visto como se fosse idêntico àquilo que existe agora. Não há necessidade de fazer uma distinção entre pensamento e realidade; não há espaço para o pensamento abstracto. Aquilo que designei por modo tradicional de pensar tem apenas uma tarefa: aceitar as coisas tal como são. Esta simplicidade suprema tem um custo elevado: gera crenças que podem estar totalmente divorciadas da realidade. O modo tradicional de pensar só pode predominar se os membros de uma sociedade se identificarem como parte da sociedade a que pertencem e nela aceitarem, incondicionalmente, o seu lugar. Chamo a isto uma «sociedade orgânica», uma sociedade em que os indivíduos são órgãos de um corpo social.

Se alguma vez existiram sociedades orgânicas na realidade ou apenas na nossa imaginação, é uma questão em aberto. Mas se realmente existiram, eram certamente vulneráveis a formas de organização social que tinham maior consciência da realidade. Portanto, por muito atraentes que algumas características de uma sociedade orgânica possam ser para algumas pessoas, a sociedade orgânica não é uma opção para os dias de hoje.

A mudança, tal como a defini, gera a incerteza. Há duas maneiras de lidar com a incerteza: podemos aceitá-la ou negá-la. A primeira leva a um modo crítico de pensar e a uma sociedade aberta; a segunda leva a um modo dogmático de pensar e a uma sociedade fechada. Cada abordagem tem os seus méritos e deméritos. Inspirado por Karl Popper, elaborei uma estrutura de modelos teóricos que põe em contraste as forças e as fragilidades das duas abordagens.

Num mundo em mudança, as pessoas confrontam-se com um leque infinito de possibilidades. Escolhê-las é a função principal do modo crítico de pensar. O grande mérito do processo crítico é o facto de poder fornecer uma melhor compreensão da realidade do que o modo tradicional ou dogmático. O seu grande demérito é o facto de não satisfazer o desejo da certeza. No meu modelo, analiso a maneira como funciona o processo em alguns dos principais campos da acção humana, nomeadamente nas ciências naturais, nas ciências sociais, na economia e na política. Funciona melhor nas ciências naturais, mas fica aquém das expectativas nas outras áreas. É uma fonte de desilusão, que leva as pessoas a um modo de pensar dogmático. O modo dogmático é, em muitos aspectos, o contrário do modo crítico. Dá às pessoas a ilusão da certeza, mas distorce a realidade.

Uma sociedade aberta reconhece e aceita a incerteza inerente à realidade. Caracteriza-se por instituições que permitem às pessoas lidarem com a incerteza. A actividade económica é determinada por mercados nos quais os participantes têm a liberdade de tomar as suas próprias decisões. Enquanto houver alternativas suficientes, os participantes podem distribuir os seus recursos tendo em vista as melhores vantagens. Os mercados financeiros fornecem um mecanismo de reacção eficiente para decidir se as decisões de investimento foram ou não correctas. Mas os mercados não são perfeitos. Ao contrário de algumas teorias económicas, eles não garantem a distribuição óptima dos recursos. São concebidos para oferecerem alternativas aos participantes, mas estes participantes não têm um conhecimento perfeito. Isto faz com que os mercados, especialmente os mercados financeiros, sejam inerentemente instáveis. Além disso, os mercados não são concebidos para cuidarem das necessidades sociais – como a manutenção da lei e da ordem, a protecção do ambiente, a justiça social e os mercados estáveis e compe-

96 | A ERA DA FALIBILIDADE

titivos –, como sendo distintas das necessidades dos participantes individuais. A satisfação das necessidades sociais pertence ao domínio da política.

O sistema político adequado a uma sociedade aberta é a democracia, em que as pessoas têm a liberdade de escolher – e de mudar – o seu governo. Uma forma democrática de governo pode evitar, melhor do que as outras formas, erros graves.

Por conseguinte, o principal mérito de uma sociedade aberta é o facto de esta permitir que as pessoas lidem com uma realidade incerta e de lhes garantir o nível mais elevado possível de liberdade individual compatível com a satisfação das necessidades sociais. Em especial, uma sociedade aberta insiste na liberdade de pensamento e de expressão.

No lado negativo, a posição proeminente dos indivíduos impõe-lhes um fardo que, por vezes, pode parecer insuportável. Onde podem eles encontrar os valores de que necessitam para fazerem as escolhas certas? Os valores são uma questão de escolha. A escolha pode ser consciente e o resultado de muita análise e reflexão; mas é mais provável que seja impulsiva, baseada na educação familiar, em conselhos, na publicidade ou noutra influência externa.

Algumas descobertas recentes da ciência cognitiva indicam que o modo de funcionamento da tomada de decisão tem algumas analogias com a visão. A visão central é clara e entra numa consciência central;

a visão periférica é vaga e percepcionada de forma selectiva. Do mesmo modo, algumas decisões são conscientes, outras são instintivas. Conhecemos as razões para as nossas decisões conscientes, mas fazemos muitas escolhas acerca das quais não temos grande consciência. Os especialistas do *marketing* e os técnicos políticos concentram-se naquilo que não é totalmente consciente. Algumas destas escolhas são feitas pela busca do prazer. Mas, quando vamos para além das escolhas que providenciam a satisfação imediata, vemos que a sociedade aberta padece daquilo a que podemos chamar uma deficiência de finalidade. Não quero dizer com isto que não haja uma finalidade, mas apenas que essa finalidade tem de ser procurada e encontrada por cada indivíduo. Esta procura coloca-nos num dilema. Os indivíduos são as unidades mais fracas de uma sociedade e têm um tempo de vida mais curto do que a maioria das instituições que deles dependem. Por si só, os indivíduos fornecem uma base incerta para os valores, suficiente para sustentar uma estrutura que lhes sobreviverá. Contudo, é necessário um sistema de valores para sustentar a sociedade.

Se uma sociedade aberta pode ou não florescer apesar da sua deficiência de finalidade depende muito da sua capacidade de criar uma ideia forte de progresso. A liberdade dá origem a energias criativas, e as sociedades abertas caracterizam-se habitualmente por obras científicas e artísticas, inovações tecnológicas, estímulo intelectual e níveis de vida mais elevados. Mas o êxito não é garantido, já que continua condicionado pelas energias criativas dos participantes.

Quando uma sociedade aberta não produz uma sensação de bem-estar e progresso, aqueles que não conseguem encontrar uma finalidade em si mesmos podem ser levados a um dogma que lhes fornece um conjunto pré-definido de valores e um lugar seguro no universo. O modo dogmático de pensar consiste em erigir como poder supremo um corpo de doutrina que se acredita ter uma origem que não individual. A origem pode ser a tradição ou uma ideologia que consegue conquistar supremacia sobre outras ideologias. Seja como for, a origem é considerada o árbitro supremo das interpretações divergentes. Os que se conformam são aceites; os que divergem são rejeitados. Se uma ideologia conseguir prevalecer, pode remover os espectros temíveis da incerteza e da deficiência de finalidade e incutir nas pessoas um sentido de orgulho e satisfação. No lado negativo, as sociedades fechadas tendem a exercer um controlo apertado sobre a expressão e o pensamento e usam várias formas de repressão para imporem a sua versão do interesse colectivo sobre os interesses dos cidadãos individuais.

Independentemente de como, em teoria, é definido o interesse colectivo, na prática, deve reflectir as prioridades dos dirigentes. Os dirigentes não seguem necessariamente os seus fins egoístas enquanto indivíduos, mas beneficiam do sistema prevalecente enquanto classe: por definição, são a classe dirigente. A sociedade fechada pode, pois, ser descrita como uma sociedade baseada na exploração de classe.

No seu melhor, um sistema autoritário pode ir longe no restabelecimento da harmonia da sociedade orgânica. Mas, na maioria dos casos, é preciso empregar um certo nível de coerção e este facto tem de ser explicado por argumentos tortuosos que tornam a ideologia menos convincente. Como resultado, mais força é aplicada até que, no seu pior, o sistema fica baseado na coerção e a sua ideologia deixa de se relacionar com a realidade.

Quando a coerção usada para manter o dogma aumenta, é menos provável que as necessidades da mente inquisitiva sejam satisfeitas. Quando, finalmente, se quebra a hegemonia de um dogma, as pessoas sentem-se libertas de uma opressão terrível. Abrem-se novos horizontes e a abundância de oportunidades gera esperança, entusiasmo e enorme actividade intelectual.

A sociedade aberta e a sociedade fechada apresentam-se como alternativas. Cada uma padece de deficiências que podem ser curadas pela outra. Isto era certo na altura em que construí os modelos, porque os campos que representavam as duas formas de organização social confrontavam-se na Guerra Fria, mas não é necessariamente verdade em todas as alturas. Se construímos modelos de sociedade baseados numa dicotomia entre o reconhecimento e a negação de que a nossa compreensão da realidade é inerentemente imperfeita, então os modelos estão condenados a aparecerem como alternativas. Não implica que as pessoas sejam obrigadas a usar estes modelos para pensar.

Infelizmente, não é claro aquilo que a estrutura (discutida com mais pormenor no apêndice) deve representar. Não pode ter a pretensão de descrever situações históricas. Não tive a intenção de sugerir que um dos modelos alguma vez tenha existido na sua forma pura e rejeitei expressamente que os modelos possam ser utilizados para descreverem um padrão histórico. Visivelmente, a sociedade orgânica e um modo tradicional de pensar têm de preceder a sociedade fechada e um modo dogmático de pensar. Toda a estrutura tem relevância especial relativamente ao momento da história em que foi concebida. Durante a Guerra Fria, dois sistemas sociais diferentes, baseados em dois modos de pensar diferentes, competiam entre si. Concebida quando o comunismo estava no auge da sua influência, a estrutura é equilibrada na sua apresentação das forças e fragilidades das sociedades abertas e fechadas. Não escondi a minha preferência pela sociedade aberta, mas não previ o seu triunfo inevitável (isto é também correcto, já que a sociedade aberta está novamente em perigo). Apesar das suas limitações, foi esta estrutura conceptual que me orientou quando criei a Fundação Sociedade Aberta.

A CONTINUAÇÃO

A estrutura conceptual aqui resumida e apresentada mais pormenorizadamente no apêndice fazia parte de um manuscrito intitulado *The Burden of Consciousness* [*O Peso da Consciência*], que concluí em 1963. Enviei o manuscrito de Nova Iorque, onde eu trabalhava como especialista de mercados estrangeiros, para o meu antigo tutor, Karl Popper. Tive uma recepção entusiasmante, que me levou a visitá-lo em Londres. No dia do nosso encontro, vários estudantes licenciados estavam à espera dele e olhavam para mim como um intruso indesejável. Fui para o corredor e, quando Popper saiu do elevador, apresentei-me. Era óbvio que não se recordava de mim. Quando me associou ao manuscrito que eu lhe enviara, ele disse: «Estou muito desapontado e vou explicar-lhe porquê – pensava que o senhor era um Americano, a quem eu conseguira comunicar as minhas opiniões sobre as ditaduras totalitárias. Mas você é Húngaro e viveu-as pessoalmente.» Contudo, Popper foi muito simpático e encorajador.

Em resposta ao seu encorajamento, continuei a rever o manuscrito, mas nunca consegui resolver a ambiguidade básica inerente aos modelos: serão eles generalizações eternamente válidas ou versões idealizadas de situações históricas? Perdi-me em abstracções filosóficas. Resolvi desistir e dedicar-me a ganhar dinheiro. Isto levou-me a desenvolver o modelo expansão-contracção [*boom-bust*], que acabou por constituir o tema do meu primeiro livro, *The Alchemy of Finance*.

O sucesso nos mercados financeiros excedeu as minhas expectativas. Quando tinha quase 50 anos de idade e o valor das minhas acções se aproximava dos 100 milhões de dólares, comecei a pensar no que fazer com o dinheiro que estava a ganhar. Nesta altura, a minha riqueza pessoal era de cerca de 30 milhões de dólares e achei que era mais do que suficiente para mim e para a minha família. Pensei longa e profundamente sobre aquilo que realmente me interessava. Esta reflexão fez-me regressar à estrutura das sociedades abertas e fechadas; criei um Fundo Sociedade Aberta e defini os seus objectivos da seguinte forma: abrir sociedades fechadas; tornar as sociedades abertas mais viáveis; promover um modo crítico de pensar.

A FUNDAÇÃO SOCIEDADE ABERTA

A Fundação Sociedade Aberta teve um início lento. A minha primeira missão foi na África do Sul, onde, após uma visita exploratória em 1979, ofereci bolsas de estudo a alunos da Universidade de Cape Town. A África do Sul era uma sociedade fechada em que os brancos viviam no primeiro mundo e os negros no terceiro. Queria derrubar a barreira dando aos Sul-Africanos uma educação de primeira classe e tentei usar o

O SIGNIFICADO DE SOCIEDADE ABERTA | 103

sistema para miná-lo a partir do interior. Todos os estudantes, brancos ou negros, tinham direito ao ensino universitário gratuito. Quis tirar proveito desta condição dando aos estudantes sul-africanos bolsas para poderem frequentar a Universidade de Cape Town – instituição que proclamava a sua dedicação ao ideal de uma sociedade aberta. Infelizmente, os estudantes negros continuavam a ser discriminados e sentiam-se indignados e, quando descobri isso, abandonei o esquema. Cheguei à conclusão de que o regime de *apartheid* estava demasiado entrincheirado para ser subvertido a partir de dentro. Após o colapso do regime de *apartheid*, lamentei essa decisão.

Realizei mais algumas iniciativas na África do Sul, mas, paralelamente, comecei a apoiar movimentos dissidentes da Europa de Leste, incluindo o Carta 77, na Checoslováquia, o Solidariedade, na Polónia, e os Refuseniks judeus*, na União Soviética. Tornei-me activista da Helsinki Watch, organização precursora da Human Rights Watch. Ofereci bolsas de estudo nos Estados Unidos a dissidentes intelectuais da Europa de Leste e foi este programa que me levou a criar uma fundação no meu país natal, a Hungria, em 1984. O esquema de

---

* *Refusnik* era o termo não oficial pelo qual eram conhecidos os judeus da União Soviética e dos países do Bloco de Leste que não eram autorizados a sair para o estrangeiro (*N.T.*).

bolsas de estudo forneceu-me um grupo de conselheiros leais, em quem eu podia confiar nas minhas negociações com as autoridades comunistas na Hungria. As negociações foram demoradas e resultaram num acordo complexo com a Academia de Ciências Húngara como parceiro. Criámos uma comissão conjunta, com um funcionário da academia e eu próprio como co-presidentes. Os outros membros da administração eram intelectuais húngaros de espírito independente, aprovados por ambas as partes. Os dois lados tinham direito de veto sobre as decisões da comissão. A questão sobre quem executaria as decisões foi complicada e quase provocou o fim das negociações. Por fim, deixaram-nos ter um secretariado independente; mas, como a academia também tinha de estar nele representada, o representante da academia, bem como o nosso secretário, tinham de assinar os comunicados.

A fundação ofereceu pequenos subsídios a uma grande variedade de iniciativas cívicas independentes do aparelho partidário do Estado. Demos apoio a escolas experimentais, bibliotecas, companhias de teatro amador, à associação de tocadores de cítara, associações de agricultores e outras organizações sociais voluntárias, artistas e exposições artísticas e projectos culturais e de investigação. Equilibrámos cuidadosamente as nossas actividades de modo a que os programas considerados construtivos pelo governo tivessem mais peso do que os vistos com suspeição pelas autoridades guardiãs da ideologia. A ideia era acabar com o monopólio do Estado-partido: a falsidade do dogma do partido dominante tornar-se-ia visível quando houvesse uma alternativa. A ideia funcionou. Com um orçamento de 3 milhões de dólares, a fundação forneceu uma alternativa efectiva aos ministérios da Cultura e da Educação, que tinham recursos muito maiores.

A fundação estava livre das limitações e dos efeitos secundários negativos que afligem as outras instituições. A sociedade civil adoptou a fundação como sua e cuidou bem dela. Não tivemos de exercer controlos; a sociedade civil fê-lo por nós. Por exemplo, quando quisemos dar um subsídio a uma associação de deficientes visuais para áudio-livros, alguém nos avisou de que a organização era corrupta. Esta informação permitiu-nos evitar ser enganados. Visitei muitas vezes a Hungria; e sempre que decidíamos fazer alguma coisa, na próxima vez que eu lá ia, via a decisão miraculosamente traduzida na realidade.

Encorajado pelo sucesso da fundação húngara, aventurei-me ainda mais. Em 1987, já tinha criado fundações na Polónia, na China e na União Soviética. As fundações na Polónia e na União Soviética tiveram sucesso, mas na China não resultou. Na União Soviética, percebi que algo mudara quando, em Dezembro de 1986, Mikhail Gorbachov telefonou a Andrei Sakharov, que estava no exílio em Gorky, e lhe pediu para «retomar as suas actividades patrióticas em Moscovo». (Mais tarde, Sakharov disse-me que a linha telefónica tivera de ser instalada na noite anterior especialmente para a ocasião.) Se as coisas não tivessem mudado, ele teria sido mandado para o estrangeiro.

Viajei para Moscovo no início de Março de 1987 como turista e acabei por criar uma fundação segundo o modelo húngaro com a Fundação Cultural da URSS como parceira. A Fundação Cultural era uma organização recente, apadrinhada por Raisa Gorbachov. A nossa parceria chamava-se Iniciativa Cultural. Eu tinha esperanças de que Andrei Sakharov fosse o meu representante pessoal, mas ele recusou. «O seu dinheiro servirá para encher os cofres do KGB», disse-me ele. Estou orgulhoso por ter provado que ele estava enganado.

Na China, associei-me a um instituto que promovia a reforma económica. A nossa actividade principal consistia em atribuir bolsas para estudos no estrangeiro. A ideia de atribuir bolsas com base no mérito era um conceito estranho. Os indivíduos que recebiam apoio sentiam-se em dívida para com o doador; além disso, pensavam que o doador lhes estava grato, porque a reputação dele dependia do sucesso ou falhanço das suas bolsas. Eu designava esta atitude por «feudalismo de espírito». A fundação foi apanhada numa luta pelo poder no partido. Normalmente, dezenas de autoridades tinham de assinar uma nova iniciativa; neste caso, a parceria foi autorizada apenas com a assinatura de

Bao Tong, assessor do secretário-geral do partido, Zhao Ziyang. Este facto chamou a atenção dos organismos da segurança interna, que usaram a fundação para atacar o assessor e o secretário-geral. Para se proteger, Bao Tong transferiu a fundação para a direcção dos organismos de segurança externa, que retiraram a fundação do campo de acção dos órgãos internos. Quando descobri que a fundação estava a ser realmente dirigida pela polícia política, encerrei-a, pouco antes do massacre da Praça Tiananmen. Lamentavelmente, Bao Tong acabou por ser preso.

Enquanto o império soviético se desintegrava, continuei a estabelecer fundações noutros países. Em 1991, eu já tinha uma rede de fundações que cobria mais de 20 países. Nunca precisei de explicar o que queria dizer com sociedade aberta. As pessoas compreendiam instintivamente que isso significava o contrário da sociedade fechada, da qual se queriam libertar.

TRABALHAR EM CONDIÇÕES LONGE DO EQUILÍBRIO

Este foi um período revolucionário, não só para os países do ex-império soviético, mas também para mim e para a minha rede de fundações. O meu pai ensinara-me que, no auge de uma revolução, quase tudo é possível. O primeiro homem que entrasse no gabinete do director de uma fábrica, disse-me ele, podia tomar conta da fábrica; o próximo homem encontrava já o cargo ocupado. Munido dos ensinamentos do meu pai, eu estava determinado em ser o primeiro homem. Estava numa posição única para o fazer. Eu tinha convicções políticas, meios financeiros e uma compreensão da importância do momento. Há muita gente que tem um ou dois destes atributos, mas eu era o único que tinha os três. Sentia-me no dever de dedicar todas as minhas energias ao trabalho das fundações. Outras fundações ocidentais actuam de forma tão lenta que precisam de anos para ultrapassar os obstáculos legais; eu avancei sem dar muita atenção às minúcias legais. Na União Soviética, começámos a funcionar dois anos antes das outras fundações e tínhamos um campo para trabalhar. Criámos fundações na Estónia, na Lituânia e na Ucrânia antes de estes países se tornarem independentes. A Universidade Central Europeia, que devia servir como centro de recursos intelectuais para a rede de fundações, começou a oferecer cursos de licenciatura ainda antes de ser aprovada – os primeiros alunos receberam os seus graus académicos de forma retroactiva. Trabalhámos sem um projecto ou um orçamento durante este período de crescimento explosivo. Envolvíamo-nos em muitas novas iniciativas, mas desistíamos delas quando não se mostravam à altura das expectativas; e, depois de cumprirem a sua missão, extinguíamo-las. Num período de três anos, as nossas despesas anuais subiram de 3 milhões de dólares para mais de 300 milhões. Isto não teria sido possível se trabalhássemos de uma forma mais convencional.

Envolvemo-nos numa grande variedade de actividades. Numa transição de um sistema totalitário para uma sociedade aberta, tudo tem de ser feito ao mesmo tempo e, em muitas áreas, éramos praticamente a única fonte de apoio. Estávamos dispostos a apoiar qualquer projecto, desde que tivéssemos pessoas, de dentro ou de fora do país, em quem confiar para porem os projectos em prática. Como o dólar era muito eficiente nesta parte do mundo, envolvemo-nos numa miríade de projectos. O todo era maior do que a soma das partes: considerados conjuntamente, os projectos tiveram um forte impacto social e político na promoção das sociedades abertas. Por vezes, dávamos grandes subsídios; chamávamos-lhes «megaprojectos». Por exemplo, dispensei 100 milhões de dólares para a preservação e reforma da ciência soviética. Estávamos num período de hiper-inflação e 500 dólares chegavam para uma família viver durante um ano. Os subsídios de 500 dólares eram pagos com divisa norte-americana. Isto custou menos de 20 milhões de dólares. O resto do dinheiro ia para projectos de investigação, seleccionados por grandes cientistas de todo o mundo. O esquema foi atacado no parlamento russo, mas foi veementemente defendido pelos cientistas. A Duma acabou por aprovar uma moção de reconhecimento.

110 | A ERA DA FALIBILIDADE

Concentrei as minhas energias na criação de fundações, na escolha das administrações que teriam a tarefa de gerir o meu dinheiro e na abordagem das grandes questões da reforma económica e política. Em 1988, eu já tinha proposto criar um sector aberto orientado para o mercado na União Soviética, que seria implantado no sistema económico centralmente planeado. As autoridades soviéticas responderam positivamente e realizaram-se várias reuniões de alto nível, até que se tornou claro que a economia de planeamento central estava já demasiado fraca para sustentar uma economia de mercado. Mais tarde, estive intimamente envolvido no chamado Plano Shatalin, que pretendia substituir a União Soviética por uma união económica entre Estados independentes; e participei numa delegação soviética, chefiada por Grigory Yavlinsky, na reunião anual de 1991 do Banco Mundial e do Fundo Monetário Internacional (FMI), durante a qual tentaram – em vão – obter apoio internacional. Na Polónia, defendi e apoiei o Big Bang – uma transição súbita para uma economia de mercado –, que foi introduzido no dia 1 de Janeiro de 1990. Depois, consegui que o governo húngaro convocasse uma reunião para estudar a forma como o Comecon (uma organização internacional de comércio entre os países comunistas) podia ser reorganizado no sentido do mercado, mais uma vez sem sucesso[9].

[9] Para uma descrição mais pormenorizada, ver o meu *Opening The Soviet System* (Londres, Weidenfeld and Nicolson, 1990; nova

O SIGNIFICADO DE SOCIEDADE ABERTA | 111

Regra geral, sempre que algum projecto podia ser realizado apenas com os recursos da minha fundação, era feito; sempre que envolviam convencer políticos ou instituições, os projectos caíam por terra. Por exemplo, quando Leonid Kuchma foi eleito presidente da Ucrânia, arranjei-lhe conselheiros que ajudaram a Ucrânia a obter um programa do FMI em poucas semanas; quando tentei convencer o FMI a ajudar a Rússia para o pagamento de pensões e subsídios de desemprego, não tive sucesso.

Estive muito envolvido nas questões da Rússia durante a presidência de Boris Ieltsin. Segui de perto o tristemente célebre programa Empréstimo por Acções, no qual não participei. Mas participei no primeiro leilão em que o Estado recebeu verdadeiro dinheiro: a privatização da Svyazinvest, a companhia estatal de telefones. Fi-lo na crença de que o capitalismo dos ladrões iria dar lugar ao capitalismo legítimo. Estava enganado e esta compra foi a pior decisão de investimento da minha carreira. Os capitalistas ladrões desentenderam-se e envolveram-se numa luta sem regras entre eles. Os grandes negócios e a corrupção a que assisti desafiam a imaginação.

publicação privada, 2000), ou *Underwriting Democracy* (Nova Iorque, PublicAffairs, 2004).

APLICAR A ESTRUTURA

Durante todo este tempo, orientei-me pela estrutura conceptual que eu concebera antes. No meu livro de 1990, *Opening the Soviet System*, combinava os modelos estáticos de sociedades abertas e fechadas com a minha teoria da reflexividade para fornecer uma interpretação da ascensão e queda do sistema soviético. Para isso, introduzi uma alteração interessante na teoria da expansão-contracção, que forma um processo de mudança inicialmente de auto-reforço, mas que acaba por ser autodestrutivo. Apliquei a mesma abordagem à ausência de mudança. Justifiquei-o afirmando que a ausência de mudança, em vez de ser uma expressão de equilíbrio, era uma condição de desequilíbrio, caracterizada por uma grande diferença entre as percepções predominantes e as condições reais, e que existe uma interacção reflexiva entre elas. A minha ideia era que a ausência de mudança pode também seguir um rumo de auto-reforço, mas acaba por ser autodestrutiva. Vejamos este excerto:

Numa sociedade fechada, o dogma predominante está muito afastado da realidade, mas o sistema é viável desde que haja maneira de ajustar o dogma quando este se afasta demasiado da realidade. Um regime totalitário precisa de alguém totalitário no topo. Estaline desempenhou com prazer este papel. Impôs o dogma, mas também o mudou quando necessário. Sob o domínio de Estaline, o sistema alcançou a sua extensão máxima, tanto no sentido ideológico como territorial. Não havia quase nenhum aspecto da vida que escapasse à sua influência. Até a genética obedecia à doutrina estalinista. Nem todas as ciências podiam ser subjugadas com igual sucesso, mas pelo menos os cientistas podiam ser dominados e os seus contactos com a juventude limitados, confinando-os nos Institutos da Academia e impedindo--os de leccionarem nas universidades. O terror desempenhou um papel importante no funcionamento do sistema, mas a máscara da ideologia escondeu bem a coerção e o medo que existiam por baixo.

Prova do génio de Estaline foi o facto de o sistema lhe ter sobrevivido durante cerca de 35 anos. Houve um breve momento de esperança quando Khruschev, no seu discurso diante do XX Congresso, revelou alguma da verdade sobre Estaline, mas a hierarquia acabou por se restabelecer. Era um período em que o dogma era conservado através de métodos administrativos, sem qualquer crença na sua validade. Quando havia um totalitário vivo no leme, o sistema tinha algum espaço de manobra: a linha do partido podia ser alterada à vontade do ditador e a anterior eliminada. Agora perdera-se a flexibilidade e o sistema tornara-se tão rígido quanto o previa o meu modelo teórico. Ao mesmo tempo, iniciou-se um processo subtil de decadência. Todas as empresas e instituições tentavam melhorar as suas posições. Como nenhuma delas gozava de qualquer autonomia, tiveram de trocar todos os poderes que tinham pelos recursos de que necessitavam para sobreviverem. A pouco e pouco, um sistema complexo de acordos institucionais substituiu o controlo do planeamento central que prevalecera enquanto o sistema se manteve em mãos totalitárias. Além disso, desenvolveu-se um sistema informal de relações económicas, que servia de suplemento e preenchia os vazios do sistema formal. A inadequação do sistema tornou-se cada vez mais evidente e a pressão para a reforma aumentou.

Em seguida, afirmei que a reforma acelera o processo de desintegração. Introduz ou legitima alternativas numa altura em que o sistema depende da falta de alternativas para a sua sobrevivência. As alternativas levantam questões; põem em causa a autoridade; não só revelam discrepâncias nos planeamentos existentes, como também as reforçam, desviando recursos para aplicações mais proveitosas. Uma economia planificada não pode evitar uma má aplicação dos recursos: introduza-se alguma escolha e as carências tornam-se mais visíveis. Além disso, os ganhos que se podem obter desviando recursos da economia planificada são muito maiores do que os obtidos da actividade produtiva; por conseguinte, não é certo que toda a produção beneficie.

O SIGNIFICADO DE SOCIEDADE ABERTA | 115

Como consequência, a União Soviética entrou num estado de desintegração total. Todos os aspectos do sistema estavam infectados, a sua ideologia, o governo, a economia e o império territorial. Quando o sistema se encontrava intacto, todos estes elementos estavam integrados; agora que o sistema se desintegrava, os elementos estavam em decadência, de várias maneiras e a ritmos diferentes, mas os acontecimentos numa área tendiam a reforçar os desenvolvimentos nas outras. Fiz uma descrição presciente das condições caóticas que se seguiram, que se baseava nesta análise.

A PROMOÇÃO DA SOCIEDADE ABERTA

Ao mesmo tempo que redigia *Opening the Soviet System*, eu ia pondo em prática as minhas ideias sobre a sociedade aberta. As minhas fundações expandiam-se rapidamente. Não havia um plano, nem sequer um orçamento. Avançávamos na base da tentativa e erro. Este método tem um lado mau: cometemos muitos erros. Como resultado, as fundações foram apanhadas num turbilhão no qual tentavam actuar como guias. Isto aconteceu especialmente na Rússia. Pouco antes do *putsch* de Agosto de 1991, que depôs Gorbachov durante um breve período de tempo, tive de organizar um *putsch* no seio da fundação para retomar o controlo. Infelizmente, as pessoas que me ajudaram no golpe

116 | A ERA DA FALIBILIDADE

ficaram também fora de controlo; por isso, tive de organizar um segundo *putsch* para afastá-las. Estes acontecimentos fizeram-nos perder tempo precioso numa altura crítica da história da Rússia.

O meu objectivo era fazer das minhas fundações um protótipo da sociedade aberta, mas percebi que esta ambição era uma falácia fértil. Uma sociedade aberta tem de ser auto-suficiente, mas as fundações dependiam do meu apoio financeiro para sobreviverem. Na verdade, as fundações desempenhavam o papel de *deus ex-machina*; mas é preciso um *deus ex-machina* para mudar o curso da história. Uma sociedade aberta é uma organização social mais sofisticada e mais avançada do que uma sociedade fechada. Uma sociedade fechada requer apenas uma interpretação da realidade: a que está encarnada no dogma do partido do Estado. Numa sociedade aberta, cada cidadão forma a sua própria visão do mundo, e a sociedade precisa de instituições que permitam que os indivíduos com interpretações e interesses diferentes vivam juntos em paz. A tarefa é de tal forma imensa que é impossível fazer a transição da sociedade fechada para a sociedade aberta num passo sem a ajuda do exterior. Foi esta ideia que me levou a dedicar todas as minhas energias e recursos para fornecer essa ajuda, exactamente porque era uma ideia partilhada por muita gente. Lamentavelmente, o Ocidente não esteve à altura da situação. Como resultado, a transição nunca se realizou em grande parte da ex-União Soviética.

REVISÃO DA ESTRUTURA CONCEPTUAL

Não mudei de opinião sobre a falta de ajuda da comunidade internacional, mas, a respeito de outras coisas, a minha experiência obrigou-me a proceder à revisão da minha estrutura conceptual. A estrutura tratava as sociedades abertas e fechadas como alternativas. A lição que aprendi foi que o colapso de uma sociedade fechada não conduz automaticamente a uma sociedade aberta; pode conduzir ao colapso contínuo e à desintegração, seguida de algum tipo de restauro ou estabilização. Deste modo, a simples dicotomia entre sociedade aberta e fechada não é adequada.

A sociedade aberta é ameaçada não só pelas ideologias dogmáticas e pelos regimes totalitários, mas também pelo colapso da sociedade e pelos Estados falhados. Stephen Holmes, cientista político que trabalhou na minha fundação russa, formulou bem a questão no seu artigo «What Russia Teaches Us Now: How Weak States Threaten Freedom»[10]. Isto era algo novo. Popper via apenas as ideologias totalitárias como inimigas da sociedade aberta. A minha estrutura original reconhecia que a liberdade em excesso e a falta de sentido

---

[10] Stephen Holmes, «What Russia Teaches Us Now: How Weak States Threaten Freedom» [O que a Rússia nos ensina hoje: como é que os Estados fracos ameaçam a liberdade], *American Prospect* (Julho-Agosto 1997): 3039.

tornam atraentes as ideologias dogmáticas; mas não levava em conta a possibilidade de o colapso de uma sociedade fechada poder não dar origem a uma sociedade aberta, mas sim à continuação da desintegração. Em vez de tratar as sociedades abertas e fechadas como alternativas, eu tinha de considerar a sociedade aberta ameaçada de dois lados: por um lado, demasiada liberdade, a anarquia e os Estados falhados; por outro, as ideologias dogmáticas e todo o tipo de regimes autoritários ou totalitários. A sociedade aberta ocupava agora um meio termo precioso que estava ameaçado por todo o tipo de extremos.

Esta construção ajusta-se bem à teoria modificada expansão-contracção que utilizei para descrever a ascensão e queda do sistema soviético: a sociedade aberta constitui condições perto do equilíbrio precariamente suspensas entre o desequilíbrio estático de uma sociedade fechada e o desequilíbrio dinâmico do caos e da desorientação. Neste contexto, o equilíbrio denota uma correspondência entre a realidade e a sua percepção. O quase equilíbrio é superior às condições longe do equilíbrio, pois permite que os participantes percebam melhor a realidade do que perceberiam se as suas interpretações estivessem muito afastadas da realidade. Os participantes podem não concordar com esta interpretação: podem preferir ser enganados; mas, em qualquer disputa, aqueles que têm uma compreensão mais próxima da realidade têm mais hipóteses de ganhar.

Esta divisão tripartida entre desequilíbrio estático, quase equilíbrio e desequilíbrio dinâmico pode ser comparada com os três estados da água: sólido, líquido e gasoso. A sociedade fechada é rígida, a sociedade aberta é fluida e a revolução é caótica. A analogia é rebuscada, mas serve como exemplo gráfico. A divisão tripartida é mais complexa do que uma dicotomia; mas incorpora a lição dada pela desintegração do sistema soviético.

Se temos de abandonar a dicotomia entre aberta e fechada, porquê usar a expressão «sociedade aberta» para descrever as democracias liberais? Lembremos que foi quase por acaso que o livro de Karl Popper se intitulou *A Sociedade Aberta e os Seus Inimigos*. Por causa desse acaso, a sociedade aberta acabou por denotar as condições perto do equilíbrio. Não há dúvida de que a expressão «sociedade aberta» é mais fácil de usar do que «condições perto do equilíbrio», mas a expressão «democracia liberal» pode ser mais exacta. «Democracia liberal» é um termo muito usado num contexto internacional, ainda que a palavra «liberal» se tenha tornado numa palavra infamante na política interna. A expressão «sociedade aberta» não tem a conotação ideológica ligada à palavra «liberal». Conservo a expressão porque considero importante o argumento epistemológico que lhe é subjacente, já para não falar de todas as actividades das minhas fundações que foram levadas a cabo sob esse nome.

A expressão «sociedade aberta» significa quase a mesma coisa do que democracia liberal, mas implica uma estrutura conceptual elaborada que não faz parte necessariamente do conceito de democracia liberal. A sociedade aberta faz derivar a necessidade da democracia liberal do reconhecimento da nossa incompreensão imperfeita ou falibilidade. Isto não é óbvio na expressão «sociedade aberta». Tem de ser explicitado pela afirmação do argumento. Ao mesmo tempo, a expressão «sociedade aberta» descreve uma sociedade que está aberta ao exterior; esta sociedade permite a livre circulação de bens, ideias e pessoas. A «sociedade aberta» descreve também uma sociedade que está aberta por dentro, uma sociedade que permite a liberdade de pensamento e a mobilidade social. Enquanto termo descritivo, a «sociedade aberta» explica-se por si mesma, mas a análise epistemológica que está por trás dela requer uma explicação. Foi por isso que procedi a esta longa descrição histórica.

O PRÓXIMO DESAFIO

A estrutura modificada que me serve agora de guia conceptual enfrenta desafios importantes. Isto obriga-me a pensar mais; mas, em vez de considerar os desafios ao nível de generalizações eternamente válidas, vou tratá-los como problemas que nos confrontam (à humanidade, em geral, e a mim e à minha rede de fundações, em particular) no momento presente da história. Esta é a abordagem que sigo na maioria dos meus livros. Esperar que uma estrutura conceptual seja eternamente válida e aplicável às condições correntes contradiria o postulado da compreensão imperfeita ou falibilidade – não só o meu postulado da falibilidade radical, mas também a afirmação mais moderada de Karl Popper, segundo a qual *podemos* errar. Enquanto participante, não posso evitar dar expressão às minhas preferências. Se reivindicasse para as minhas opiniões o mesmo género de validade eterna que reivindico para a minha estrutura conceptual, isso invalidaria a estrutura. Além disso, a minha estrutura não tem a pretensão de ser abrangente. Por exemplo, não se refere às relações de poder. Portanto, não pode servir de base para juízos práticos.

O desafio que me preocupa emana de uma fonte inesperada: os Estados Unidos. Quem adivinharia que a sociedade aberta mais antiga, mais bem estabelecida e mais poderosa do mundo poderia ser uma ameaça não só para o conceito de sociedade aberta no país, mas também para a paz e estabilidade no mundo? Mas foi isto que sucedeu após o ataque terrorista de 11 de Setembro. No meu livro anterior, tentei responsabilizar a administração Bush. *The Bubble of American Supremacy* foi uma apaixonante polémica política na qual defendi que, ao rejeitarmos George W. Bush nas eleições presidenciais de 2004, repudiaríamos as suas políticas. Poderíamos então atribuir os excessos da administração Bush desde o 11 de Setembro – que eu comparei aos últimos estádios de uma bolha do mercado bolsista – a uma aberração temporária gerada pela experiência traumática do 11 de Setembro e, depois, astuciosamente explorada por uma liderança mal intencionada. O presidente Bush foi reeleito. Agora, tenho de perguntar: o que está errado connosco, enquanto sociedade? Na Segunda Parte deste livro analisarei esta questão. A estrutura conceptual que apresentei será útil para responder à pergunta, já que identifica alguns das implicações inerentes a uma sociedade aberta. Esta é a minha justificação por ter levado o leitor numa viagem tão árdua.

A minha preocupação não é apenas com os Estados Unidos, mas também com o mundo em geral. Os Estados Unidos são a potência dominante no mundo actual. Marcam a agenda e o resto do mundo tem de responder. Mas a administração Bush marcou a agenda errada. É difícil identificar o que é exactamente essa agenda, pois é constituída por vários temas, mas não é difícil perceber que está a conduzir o mundo na direcção errada. A sobrevivência dos mais aptos é um tema importante e a competição, não a cooperação, deve determinar quem são os mais aptos. No entanto, trata-se de uma abordagem errada; o nosso mundo globalizado não é uma selva governada por um poder nu.

Há alguma ordem no mundo e o modo como esta ordem funciona depende muito da forma como o poder dominante se comporta.

A globalização tornou o mundo cada vez mais interdependente. A humanidade enfrenta desafios que só podem ser superados através de uma maior cooperação. Os Estados Unidos não são todo-poderosos, como descobrimos com grande custo no Iraque, mas pouco se pode fazer no sentido da cooperação internacional sem a liderança dos Estados Unidos ou, pelo menos, sem a sua participação activa. Este facto impõe uma obrigação aos Estados Unidos para se mostrarem interessados pelo bem-estar do mundo como um todo. O resto do mundo não tem voto no Congresso, mas é Washington que decide o destino do mundo. A este respeito, a situação faz lembrar o tempo em que a América era uma colónia britânica e estava sujeita à tributação sem representação. Agora que os Estados Unidos se tornaram num poder imperial, são responsáveis pelo futuro do mundo.

Para discutir os problemas da ordem mundial actual, a minha estrutura conceptual tem um uso limitado. Explica por que a capacidade da humanidade em se governar a si mesma não acompanhou a sua capacidade para explorar a natureza – tem a ver com a reflexividade –, mas não pode fornecer um projecto para a governação global. A minha estrutura conceptual baseia-se numa análise das relações entre o pensamento e a realidade e não constitui uma visão abrangente do mundo. É particularmente inadequada para lidar com as relações de poder. No entanto, não podemos evitar as questões da governação global. Lidei com elas no passado – em especial, no meu livro *Open Society: Reforming Global Capitalism*. A Segunda Parte desta obra serve como revisão e actualização desse livro à luz dos desenvolvimentos recentes. Embora eu fale de uma sociedade aberta global, para mim, é agora mais óbvio do que quando escrevi o livro anterior que estou a discutir um projecto político e não um projecto epistemológico.

PARTE II
O MOMENTO ACTUAL DA HISTÓRIA

CAPÍTULO III
O que está errado com a América?

ENVOLVIMENTO PESSOAL

O que está errado com a América? Gostaria de abordar esta questão de forma indirecta, através da análise dos programas da minha fundação nos Estados Unidos. Isto estabelecerá uma ligação com a minha estrutura conceptual e conservará a continuidade da narrativa.

A minha fundação tornou-se activa nos Estados Unidos há cerca de dez anos. Nessa altura, a desintegração do sistema soviético já se consumara e a ordem começava a emergir do caos. Isto aplicava-se tanto aos países envolvidos como à rede da fundação. Mas os novos regimes deixavam muito a desejar e a rede da fundação continuava com a agenda cheia. No entanto, as actividades não eram tão absorventes como tinham sido durante o período do turbilhão. Isso permitiu-me concentrar a atenção nos problemas da globalização. Alarguei também a rede da fundação a outras partes do mundo, especialmente em África, mas não esqueci os Estados Unidos. A rede adquiriu um alcance verdadeiramente global.

A sociedade aberta é uma sociedade imperfeita que se mantém aberta ao aperfeiçoamento. Ao aplicar esta definição, detectei várias imperfeições na sociedade americana que podiam ser resolvidas. Em particular, identifiquei dois problemas insolúveis, em que as nossas maneiras de os abordar pioram as coisas em vez de as melhorarem: a morte e as drogas. Estas estavam entre as primeiras questões abordadas pela minha fundação nos Estados Unidos.

A morte é um facto da vida, mas a nossa sociedade resiste em aceitá-la como tal. As pessoas esforçam-se muito para negar a morte ou ignorá-la. Em muitos casos, a profissão médica leva demasiado longe o prolongamento da vida e o Medicare* nem sequer reconhece a morte como um acontecimento médico reembolsável. Tudo isto torna o processo de morrer muito mais penoso do que deveria ser. Criei o «Project on Death» [Projecto sobre a Morte] na América, que se dedicava a reduzir a dor associada à morte. O projecto recorreu ao saber dos especialistas profissionais sobre o assunto, dando-lhe mais visibilidade – em especial,

---

* O Medicare é um programa americano de seguros de saúde administrado pelo governo americano e destinado aos cidadãos com mais de 65 anos de idade (*N.T.*).

estabelecendo parcerias e difundindo a palavra entre os profissionais e o público em geral. Contrariamente às acusações dos meus opositores da direita, o projecto não defendia a eutanásia; advogava os cuidados paliativos. Teve tanto êxito no cumprimento da sua missão que, após uma extensão do seu período de vida original de cinco anos, concluímos o projecto. Os princípios dos cuidados paliativos estabeleceram-se firmemente na profissão médica e, num âmbito cada vez maior, no público geral. O medo ou a negação da morte não desapareceram. Como veremos, desempenharam um papel importante na guerra contra o terrorismo e ressurgiram notavelmente no caso Terri Schiavo*, mas estas manifestações são mais de nível político do que profissional e devem ser tratadas em conformidade.

A toxicodependência é outro problema insolúvel e a guerra contra as drogas só piora o problema. Esta foi a tese que me levou a envolver-me no problema da droga. A política sobre a droga é eminentemente propícia à aplicação dos princípios da sociedade aberta – a solução definitiva está fora de alcance e a procura de uma «América sem droga» pode ser contraproducente.

---

* Theresa Marie Schindler-Schiavo ou Terri Schiavo (1963--2005), doente em estado vegetativo, esteve no centro de uma longa batalha judicial acerca do direito de morrer, ou da eutanásia (*N.T.*).

130 | A ERA DA FALIBILIDADE

Eu não tinha opiniões firmes sobre o que fazer relativamente ao problema do consumo de drogas na América, mas, como discípulo de Popper, achava que podíamos melhorar a situação através de um processo de tentativa e erro. O que eu sabia era que a guerra contra as drogas estava a fazer mais mal do que bem e que tínhamos de descobrir formas de reduzir os males causados pela toxicodependência. Esta foi a abordagem que defendi, à qual chamei «redução do mal». O «mal» significava não só a toxicodependência, mas também o mal causado pela guerra contra as drogas: o grande número de pessoas detidas; a desintegração das comunidades afro-americana e hispânica; os países produtores que se transformavam em narco-Estados; e a corrupção e o abuso de poder. Vi-me enredado numa área problemática onde reinavam o preconceito e a intolerância. A reforma da política sobre a droga é um campo onde poucos querem entrar. Os políticos vêem-na como o terceiro carril – quem tocar nele, morre. Sendo financeiramente independente, considerei-me em melhor posição do que a maioria das pessoas para lidar com a questão. Mas não contei com a vergonhosa oposição que encontraria, nem previ a guerra contra o terrorismo, que partilha muitas semelhanças com a guerra contra a droga.

Quando me opus à reeleição do presidente Bush, a minha posição sobre as drogas tornou-me mais vulnerável aos ataques. Fui acusado de muitas coisas, de ser

O QUE ESTÁ ERRADO COM A AMÉRICA? | 131

o «Daddy Warbucks*» da legalização da droga (Joseph Califano, o ex-secretário da Saúde, Educação e Segurança Social) e até de ser o financiador do mercado da droga (Dennis Hastert, presidente da Câmara dos Representantes). Mas, como já estava envolvido, não desisti. Apoiei esforços no sentido da reforma das sanções draconianas, como as leis de Rockfeller sobre as drogas em Nova Iorque, e, em finais dos anos 90, tornei-me o maior financiador privado dos programas de troca de agulhas, que tinham o objectivo de diminuir a propagação da SIDA. Associei-me também a outras pessoas para financiar iniciativas com o objectivo de convencer o Estado a legalizar a marijuana para fins médicos, exigir tratamento em vez de prisão por posse de droga e reduzir os excessivos poderes de confiscação de bens conferidos à polícia e aos delegados do ministério público. E apoiei a criação de uma organização nacional, a Drug Policy Alliance, para defender as práticas e princípios da redução do mal. A luta continua.

Reparei que a sociedade aberta estava ameaçada nos Estados Unidos por outra tendência: as actividades que costumavam ser vistas como profissões estavam a transformar-se em negócios. Isto aplicava-se a profis-

---

* Referência à personagem do multimilionário Oliver "Daddy" Warbucks, do musical *Annie* , baseado na banda desenhada *Little Orphan Annie* (*N.T.*).

sões como o direito e a medicina – já para não falar da política. Quando as profissões se transformam em negócios concentrados no lucro, as exigências profissionais ficam em perigo; isto, por sua vez, reforça a falta de valores característica das sociedades abertas. A minha preocupação derivava directamente da minha estrutura conceptual. Levou-me a criar projectos sobre as profissões ligadas ao direito e à medicina. Os projectos ganharam então vida própria e foram aplicados em várias actividades importantes, mas não contribuíram muito para resolver o problema que levara à sua criação. A justiça criminal acabou por ser o campo onde a fundação americana mostrou realmente o seu vigor, por causa do historial da sua liderança em termos de direitos humanos e liberdades civis e também por haver tanto que fazer.

Mas a falta de respeito pelos valores profissionais tornou-se ainda mais pronunciada do que era quando alargámos os nossos projectos às profissões ligadas à ciência e à academia. Os direitos de propriedade intelectual tinham transformado o pensamento em propriedade. A investigação é feita mais com o objectivo de gerar riqueza do que puro conhecimento, e a academia está a perder a sua identidade como um fim em si mesmo. A corrida aos direitos de propriedade intelectual inibe a busca da verdade.

Para piorar as coisas, a ciência e a academia estão a sofrer ataques motivados por ideologias. Na ciência, os defensores da concepção inteligente* exploraram a tolerância de hipóteses alternativas reivindicando a mesma importância para a sua teoria não científica; na academia, um grupo de direita aproveitou a luta por um melhor equilíbrio racial e sexual para exigir a diversidade política, introduzindo assim os partidos políticos no recrutamento académico. As universidades têm dificuldade em resistir porque as quotas raciais e sexuais debilitaram o princípio de recrutamento baseado exclusivamente no mérito.

Tal como a mentalidade dos negócios entrou em áreas a que não pertence propriamente, a política faz agora o mesmo. Estas tendências colocam em perigo a sociedade aberta. A fundação tem uma nova tarefa pela frente.

Embora a minha fundação tenha abordado alguns dos pontos fracos da sociedade americana, eu considerava a América segura e sólida como democracia. Não me envolvi profundamente na política partidária, embora tivesse uma inclinação natural para o Partido Democrata. Reuni-me muitas vezes com a administração Clinton, mas essas reuniões tinham a ver principalmente com política externa. Relativamente à ques-

---

* Os defensores da concepção inteligente (*intelligent design*) advogam as teorias criacionistas, em oposição total com o evolucionismo darwinista (*N.T.*).

134 | A ERA DA FALIBILIDADE

tão da droga, não achei os democratas melhores do que os republicanos – de facto, associei-me a republicanos conservadores, como George Shultz, ex-secretário de Estado, e libertários, como Milton Friedman e o Cato Institute, embora eu não concordasse com eles em relação a outras questões.

Defendi uma política mais intervencionista na guerra civil jugoslava, de forma a acabar com as violações dos direitos humanos que estavam a acontecer. No Natal de 1992, anunciei a doação de 50 milhões de dólares para auxílio humanitário à cidade cercada de Sarajevo. A ideia era que, se os grupos humanitários se envolvessem sob a égide da UNHCR, a ONU teria de lhes dar protecção militar. O esquema não funcionou, mas a ajuda humanitária, brilhantemente orquestrada por esse génio de operações de assistência, Fred Cuny (que, mais tarde, morreu na Chechénia), deu um contributo significativo para a sobrevivência de Sarajevo. Associei-me a um grupo bipartidário, o Conselho de Acção para a Paz nos Balcãs, que incitava a administração Clinton a assumir uma atitude mais agressiva na Bósnia. Paul Wolfowitz era também membro do grupo e, juntos, costumávamos pressionar a secretária de Estado Madeleine Albright. Apoiei também a intervenção da NATO no Kosovo.

Depois veio a eleição do presidente George W. Bush em 2000 e os ataques terroristas de 11 de Setembro de 2001. Achei que a sociedade aberta estava em perigo nos Estados Unidos – não tanto por causa dos ataques terroristas, mas antes devido à forma como o presidente Bush reagiu a esses ataques. Bush disse que o 11 de Setembro de 2001 mudou tudo e isso foi uma profecia que se realizou na sua enunciação. Ao declarar guerra ao terrorismo, suspendeu o modo crítico de pensar que está no âmago de uma sociedade aberta. As críticas às políticas do presidente eram consideradas antipatrióticas. O Congresso aprovou o U.S.A. PATRIOT Act[11] sem sequer ter tempo de o ler e autorizou o presidente a usar a força. O presidente Bush resolveu invadir o Iraque com pretextos falsos. Quando a nação mais poderosa do mundo distorce a verdade, ignora a opinião mundial e insulta o direito internacional, a ordem mundial corre um grande perigo.

Para mim, estes desenvolvimentos foram uma surpresa. Quem adivinharia que os Estados Unidos, que eu aprendera a ver como o país campeão da democracia e uma sociedade aberta, viriam a ser uma ameaça para a ordem mundial? Tendo-me esforçado por promover as ideias da sociedade aberta nos outros países, senti-me obrigado a fazer o mesmo nos Estados Unidos.

---

[11] U.S.A. PATRIOT significa «Uniting and Strengthening America by Providing Appropriate Tools Required to Intercept and Obstruct Terrorism» [Unir e fortalecer a América fornecendo os instrumentos adequados para interceptar e travar o terrorismo].

136 | A ERA DA FALIBILIDADE

Expus as minhas ideias no livro *The Bubble of American Supremacy* e, depois, procurei maneiras de aplicar o meu dinheiro naquilo que defendia. Empenhei-me tão profundamente em tentar afastar o presidente Bush da Casa Branca como o fizera ao tentar ajudar os países da ex-União Soviética a fazerem a transição de uma sociedade fechada para uma sociedade aberta.

Contratei dois especialistas políticos para me aconselharem sobre o que poderia eu fazer para evitar a reeleição do presidente Bush. Ambos propuseram o mesmo plano. Havia um esforço de mobilização de eleitores de base planeado para cinco estados; se pudesse ser alargado a todos os 16 estados em jogo, poderia fazer uma diferença tangível nos resultados. Juntei um pequeno grupo de outros doadores e reunimos dinheiro suficiente para começar. Em seguida, agimos como catalisadores para atrair apoio financeiro de outros. Eu também acompanhava o meu dinheiro com discursos: nas fases finais das eleições, fiz uma digressão de discursos e publicitei as minhas ideias em anúncios de duas páginas no *Wall Street Journal* e noutros jornais.

Para mim, envolver-me na política partidária era algo novo, mas não muito agradável. Pouco surpreendentemente, a Comissão Nacional Republicana identificou-me como inimigo e desencadeou uma campanha concertada de propaganda contra mim. Este facto deu-me uma experiência directa do género de distorções que existem nas campanhas políticas. Não gostei disso, mas considerei ser um preço que valia a pena pagar tendo em conta o que estava em causa. Para benefício do mundo, o melhor que eu podia fazer era ajudar para que o presidente Bush não conquistasse um segundo mandato.

Tal não aconteceu. O presidente Bush foi reeleito com uma maioria indiscutível. Curiosamente, não fiquei desconsolado, pois achei que tinha feito tudo o que podia para o evitar. Mas senti-me obrigado a repensar e a reagrupar. Já não podia pôr as culpas na administração Bush; o eleitorado americano sancionara as suas políticas. Eu tinha de enfrentar a questão: o que está errado com a América? O que está errado connosco? Esta é a questão que quero abordar. Mas, antes de o fazer, tenho de considerar uma objecção possível: menos de dois meses após a reeleição do presidente Bush, a opinião pública voltou-se contra ele e contra a invasão do Iraque. Talvez a culpa não tenha sido do eleitorado; talvez as eleições se tenham realizado demasiado cedo, antes de aparecerem as realidades desagradáveis. Gostava que assim fosse, mas a realidade diz o contrário. O público americano voltou-se contra a guerra do Iraque, mas continua a subscrever a guerra contra o terrorismo. Como acredito firmemente que foi com a guerra contra o terrorismo que a América errou e entrou no território longe do equilíbrio, não posso aceitar que tenhamos voltado à razão sem termos renunciado à guerra contra o terrorismo. Portanto, a questão

138 | A ERA DA FALIBILIDADE

mantém-se. No próximo capítulo, explicarei com mais pormenor por que penso que a guerra contra o terrorismo nos tornou menos seguros.

APLICAÇÃO DA ESTRUTURA CONCEPTUAL

Para procedermos à análise daquilo que hoje está errado com a América temos de começar por recorrer ao modelo da sociedade aberta da minha estrutura conceptual. Ainda que o modelo se pretenda abstracto e eternamente válido, é notavelmente relevante para os Estados Unidos. Isto não surpreende, pois eu estava a pensar nos Estados Unidos quando desenvolvi a estrutura no início dos anos 60. Nessa altura, eu chegara recentemente a Nova Iorque vindo de Londres e a minha descrição de um admirável mundo novo baseado em transacções e contratos e não nas relações pessoais reflectia as minhas primeiras impressões sobre a América. Recordo-me de olhar para as casas idênticas de Levittown e de outros subúrbios e imaginar que os maridos podiam facilmente voltar às casas e às mulheres erradas. O importante é que o modelo foi construído no início dos anos 60 e, se é relevante para as condições actuais, estas condições devem ter raízes mais profundas do que a administração corrente.

O modelo enfatizava a incerteza inerente ao modo crítico de pensar e afirmava que o indivíduo é uma base fraca para sustentar os valores de uma sociedade. Se o medo, a incerteza e a falta de finalidade que caracterizam uma sociedade aberta se tornam um peso insustentável, então um líder carismático que ofereça um modo dogmático de pensar pode parecer uma salvação.

Tinha este modelo em mente quando escrevi *The Bubble of American Supremacy*. Afirmava que a administração Bush estava a explorar o ataque terrorista de 11 de Setembro para incutir o medo no espírito do público e para obter uma adesão acrítica a políticas que punham em perigo a sociedade aberta e ameaçavam a paz e a estabilidade no mundo. Invoquei a teoria expansão-contracção [*boom-bust*] que eu desenvolvera nos mercados financeiros para mostrar que o vão e eventualmente contraproducente desejo de supremacia americana da administração Bush tinha as características de uma bolha. Ainda que os erros anteriores da política americana estivessem nos limites da normalidade e continuassem sujeitos à análise crítica, o 11 de Setembro, nas palavras do presidente Bush, «mudara tudo»; e foi então que entrámos no território longe do equilíbrio. A crítica foi declarado antipatriótica e a separação de poderes que protegia a nossa democracia foi removida. A guerra contra o terrorismo permitiu que o presidente assumisse poderes executivos ilimitados e arrastasse a nação para uma aventura mal concebida e mal executada que, em vez de consolidar a supremacia americana, iria miná-la por dentro.

140 | A ERA DA FALIBILIDADE

As conclusões de *The Bubble of American Supremacy* foram corroboradas pelos acontecimentos que se seguiram. No entanto, ao dirigir a sua ira contra a administração Bush, o livro não respondeu à pergunta que agora tenho de fazer: o que há de errado connosco? Espero dar uma resposta, analisando de forma mais pormenorizada o modo como a minha estrutura conceptual abstracta se aplica às circunstâncias específicas actuais.

Vou tentar ser mais específico. Vi os acontecimentos desenrolarem-se após o 11 de Setembro numa perspectiva enraizada na minha experiência adolescente do nazismo e do comunismo. A minha estrutura conceptual baseava-se também nessa experiência. Quando ouvi o presidente Bush dizer: «Ou estão connosco ou estão com os terroristas», lembrei-me da propaganda nazi. Afirmei isto numa entrevista ao *Washington Post*, que acabou por ser contraproducente. Fez com que a máquina de propaganda conservadora dissesse que eu tinha chamado nazi a Bush e me rotulasse de extremista, numa altura em que eu tentava rotulá-*los* de extremistas. As tácticas utilizadas pela Comissão Nacional Republicana (CNR) e pelos seus lacaios faziam, também, lembrar a propaganda nazi e comunista. Apresentaram uma imagem completamente falsa de mim e daquilo que eu defendia, mas incutiram-na no espírito do público através de uma repetição constante. Contudo, esta é uma questão secundária. Será válido comparar a administração Bush com os regimes nazi e comunista? Esta é a pergunta que faço quando digo que preciso de analisar o modo como a minha estrutura se relaciona com a situação actual.

UMA COMPARAÇÃO TENDENCIOSA

Há uma diferença importante que ofusca todas as outras. Os Estados Unidos são uma democracia efectiva, onde o poder judicial é independente e a lei é senhora. A Alemanha nazi e a União Soviética eram ditaduras totalitárias. Só quando olhamos para além deste contraste fulgurante é que a questão se torna interessante, porque, a par das diferenças, podemos descobrir também algumas semelhanças surpreendentes.

Comecemos com as semelhanças. Em primeiro lugar, há semelhanças nos estilos de vida da República de Weimar e dos Estados Unidos após a Guerra do Vietname, que levaram à guerra contra o terrorismo: a procura desenfreada do interesse próprio e a satisfação dos prazeres em detrimento da moralidade e dos valores tradicionais causaram forte reacção nas duas sociedades. Na Alemanha, que sofria as consequências do Tratado de Versalhes e a hiper-inflação, a reacção adquiriu a forma do nacional-socialismo; nos Estados Unidos, manifestou-se na ascensão do fundamentalismo religioso, que até recentemente se mantinha fora da esfera política. Em segundo lugar, tanto a administração Bush como os regimes nazi e comunista levaram a cabo políticas do medo. Os ataques de 11 de Setembro e o seu homólogo no incêndio do Reichstag, na Alemanha, e o assassínio de Kirov, na União Soviética. Não estou a subscrever teorias da conspiração; tomo estes três exemplos como acontecimentos exógenos que os governos exploraram nos seus próprios interesses. Os ataques de 11 de Setembro foram, de longe, o mais traumático destes acontecimentos.

Em terceiro lugar, na Alemanha nazi, na União Soviética e actualmente nos Estados Unidos, a vida política acabou por ser dominada por um movimento nascido fora do sistema parlamentar e que conquistou o poder estatal. Na Rússia, os comunistas apoderaram-se do Estado através de uma revolução. Na Alemanha de Weimar, os nazis formaram um partido político e chegaram ao poder por via constitucional. Nos Estados Unidos, o movimento conservador começou por se apoderar do Partido Republicano e, depois, conquistou o Congresso e a presidência.

Nem todos os movimentos nascidos fora do sistema parlamentar são uma ameaça para a sociedade aberta. Veja-se o exemplo do movimento dos Verdes na Europa. A comparação é relevante porque, quando um movimento chega ao poder, assume a autoridade e a respeitabilidade do Estado. As acções e políticas que, de outro modo, seriam consideradas ilegítimas, são aceites como legítimas. Desafiá-las é o mesmo que desafiar a importância simbólica do Estado. É por isso que piso terrenos traiçoeiros quando faço esta comparação tendenciosa: a importância simbólica do Estado é ainda maior nos Estados Unidos, com as suas profundas tradições democráticas, do que era na Alemanha ou na União Soviética. Mas é aqui que termina esta semelhança. Com a captura do poder executivo do Estado, os nazis e os comunistas russos puderam estabelecer ditaduras totalitárias. É aqui que os Estados Unidos são diferentes, graças ao poder da lei e às fortes instituições democráticas. Ainda assim, algumas das acções e políticas da administração Bush constituem uma ameaça para a nossa sociedade aberta, e o nosso respeito pelo Estado não devia deixar-nos ignorá-las. Sem entrar em pormenores sobre as acções específicas que podem ser consideradas ilegais, quero destacar o desafio sistémico: o presidente Bush pretende ter todo o poder executivo na guerra contra o terrorismo e nomeou juízes para o Supremo Tribunal que apoiam as suas ideias.

Por último, existem as semelhanças nos métodos de propaganda. De facto, a administração Bush aperfeiçoou as técnicas utilizadas pelas máquinas de propaganda nazi e comunista ao aplicar as inovações das indústrias de *marketing* e publicidade. Há agora uma base científica para manipular a opinião e os comportamentos. Como já observámos, a ciência cognitiva fez nos últimos anos grandes avanços no conhecimento do

144 | A ERA DA FALIBILIDADE

funcionamento da mente humana. Os indivíduos podem ser mais facilmente influenciados por um apelo às suas emoções do que por argumentos racionais; mas, para ser eficiente, o apelo emocional não deve ser muito explícito. É assustador o quão bem sucedida tem sido a administração Bush a utilizar a novilíngua orwelliana. Sempre que ouço traços desta novilíngua, sofro uma reacção alérgica. Por que razão o público geral não reage da mesma maneira? Por que é o público tão duro de ouvido?

Há uma questão relacionada que eu considero igualmente perturbante. Em *1984* de Orwell, o ministro da Verdade exercia controlo total sobre os *media*. Na América actual, a máquina de propaganda da direita não goza de semelhante monopólio, mas tem conseguido impor a sua interpretação da realidade com um sucesso impressionante. Como é isso possível? É quase como se as pessoas pedissem para ser enganadas.

Antes de tentar responder a estas perguntas, tenho de considerar algumas das diferenças entre a administração Bush e as ideologias totalitárias, como o nacional-socialismo, o fascismo e o comunismo – para além da muito óbvia, de que os Estados Unidos estão muito longe de ser uma ditadura totalitária. Deve notar-se que a administração Bush não é guiada por uma ideologia totalmente abrangente. Podemos distinguir várias linhas de ideologia, mas não constituem uma interpretação global da realidade. Em *The Bubble of American*

Supremacy, identifiquei três grandes escolas de pensamento e tentei, até, juntá-las numa mundividência abrangente; mas esta tentativa foi muito pouco convincente, principalmente porque os defensores de uma das linhas não subscrevem necessariamente as outras linhas. As três escolas de pensamento eram o fundamentalismo do mercado, o fundamentalismo religioso e a defesa neoconservadora da supremacia americana. Identifiquei o tema unificador como darwinismo social, em que a vida é uma competição pela sobrevivência dos mais aptos, sobrevivência esta que é decidida pela competição e não pela cooperação. Abrangia o fundamentalismo do mercado e a atitude neoconservadora, mas não o fundamentalismo religioso. Seria tentador falar de nacionalismo religioso como ideologia dominante, uma vez que há um forte tema nacionalista nas políticas de Bush, mas isso seria deixar de fora os fundamentalistas do mercado. Forçar a existência de uma ideologia unificada nos apoiantes da administração Bush não funciona. Este facto leva-me a concluir que o regime actual tem o apoio de grupos distintos, unidos apenas pelo desejo de poder e influência política.

Vi a coligação em acção quando participei num dos famosos encontros matinais de quarta-feira, organizados por Grover Norquist*. Neste encontro participa-

---

* Grover Norquist é um activista conservador norte-americano. Quando Bill Clinton se tornou presidente, Norquist começou a

146 | A ERA DA FALIBILIDADE

ram vários representantes do movimento conservador, desde a Heritage Foundation ao *Washington Times*. Foi uma experiência fascinante. Norquist presidiu à reunião com uma disciplina de ferro. A sala estava a abarrotar; havia muita gente de pé, mas os indivíduos mais importantes estavam sentados à mesa e os segundos mais importantes sentavam-se encostados à parede. Todos falavam mais depressa do que o normal e, no período de uma hora, discutiam-se 60 temas. Os oradores faziam apresentações concisas; as pessoas ofereciam-se para ajudarem outras, na esperança de que as outras retribuíssem a ajuda. Na reunião a que assisti, entre os temas apresentados, havia indivíduos que procuravam apoio para as suas corridas eleitorais ou para um novo livro, um emissário da Casa Branca a reafirmar o apoio à nomeação de John Bolton e lobistas que defendiam várias propostas legislativas. Quase não havia distinção entre o interesse público e os interesses privados. Se houve um tema dominante, este tinha a ver com a redução dos impostos e das regulamentações por todos os meios possíveis, mas era claro que isso só podia ser levado a cabo por troca de favores. Disseram-me que este tipo de reuniões acontecia por todo o país.

organizar encontros semanais (às quartas-feiras) no seu gabinete, com o objectivo de coordenar as actividades e estratégias de oposição à administração democrata (*N.T.*)

Após a reunião normal, fui convidado a dirigir-me à assistência, e esta foi a parte mais estranha do dia. De uma forma surpreendente, as minhas observações, feitas sem rodeios, foram bem recebidas e vários participantes estavam dispostos a explorar maneiras de cooperarmos em alguns assuntos. Obviamente, eles acreditavam na criação de coligações e não se viam como um mal. Quando falei de uma nefasta conspiração de direita que estava bem representada naquela sala, não reagiram, como se não me estivesse a referir a eles. A autoconfiança deles impressionou-me e não hesitei em dizê-lo. Achei o grupo realmente interessante; não havia nada de parecido no lado oposto.

Comparando as semelhanças e as diferenças entre a administração Bush e as ideologias totalitárias, vemos que as diferenças são muito maiores do que as semelhanças. Os Estados Unidos não têm nada de totalitário e a administração Bush nem sequer tem uma ideologia bem definida. Por conseguinte, a comparação com os regimes nazi e comunista é excessiva. No entanto, há semelhanças suficientes para indicarem que a sociedade aberta está ameaçada de certas maneiras que não se ajustam bem à minha estrutura conceptual. Em vez de ajustar a ameaça à estrutura, tenho de compreender a natureza da ameaça e, se necessário, modificar a estrutura.

OS FALHANÇOS DOS LÍDERES

Nos últimos dois anos, a natureza da ameaça representada pela administração Bush tornou-se mais clara: consiste no alargamento desmedido dos poderes executivos. Esta é a semelhança mais importante com os regimes nazi e comunista, ainda que tal não seja imediatamente óbvio, uma vez que a Alemanha e a Rússia não obedeciam ao mesmo sistema de separação de poderes usado nos Estados Unidos.

Tornou-se igualmente claro que a ameaça vem mais do vice-presidente Dick Cheney do que do próprio presidente. George W. Bush é mais um instrumento inconsciente; Cheney é o poder por detrás do trono. Agora que as suas políticas foram atacadas, o vice-presidente veio defendê-las; e foi assim que se revelou o seu verdadeiro carácter. As pessoas que conheciam Cheney antes de este se tornar vice-presidente falam muito bem dele, acrescentando talvez: «não é o Cheney que eu conhecia». Por contraste, vi-o sempre como um paranóico, uma espécie de Dr. Estranhoamor. Cheney e Rumsfeld conseguiram impor as suas opiniões sobre a administração Bush. Agora estão cercados, mas recusam render-se. A sua retórica é mais estridente do que nunca e resistem a qualquer interferência nos seus poderes. Ameaçaram fazer com que o presidente vetasse a legislação que proíbe a tortura e, quando a nova lei foi aprovada por uma maioria absoluta, conseguiram introduzir uma emenda que tenta colocar os prisioneiros de Guantanamo fora da jurisdição dos tribunais americanos.

OS FALHANÇOS DOS SEGUIDORES

Em vez de embelezar a minha acusação aos líderes, vou concentrar-me no carácter dos seguidores, porque, a meu ver, é onde reside a ameaça à sociedade aberta. O público americano tem mostrado uma indiferença impressionante pelo facto de ser enganado. Na opinião do público sobre a Guerra do Iraque, o que interessava era se a guerra estava a ser ganha, e não se era travada sob falsos pretextos. O público europeu foi muito menos tolerante ao engano. O primeiro-ministro britânico, Tony Blair, enfrentou críticas contundentes e o público espanhol voltou-se contra José Maria Aznar quando este tentou responsabilizar os Bascos pelo ataque terrorista em Madrid.

O apoio acrítico ao presidente Bush após o 11 de Setembro pode ser explicado pela exploração astuciosa que a administração fez desse acontecimento traumático. Mas esta explicação não chega. A falta de interesse pela verdade é anterior ao 11 de Setembro. Atribuo-a ao carácter do princípio do contraditório dos sistemas político e judicial e à competição cada vez mais feroz que predomina em todas as formas de actividade económica e social. Em 1996, quando resolvi criar uma fundação nos Estados Unidos, identifiquei como uma das deficiências da sociedade americana a admiração excessiva pelo sucesso – avaliado em termos monetários –, em detrimento de valores mais intrínsecos. Foi por isso que criei programas para reforçar a medicina e o direito enquanto profissões. O sistema legal americano tenta determinar a verdade através de um processo que segue o princípio do contraditório, mas se os profissionais buscam o sucesso a todo o custo, a verdade sofre. Quando uma sociedade admira o sucesso sem levar em consideração o modo como ele é obtido, perdem-se as salvaguardas contra o engano, a mentira e outras práticas vigaristas.

A busca desenfreada do sucesso cria uma base instável para a sociedade. A estabilidade requer um conjunto de valores intrínsecos, que devem ser observados independentemente das consequências. Esta asserção pode ser apoiada recorrendo à teoria económica: só quando as curvas de oferta e procura são dadas de forma independente é que determinam um preço equilibrado. Quando o sucesso é o único critério, o caminho está aberto para os processos de expansão-contracção, em que inicialmente há um auto-reforço, mas que se acaba em autodestruição. Já expliquei como funciona este processo nos mercados financeiros. O mesmo princípio aplica-se a outros campos. O sucesso gera sucesso até deixar de o fazer e, depois, a relação funciona na direcção contrária. É isto que faz com que a busca acrítica do sucesso seja inerentemente instável. Algumas destas dificuldades foram prefiguradas no meu modelo original de sociedade aberta. Falei de instabilidade e de uma deficiência de valores intrínsecos. Mas deixei de fora uma consideração importante: por que devem as pessoas importar-se com a verdade? Toda a concepção da sociedade aberta está assente na premissa de que a verdade importa: a verdade definitiva está fora do nosso alcance, mas quanto mais nos aproximarmos da verdade, melhor. Falei da procura da certeza, mas considerei garantida a procura da verdade.

VERDADE *VERSUS* SUCESSO

Tenho agora de pôr em causa essa premissa. Ao lidarmos com a natureza, a verdade está acima de tudo. É preciso saber como funcionam as forças da natureza de modo a podermos explorá-la para nosso proveito. O conhecimento da realidade é uma condição prévia para o sucesso. Nas questões humanas, há um atalho para o sucesso. Podemos impor directamente a nossa vontade a outros seres humanos sem nos darmos ao trabalho de procurar a verdade. Nestas circunstâncias, não podemos considerar garantido que a verdade importa. Trata-se de uma fragilidade no conceito de sociedade aberta que, antes, não era visível. Como já referi, a sociedade aberta baseia-se num argumento epistemológico. Se a realidade fosse dada de forma independente e não sujeita à manipulação humana, então a busca da verdade teria precedência sobre a auto-ilusão e a ilusão dos outros. Platão atribuía essa tarefa a um filósofo-rei e Popper afirmava que isso seria mais bem conseguido através de um processo crítico, pois nenhum filósofo é capaz de alcançar a verdade definitiva. Foi assim que chegou ao conceito de sociedade aberta. Mas a ideia subjacente de que a realidade é independente daquilo que as pessoas pensam não é adequada quando a realidade tem participantes pensantes. Era isto que eu tentava dizer com o conceito de reflexividade. O pensamento faz parte da realidade que tentamos compreender. Como consequência, o nosso entendimento tem de ficar aquém do conhecimento, porque não há um critério pelo qual possamos julgar a verdade das nossas afirmações. Nestas circunstâncias, por que devemos nós procurar uma verdade inacessível, em vez de manipularmos a verdade em nosso proveito? Foi esta questão que não coloquei, e foi preciso que o presidente Bush fosse eleito para que eu me apercebesse dela. Por qualquer razão, estou profundamente empenhado na busca da verdade e esperava que os outros se importassem com ela tanto como eu. Mas esta era a minha ideia pessoal e não uma expectativa racional.

Agora que coloquei a questão, tenho um argumento racional para demonstrar que, de facto, a verdade importa. É simplesmente este: a realidade pode ser manipulada ao proclamarem-se como verdades algumas afirmações interesseiras, mas os resultados serão diferentes das expectativas. Para manter esta divergência num nível mínimo, temos de tentar compreender a realidade e não apenas manipulá-la. Existe uma realidade para além da nossa vontade e, se quisermos ter sucesso, temos de respeitá-la. Por conseguinte, há uma relação entre a busca da verdade e a busca do sucesso, mas não é tão directa como nas ciências naturais.

Tenho de relembrar ao leitor que o meu raciocínio se baseia na teoria da verdade como correspondência: uma proposição é verdadeira se e só se corresponder aos factos. Isto significa que utilizo os termos «verdade» e «realidade» de forma permutável: quando digo «respeito pela verdade», quero também dizer «respeito pela realidade». A verdade significa coisas diferentes para pessoas diferentes. Para os fundamentalistas islâmicos, significa o Alcorão; para os fundamentalistas religiosos dos Estados Unidos, pode significar criacionismo ou concepção inteligente. Portanto, quando digo que a verdade importa, exalto as virtudes de se adquirir uma melhor compreensão da realidade. Espero que isto ajude a esclarecer o meu raciocínio.

Este raciocínio foi recentemente posto à prova pela administração Bush. Foi guiado por uma crença – não

154 | A ERA DA FALIBILIDADE

expressamente afirmada – de que a verdade pode ser manipulada. Mas vejamos os resultados: a invasão do Iraque foi um falhanço terrível, mesmo quando vista à luz dos próprios objectivos da administração Bush. Isto constitui um argumento forte para o processo crítico que está no âmago de uma sociedade aberta.

Embora seja relativamente simples, o argumento é filosófico e o público geral não está interessado em filosofia; está interessado em resultados. Isto coloca em grande desvantagem aqueles que defendem os princípios da sociedade aberta: precisam de um livro, ou pelo menos de alguns parágrafos, para explicarem a sua posição, mas os que querem manipular a verdade podem fazer isso com uma expressão apelativa como a guerra ao terror. O público americano mostrou-se notavelmente susceptível de ser manipulado. Porquê?

A SOCIEDADE ABERTA NÃO COMPREENDIDA

A questão fez-me chegar a uma conclusão importante, que eu já referi no primeiro capítulo: a América é uma sociedade aberta que não compreende o conceito de sociedade aberta e não obedece aos seus princípios. A expressão é frequentemente utilizada pelo presidente Bush e por outros, mas as suas implicações não são bem compreendidas.

O facto é que o conceito de sociedade aberta não faz

parte da tradição política americana. A democracia americana é um produto do Iluminismo, e o Iluminismo acreditava na razão. A realidade era vista como algo separado e independente da razão, e a tarefa da razão era descobrir a realidade. Como a razão tem um critério diferente à sua disposição, o conhecimento perfeito parecia acessível. Por exemplo, a teoria da competição perfeita baseava-se na pressuposição do conhecimento perfeito.

O Iluminismo foi uma época esperançosa. A realidade era vista como um território virgem à espera de ser descoberto; e o conhecimento era o instrumento que daria à humanidade controlo sobre esse território. O alcance da razão parecia ilimitado. Só com o progresso do conhecimento é que descobrimos que a razão tinha as suas limitações. A reflexividade é uma descoberta relativamente recente – se assim se pode chamar – e está longe de ser geralmente aceite.

A democracia americana baseia-se na divisão de poderes e não no reconhecimento de que a verdade definitiva está fora do nosso alcance. Pelo contrário, o preâmbulo da Declaração de Independência afirma: «Consideramos estas verdades como evidentes por si mesmas.» A declaração descreve depois com grande pormenor os requisitos de uma sociedade aberta, mas a justificação desses requisitos nada tem a ver com o entendimento imperfeito. Há uma tensão entre o preâmbulo e o resto do texto que deu origem a duas escolas de pensamento: o preâmbulo dos direitos naturais e o texto dos direitos humanos universais. Vale a pena notar que a doutrina dos direitos naturais foi elaborada por Leo Strauss, o conceito de sociedade aberta foi criado por Karl Popper. Strauss e Popper eram contemporâneos da Áustria e da Alemanha, respectivamente; ambos eram estudiosos de Platão, mas passaram um pelo outro como navios à noite. Não encontro nenhuma referência a Leo Strauss nos escritos de Popper. Karl Popper foi meu mentor. Leo Strauss foi mentor de Paul Wolfowitz, um dos arquitectos da invasão do Iraque.

Ainda que o público americano não esteja interessado em discussões filosóficas abstractas, o facto de o conceito de sociedade aberta não ser bem compreendido tem tido consequências adversas. A sociedade aberta baseia-se no reconhecimento de que o nosso entendimento é imperfeito e de que existe uma realidade para além da nossa vontade. A verdade pode ser manipulada, mas a aproximação do resultado à nossa vontade depende do quão o nosso entendimento se aproxima da realidade. A América tem pouca consciência disto. Os Americanos procuram o sucesso sem se preocuparem muito com a verdade. Como resultado, tornámo-nos numa sociedade hedonista*, pouco

---

* No original, «*feel-good society*» (*N.T.*).

O QUE ESTÁ ERRADO COM A AMÉRICA? | 157

disposta a enfrentar realidades desagradáveis. Queremos que os nossos líderes eleitos façam com que nos sintamos bem, em vez de nos dizerem a verdade. O resultado ameaça não só a nossa sociedade aberta, como também a nossa posição dominante no mundo.

O perigo para a sociedade aberta pode ser analisado no interior da minha estrutura conceptual: o alargamento desmedido do poder executivo, as violações das liberdades civis nos Estados Unidos e dos direitos humanos no estrangeiro e a suspensão do processo crítico que tornaram as nossas políticas contraproducentes. O perigo para a nossa posição dominante levar-nos-á para fora da estrutura, porque esta não foi concebida para lidar com as questões do poder.

Antes de sairmos da estrutura conceptual, tenho de retirar uma conclusão importante do raciocínio que apresentei. Para que a sociedade aberta exista e sobreviva, é essencial que as pessoas acreditem na sociedade aberta como uma forma desejável de organização social. Não é preciso toda a gente – o que iria contra a essência da sociedade aberta –, mas apenas as pessoas suficientes com convicção suficiente para as impedirem de se afastarem demasiado dos princípios da sociedade aberta. É difícil defender a crença na sociedade aberta porque a sociedade aberta não fornece um programa político totalmente desenvolvido. Isso só acontece numa sociedade fechada, na qual as pessoas anseiam por liberdade. Numa sociedade aberta, a preservação da sociedade aberta é necessária, mas não suficiente. As pessoas têm de decidir o tipo de sociedade em que querem viver. É por isso que existem diferentes partidos políticos. Mas, subjacente ao debate político, deve haver algum acordo sobre os princípios que regem o processo crítico que está no centro de uma sociedade aberta. O princípio mais importante é de que a verdade importa. Com a falta de acordo sobre este princípio, a luta política transforma-se numa manipulação descarada da verdade. O Swift Boat Veterans for Truth, um grupo que denegriu a carreira de John Kerry com anúncios de televisão, é um bom exemplo. A campanha foi bem sucedida porque as pessoas não querem saber da verdade. Numa democracia, é o eleitorado que tem de fazer com que os políticos se mantenham honestos. É aqui que a América está a falhar. Uma sociedade hedonista, longe de estar empenhada na busca da verdade, é incapaz de enfrentar as realidades. Isto deixa-a vulnerável a todo o tipo de ideologias falsas, novilínguas orwellianas e outros logros.

Para que a América continue a ser uma sociedade aberta, as pessoas têm de se empenhar na busca da verdade. Isto não é tão fácil como o era no tempo do Iluminismo, porque entretanto descobriu-se a reflexividade. O respeito pela verdade já não pode ser garantido; tornou-se uma questão de valores. Para recuperar, a América tem de redescobrir os valores da honestidade intelectual e da integridade.

Muita gente culpa os *media* pelo actual estado de coisas. Mas os *media* servem apenas o mercado. As pessoas querem entretenimento e não informação, e é este mercado que os *media* procuram servir. A maioria das pessoas recebe informação sobre a actualidade através de comediantes de televisão. É verdade que os *media* deviam fazer mais do que apenas abastecer o mercado, pois o jornalismo é supostamente uma actividade profissional. Os *media* livres e pluralistas são uma instituição essencial de uma sociedade aberta, mas a maioria dos meios de comunicação social deixou de desempenhar o seu papel institucional. Restam apenas alguns, demasiado poucos para garantirem o processo crítico. Quando o *New York Times* se deixou enganar sobre a questão de Saddam Hussein ter armas de destruição maciça, o público não tinha uma fonte alternativa de informação. A máquina de propaganda conservadora fez uma pressão enorme sobre os *media*, particularmente sobre a televisão, para não produzirem informação inconveniente, e os meios de comunicação social caíram, um por um. Na Guerra do Iraque, os *media* foram integrados nas forças militares. Acrescente-se a concentração da propriedade dos *media* e o aparecimento de uma máquina de propaganda da direita, que pretende fazer parte da cena da comunicação social, e torna-se evidente que os *media* exacerbam a fragilidade de uma sociedade hedonista.

CAPÍTULO IV
Uma sociedade hedonista

Ainda que seja anterior ao 11 de Setembro, a transformação dos Estados Unidos numa sociedade hedonista é um desenvolvimento relativamente recente. De facto, o epíteto não se aplica à sociedade que emergiu da Segunda Guerra Mundial. Harry Truman não era um presidente hedonista. Dizia o que pensava e era considerado um exemplo típico dos cidadãos provincianos que constituíam a coluna vertebral dos Estados Unidos.

Algures entre essa altura e agora ocorreu uma transformação. Ronald Reagan era definitivamente um presidente hedonista – e desde então foi elevado ao nível dos santos. O seu funeral foi quase uma canonização. Que aconteceu entre 1950 e 1980? Não sou muito bom neste género de análise, mas atribuiria a transformação sobretudo à ascensão do consumismo e à sua aplicação à política. Desde 1980 que a recusa de encarar a realidade tem sido exacerbada pela globalização. Uma economia global baseada nos princípios do fundamentalismo do mercado está repleta de incertezas das quais

162 | A ERA DA FALIBILIDADE

muitas pessoas querem fugir[12]. O fundamentalismo religioso também desempenhou um papel cada vez mais importante, embora eu não seja qualificado para o analisar. A religião fundamentalista parece evitar a meditação espiritual que caracterizava as religiões cristãs desde o tempo de Jesus e parece tudo fazer para recompensar os fiéis fazendo-os sentirem-se bem.

Como é que o consumismo dominou a economia? Na definição clássica da economia formulada pelo meu professor, Lionel Robbins, da London School of Economics, a economia lidava com a distribuição de poucos recursos por necessidades ilimitadas[13]. O mercado lidava com mercadorias, a forma das curvas de oferta e procura era fixa e a teoria económica interessava-se apenas com a determinação dos preços. Escusado será dizer que o preço equilibrado alcançado num mercado perfeito, onde um número infinito de compradores competia entre si, assegurava a distribuição óptima dos recursos. Este continua hoje a ser o credo dos fundamentalistas do mercado. Mas a competição perfeita não favorece os lucros. Dá uma compensação adequada pelo uso do capital, mas nada mais. Os empresários são

[12] Erich Fromm, *Escape from Freedom* (Nova Iorque, Holt, Rinehart and Winston, Inc., 1941).

[13] Lionel Robbins, *An Essay on the Nature and Significance of Economic Science* (Londres, Macmillan, 1932).

motivados por lucros e dedicaram-se a inventar maneiras mais sofisticadas de gerar lucros. Não há dúvida de
que as invenções têm sido a força motriz do progresso
económico. Mas além da inovação dos produtos, os
empresários criaram outras formas de aumentar os
seus lucros: diferenciando os seus produtos dos outros,
estabelecendo monopólios, usando a publicidade e o
marketing. Estas actividades destruíram a pureza prístina
da competição perfeita. A oferta e a procura deixaram
de ser dadas de forma independente, porque a procura
foi estimulada artificialmente e os mercados já não
lidavam com mercadorias, mas sim com marcas. Esta
tendência aumentou inexoravelmente, pois foi orientada pela busca de lucros. As empresas já não supriam
as necessidades, mas sim os desejos, e manipulavam e
estimulavam esses desejos. Utilizaram métodos ainda
mais sofisticados de pesquisa de mercado e pesquisa
motivacional. E o alvo destes métodos, o consumidor,
não deixou de ser afectado. Respondeu ao estímulo. Foi
assim que se desenvolveu o consumismo. Foi fomentado pelas empresas na sua procura de lucros[14].

A pouco e pouco, os métodos desenvolvidos para uso
comercial descobriram um mercado na política. Este

---

[14] Série da BBC em quatro partes, *The Century of the Self*, realizada por Adam Curtis e produzida pela RDF Media para a BBC
TWO, 2002.

164 | A ERA DA FALIBILIDADE

facto alterou o carácter da política. A ideia original das eleições era que os candidatos se apresentavam e anunciavam aquilo que defendiam; o eleitorado escolheria então aquele de quem mais gostava. A oferta de candidatos e as preferências do eleitorado eram dados de forma independente, tal como na teoria da competição perfeita. Mas o processo foi corrompido pelos métodos adoptados da vida comercial: grupos-alvo e mensagens apelativas. Os políticos aprenderam a ir ao encontro dos desejos dos eleitores, em vez de proporem as políticas em que acreditavam. Os eleitores não deixaram de ser afectados. Escolhiam o candidato que lhes diz o que eles querem ouvir, mas, ao mesmo tempo, não podiam evitar perceber que estavam a ser manipulados; por isso, não se surpreendiam quando os seus líderes eleitos os enganavam. Mas não havia volta a dar. A sofisticação cada vez maior dos métodos de comunicação entrara no sistema. Foi assim que a América se tornou numa sociedade hedonista. Foi fomentada pelos políticos que queriam ser eleitos.

Os Americanos têm muito com que se sentir bem. O capitalismo democrático, tal como praticado nos Estados Unidos, tem sido muito bem sucedido. O consumismo sustentou a procura e a Grande Depressão tonou-se numa memória distante. A prosperidade sustentou o consumismo, formando um círculo benigno. Os Estados Unidos emergiram da Segunda Guerra Mundial como a potência militar e económica dominante. Esta potência foi desafiada pela União Soviética, mas o Ocidente acabou por ganhar a Guerra Fria. Quando o sistema soviético se desmoronou, os Estados Unidos passaram a ser a única superpotência. Os Estados Unidos foram também os grandes patrocinadores da globalização, que, por sua vez, foi uma dádiva para os Estados Unidos. Mas a posição dominante dos Estados Unidos não pode ser conservada por uma sociedade hedonista incapaz de enfrentar realidades desagradáveis.

A GUERRA CONTRA O TERRORISMO

No dia 11 de Setembro de 2001, os Estados Unidos confrontaram-se com um acontecimento traumático que afectou as pessoas tanto individual como colectivamente. O sentido pessoal de segurança das pessoas foi abalado e a integridade territorial da América sofreu uma violação mais profunda do que em Pearl Harbour. Em Pearl Harbour, os soldados que protegiam o Estado foram mortos; no World Trade Center, as vítimas foram os civis que deviam ser protegidos pelo Estado. A administração Bush fomentou e amplificou o medo que se apoderou da nação e utilizou-o para favorecer os seus próprios interesses. O público apoiou o presidente na guerra contra o terrorismo e autorizou-o a levar a cabo políticas que, em tempos normais, seriam impossíveis.

Mas a guerra contra o terrorismo foi contraproducente. Envolveu os Estados Unidos numa aventura que não pode ser bem sucedida e da qual será difícil sair. Na minha opinião, foi com a resposta ao 11 de Setembro que os Estados Unidos voltaram costas à realidade e se perderam num território longe do equilíbrio. De facto, o ataque terrorista foi real e exigia uma resposta firme; mas a resposta escolhida pela administração Bush levou a nação para uma terra de fantasia criada por uma representação errónea da realidade. Pior, as pessoas ainda não reconhecem o elemento fantasmagórico da guerra contra o terrorismo. Não vai ser fácil explicar-me, pois a guerra contra o terrorismo foi aceite de forma indiscutível pelo público; na verdade, é vista como a resposta natural aos ataques terroristas do 11 de Setembro, até mesmo por aqueles que se opõem às políticas da administração Bush.

Na minha opinião, a guerra contra o terrorismo é uma metáfora falsa – o contrário de uma falácia fértil. Tem sido utilizada pela administração Bush para favorecer os seus próprios objectivos, mas esses objectivos são contrários aos princípios da sociedade aberta e prejudiciais para o interesse da nação. A guerra contra o terrorismo acabou até por ser prejudicial para os interesses da administração Bush, uma vez que teve inesperadas consequências adversas: a invasão do Iraque transformou-se num desastre.

Na verdade, pode-se lidar com os terroristas através

de outros métodos que não a guerra. A guerra, pela sua própria natureza, causa vítimas inocentes. Quando é travada contra terroristas que se escondem, as hipóteses de provocar vítimas inocentes são ainda maiores. Consideramos o terrorismo abominável porque mata ou estropia pessoas inocentes em nome de uma causa política. A guerra contra o terrorismo provoca uma resposta similar por parte das suas vítimas, tal como os ataques terroristas de 11 de Setembro a provocaram em nós.

O facto de travar uma guerra contra o terror* parece tão óbvio e natural que torna tudo mais perigoso. A expressão foi bem formada. Começou por ser a guerra contra o terrorismo, mas o «terrorismo» foi transformado em «terror». Porém, o significado não é claro: o «terror» refere-se aos nossos sentimentos ou a um inimigo indefinido e impalpável? O seu carácter vago permite que a expressão seja mais abrangente. Ao mesmo tempo, não temos uma expressão para a luta ao terrorismo sem criar vítimas inocentes. Contraterrorismo é tão mau como a guerra contra o terror.

O que faz com que a guerra contra o terror seja uma metáfora falsa é o facto de ser tomada em sentido literal. O terror é uma abstracção. Não se pode lutar contra o

---

* No original, «*war on terror*». Utilizaremos aqui as duas formas «terror» e «terrorismo», seguindo assim a denotação metafórica sùgerida pelo autor (*N.T.*).

168 | A ERA DA FALIBILIDADE

terror ou contra uma abstracção. Temos meios para destruir qualquer alvo desde que o possamos identificar, mas os terroristas raramente são um alvo identificável. Quando se declara guerra, é preciso encontrar um alvo; mas o alvo que se escolhe pode muito bem não ser o correcto. No Iraque, matámos mais civis inocentes do que os terroristas no 11 de Setembro. Além de matar, humilhámos e torturámos muitos Iraquianos. Ao fazermos vítimas inocentes, ajudámos a causa dos terroristas. Eles podem agora representar-*nos* como os terroristas e ter o apoio dos conterrâneos, tal como o presidente Bush recebeu o apoio dos seus compatriotas. Temos dificuldade em compreender isto porque não nos conseguimos ver como terroristas. No entanto, é exactamente isso que parecemos para muitos Iraquianos.

A administração Bush e os seus imitadores – muitos governos estrangeiros apressaram-se a seguir a sua liderança – insistem que um Estado não pode cometer actos terroristas. Esta alegação tem de ser contestada. É melhor começar com actos terroristas cometidos por outros Estados. No dia 13 de Maio de 2005, as tropas do presidente do Uzbequistão, Islam Karimov, dispararam contra manifestantes em Andijan e massacraram várias centenas de civis desarmados. Falei com duas jornalistas que estavam lá. Uma delas tinha um buraco de bala no seu passaporte, que estava na mochila que trazia às costas. Tratou-se de um acto de terrorismo destinado a intimidar e submeter a população. Veja-se também a destruição de Grozny pelo exército russo. Qual é a diferença entre Grozny e Faluja no Iraque? Já para não falar das atrocidades cometidas no Iraque, na prisão de Abu Ghraib, que foram oficialmente atribuídas a um pequeno número de soldados aberrantes.

Em *The Bubble of American Supremacy*, expus a teoria das vítimas que se tornam perpetradores, criando assim um círculo crescente de violência. Na minha interpretação, o público americano transformou-se inconscientemente no perpetrador, mas a administração Bush – talvez não o presidente Bush pessoalmente, mas aqueles que o influenciaram após o 11 de Setembro – fê-lo deliberadamente.

Na altura dos ataques terroristas, a administração Bush era dominada por um grupo de ideólogos que acreditavam que os Estados Unidos não exploravam suficientemente a sua supremacia militar. Já tinham defendido a invasão do Iraque durante a administração Clinton. São geralmente conhecidos por neoconservadores ou «neocons», mas este rótulo pode ser enganador, pois não é claro se o vice-presidente Dick Cheney e o secretário da Defesa Donald Rumsfeld, que lideravam o grupo, se podem qualificar de neoconservadores. Em *The Bubble of American Supremacy*, designei o grupo por defensores da supremacia americana. Após o 11 de Setembro, exerceram influência sobre o presidente Bush e usaram a guerra contra o terrorismo como justificação para invadirem o Iraque.

Actualmente, quase toda a gente reconhece que a invasão do Iraque foi um erro, talvez a pior asneira da política externa americana, e que foi perpetrada sob pretextos falsos. Mas a guerra contra o terrorismo continuou a ser a pedra angular da política americana e nenhum político se atreveu a atacá-la frontalmente – os democratas ainda menos do que os republicanos. No entanto, o modo como tem sido conduzida a guerra contra o terrorismo é agora alvo de grande atenção. A tortura, a entrega extraordinária (um processo extrajudicial pelo qual os suspeitos de terrorismo são levados para outros países que não os Estados Unidos para serem interrogados) e outros métodos questionáveis foram proibidos pelo Congresso. As escutas ilegais nos Estados Unidos provocaram uma chuva de protestos. Portanto, penso que a metáfora está a desvanecer-se lentamente. Desde o início que fui crítico da guerra contra o terrorismo, mas tinha de ter cuidado com o que dizia, pois receava antagonizar o meu público. Agora acho que os meus leitores estão mais receptivos.

Um estado de guerra constitui uma ameaça às liberdades civis. Enquanto comandante supremo, o presidente goza de grandes poderes executivos. O presidente Bush usou ao máximo esses poderes, realizando escutas ilegais, mantendo suspeitos presos indefinidamente e tratando-os sem respeito pelas Convenções de Genebra. Os seus assessores jurídicos desenvolveram uma teoria jurídica que procura justificar o poder executivo ilimitado em tempo de guerra. Isto incentivou o presidente a afirmar, quando assinou a emenda McCain sobre a proibição da tortura, que a legislação não limita a sua autoridade constitucional para infringir a lei em certas circunstâncias indefinidas. Este é apenas um exemplo desta reivindicação do presidente para poderes constitucionais não aprovados pelo Congresso ou pelos tribunais. Como não há precedentes, existe o perigo de essa reivindicação ser aprovada por um Supremo Tribunal cujos últimos nomeados vêm da mesma escola de pensamento.

A filosofia jurídica emergente tem grandes implicações; eleva o poder executivo acima dos outros dois e destrói o equilíbrio estabelecido pela separação de poderes. Abandona a universalidade dos direitos humanos a favor da dualidade de critérios. Isenta certos espaços (como Guantánamo), certos tribunais (nomeadamente, comissões militares), certas pessoas (a saber, combatentes inimigos) e certas práticas (como, por exemplo, a rendição extraordinária) do escrutínio judicial. Esta visão constitucional cria um hiato cada vez maior entre os cidadãos e os estrangeiros e reduz as liberdades civis de todos os cidadãos[15].

A guerra contra o terrorismo ameaça também o papel dominante da América no mundo. O líder do

---

[15] Para os dois últimos parágrafos, recorri bastante ao discurso de Harold Koh na American Constitution Society.

mundo tem muitos deveres e objectivos para além de se proteger do terrorismo. Ao dar prioridade à guerra contra o terrorismo, negligencia as suas outras obrigações. O líder do mundo não pode preocupar-se apenas em minimizar as suas baixas; deve também evitar causar baixas nos outros. A forma como as tropas americanas se comportaram no Iraque – primeiro, ao não conseguirem evitar as pilhagens e, depois, ao não protegerem a população, mas disparando para se protegerem a si mesmos – reforçou a revolta e fomentou o sentimento antiamericano.

Como os terroristas são invisíveis, nunca desaparecerão. Uma vez que a guerra contra o terrorismo é contraproducente, ela irá criar mais terroristas ou revoltosos do que aqueles que pode eliminar. Como resultado, vivemos num estado de guerra permanente e assistimos ao fim dos Estados Unidos enquanto sociedade aberta. Todos os homens e mulheres de boa fé, independentemente da filiação partidária, devem juntar-se para rejeitarem a guerra contra o terror enquanto metáfora falsa e perigosa.

Quero deixar claro que, quando condeno a guerra contra o terrorismo, não nego a ameaça representada pela Al-Qaeda e por outros movimentos terroristas. Esta ameaça é real e exige uma resposta firme. Mas a resposta deve ser dirigida para a Al-Qaeda e para os outros movimentos, e não para uma abstracção. Para ser mais convincente, eu devia dizer qual é a resposta correcta, mas este não é um problema simples. A realidade é mais complexa do que um *slogan* apelativo como a guerra ao terror. A resposta devia incluir recolha de informações, medidas de precaução, tranquilizar e não assustar o público americano, ganhar a confiança e o apoio do povo islâmico e, quando necessário, o uso da força militar. Tenho de sublinhar este ponto para me defender da acusação inevitável de que pretendo ignorar ou apaziguar os terroristas e deixar a América indefesa.

Apoiei a invasão do Afeganistão. Era neste país que Osama bin Laden se escondia e onde a Al-Qaeda tinha os seus campos de treino. O Afeganistão era um Estado falhado que abrigava terroristas; era um alvo legítimo. Eu achava que os meios militares deviam ser utilizados com conta e medida e as baixas civis deviam ser minimizadas; a guerra deve ser um último recurso e não o método principal para lutar contra o terrorismo. Se nos tivéssemos limitado à invasão do Afeganistão e à sua reconstrução enquanto nação bem sucedida, teríamos tido mais êxito do que hoje na redução da ameaça terrorista.

No meu livro anterior, comparava o rumo seguido pelos Estados Unidos com uma bolha do mercado bolsista e identifiquei o 11 de Setembro como o momento em que abandonámos a normalidade e entrámos num território longe do equilíbrio. Tornámo-nos numa sociedade hedonista muito antes de George W. Bush ter sido eleito presidente, e o movimento conservador que o levou ao poder nasceu também muito antes; mas, até ao 11 de Setembro, estas tendências eram mantidas nos seus limites pela separação de poderes, que normalmente conserva a estabilidade da nossa democracia. Como o presidente Bush gosta de dizer, foi o 11 de Setembro que «mudou tudo».

Como é que isso aconteceu? A meu ver, os terroristas tocaram num ponto fraco da psique nacional: o medo da morte. A ideia de morrer é a maior inimiga do hedonismo. Uma sociedade hedonista não pode aceitar a morte. Osama bin Laden identificou correctamente o único aspecto em que o islamismo militante é superior à civilização ocidental: o medo da morte. Os perpetradores do 11 de Setembro não tinham medo de morrer.

A negação da morte é uma característica específica da nossa cultura. Reconheci-o muito antes do 11 de Setembro; foi por isso que criei o «Project on Death», que foi um dos primeiros projectos da minha fundação nos Estados Unidos. Mas não pensei que a negação da morte teria tão grandes consequências políticas. O colapso das torres gémeas do World Trade Center foi um acontecimento traumático, que se tornou pessoal para todos nós porque assistimos a ele pela televisão. A administração Bush foi lesta a explorar essa experiência para seu próprio interesse. Foi esta combinação fatídica que desencaminhou o país. Um gigante temível a atacar selvaticamente é uma boa definição de um brigão. Depois de quase todo o mundo ter manifestado solidariedade para com a agonia da América, passou a ver o país como um brigão. Era exactamente isto que bin Laden queria.

Quando as pessoas são guiadas pelo medo, abandonam a razão. São capazes de acções que violam os seus princípios. O medo da morte é uma emoção particularmente forte. A administração Bush fomentou este medo e apelou ao instinto de sobrevivência. Mas o apelo era injustificado. Afinal de contas, o ataque terrorista, por muito trágico e traumático que tenha sido, não ameaçou realmente a existência da nação. O ataque japonês a Pearl Harbour provocou muito mais danos à força militar americana. Após o 11 de Setembro, os Estados Unidos continuam a ser a nação mais poderosa do mundo. Podem ainda colocar forças militares esmagadoras em qualquer parte do planeta.

A administração Bush declarou guerra ao terrorismo para promover os seus próprios objectivos. Para isso, engrandeceu o perigo, em vez de o pôr na perspectiva certa. Por si mesmos, os acontecimentos de 11 de Setembro já tinham sido terríveis, mas a administração Bush sugeriu que os terroristas podiam agora ter armas de destruição maciça. Para citar o presidente Bush: «A América não pode ignorar a ameaça que paira sobre nós. Face aos claros sinais de perigo, não podemos esperar pela última prova – a arma fumegante –, que pode chegar na forma de uma nuvem de cogumelo.» Compare-se isto com a afirmação do presidente Roosevelt: «A única coisa que temos a temer é o próprio medo».

Já alguma vez houve uma guerra com um inimigo não identificado, objectivos indefinidos, regras desconhecidas e de duração infinita? No entanto, ao explorar o medo, foi essa guerra que a administração Bush tentou convencer o público a aceitar como resposta natural e óbvia. De tal modo que, quando digo que temos de renunciar à guerra contra o terrorismo enquanto metáfora falsa, as pessoas nem percebem do que estou a falar.

Estou convicto de que só poderemos recuperar o nosso equilíbrio quando repudiarmos a guerra contra o terrorismo. Ajustar o nosso comportamento calmamente não resultará, pois o nosso comportamento passado continuará a assombrar-nos como um segredo culposo. Já vi isto acontecer noutros países. A Grécia recusou reconhecer a Macedónia (que ainda se chama «antiga República Jugoslava da Macedónia») porque, há 40 anos, tentou tornar os Macedónios étnicos em Gregos. A Turquia não pode admitir os massacres dos Arménios ou os maus-tratos aos Curdos. No passado, os Estados Unidos, sendo uma sociedade aberta, estavam mais dispostos a reconhecer os seus antigos pecados. O genocídio dos Americanos nativos passou a fazer parte dos programas escolares, assim como a escravatura. Na guerra contra o terrorismo, cometemos muitos actos vergonhosos. Enviámos os nossos militares para sofrerem e morrerem por uma causa injusta. Comprometemos a integridade e o moral das nossas forças armada, perdemos a superioridade moral e ameaçámos a nossa posição dominante no mundo. Quem é que vai esclarecer o público?

Não podemos contar com os democratas, porque estes receiam ser vistos como fracos na defesa. Não conseguirão sair do silêncio em que a administração Bush os pôs sem confrontarem a guerra contra o terrorismo. Têm de mostrar que – contrariamente ao que o presidente Bush diz – uma ofensiva militar não é a melhor defesa. Mas é uma estratégia muito arriscada e, até agora, os democratas têm estado relutantes em adoptá-la. Vejo mais esperança no lado republicano. O senador John McCain liderou a luta contra a tortura e teve sucesso. Outros congressistas republicanos estão a afastar-se da administração Bush. A Casa Branca perdeu, em grande medida, o controlo do Congresso. Afinal de contas, há vida nas nossas instituições democráticas.

Desde o 11 de Setembro que o poder e influência da América no mundo têm declinado mais do que em qualquer outra época da sua história. Quando os terroristas atacaram, os Estados Unidos gozavam de uma superioridade militar inquestionável no mundo. Podiam projectar o seu poder em qualquer parte do mundo, como ficou provado com as invasões bem sucedidas do Afeganistão e do Iraque. O domínio americano do ar, do mar e do espaço continua a ser único; mas a sua capacidade de projectar poder em terra está limitado pelo facto de as suas forças armadas estarem demasiado ocupadas e enterradas no Iraque. No entanto, a mudança realmente drástica ocorreu no poder e influência política. Logo após o 11 de Setembro, recebemos a solidariedade universal e o apoio do mundo. Desde então, a opinião pública voltou-se contra a América e quase todas as iniciativas propostas pelos Estados Unidos são recebidas com suspeição e oposição pelo resto do mundo. Mesmo um olhar superficial para o actual estado de coisas revela que o declínio do poder americano foi muito maior do que alguém podia imaginar. Como resultado, os Estados Unidos estão menos seguros e o mundo está menos estável do que quando a Al-Qaeda atacou a América.

CONVULSÃO NO MÉDIO ORIENTE

Ao invadirem o Iraque, os Estados Unidos destabilizaram todo o Médio Oriente. A missão das forças ocupantes já não se limita a combater a insurreição; têm de travar o desencadear de uma guerra civil. O país dividiu-se em linhas sectárias e cada facção desenvolveu capacidade de luta. O Ministério do Interior está nas mãos de um partido islâmico xiita radical, cujos esquadrões da morte controlam as prisões e realizam execuções extrajudiciais. Algumas das unidades de combate mais eficientes consistem em *peshmerga* curdos. A luta é contida pela presença dos Estados Unidos, mas o objectivo principal das forças de ocupação é protege-rem-se a si mesmas e não a população. A população vê a guerra civil a chegar e procura proteger-se, alinhando por um dos lados. As pessoas mudam-se para outras regiões e, quando podem, para o estrangeiro. Os pre-ços das casas em Amã, na Jordânia, dispararam. Os que vivem em áreas mistas, como Bagdad, Kirkuk e Mossul, são os que estão mais expostos e que mais sofrem. Na altura em que escrevo este livro (Abril 2006), o processo político está num impasse e é difícil ver uma resolução sem um acordo abrangente com o Irão. Mesmo assim, não é certo que o Irão possa exercer influência sufi-ciente sobre as facções xiitas. No lado sunita, a Al-Qaeda e outras facções salafitas estão decididas a provocar a violência sectária e a população tem mais medo dos Estados Unidos e dos exércitos iraquianos do que dos terroristas. A situação deteriora-se, lenta mas inexora-velmente, e pode tornar-se num conflito regional entre sunitas e xiitas, sobretudo se os Estados Unidos reduzi-rem ou retirarem as suas tropas.

O Irão tem grande interesse em manter o Iraque amistoso, fraco e, de alguma forma, instável, mas não deseja um conflito regional entre xiitas e sunitas nem

180 | A ERA DA FALIBILIDADE

um Iraque dividido. Afinal de contas, o Irão esteve envolvido numa guerra brutal com o Iraque durante oito anos e sofreu inúmeras baixas.

O Irão é o maior beneficiário da invasão, que destronou o seu inimigo Saddam Hussein, envolveu as forças americanas numa missão para a qual estavam mal preparadas e limitou o fornecimento de petróleo. É uma grande mudança da situação que existia antes do 11 de Setembro. Nessa altura, havia muitos Iranianos descontentes com o regime clerical. Mohamad Khatami fora eleito presidente em 1997 com um programa reformista. Infelizmente, a linha dura controlava as rédeas do poder e o presidente não conseguiu cumprir as suas promessas. Mas a linha dura continuava a sofrer oposição. A situação mudou após o 11 de Setembro. O presidente Bush nomeou o Irão como membro do «eixo do mal» e a opinião pública iraniana voltou-se para a defesa do país. As invasões do Afeganistão e do Iraque aumentaram enormemente a influência do Irão nesses países vizinhos. O seu programa nuclear ganhou grande apoio popular. Ao mesmo tempo, a defesa da mudança de regime por parte da administração Bush dificultou a vida à oposição política.

As eleições iranianas de 2004 foram cuidadosamente manipuladas de forma a que a oposição perdesse o assento no parlamento e, em 2005, um extremista fanático foi eleito presidente. Internamente, o presidente Ahmadinejad não é tão forte quanto parece no exterior, isto por causa da incompetência. Três dos seus nomeados para o cargo de ministro do petróleo foram rejeitados por um parlamento de linha dura, antes de o presidente chegar a um acordo e nomear um tecnocrata. Foi uma humilhação terrível para ele e levou-o a novos extremos na retórica anti-sionista. A produção de petróleo está a diminuir. Contudo, é o Irão que está aos comandos. Até a queda da produção petrolífera lhe é vantajosa, pois limita o fornecimento global. Mas estas condições podem não durar e o Irão decidiu explorá-las ao acelerar o seu programa nuclear. Trata-se de um reflexo directo da fragilidade americana e constitui uma ameaça maior para o mundo do que a que Saddam Hussein representava. Se o Irão desenvolver capacidade nuclear, tornar-se-á numa superpotência regional; como resultado, a região do Golfo ficará ameaçada e a própria existência de Israel estará em perigo. Nenhuma contramedida poderá desviar o Irão do seu rumo, uma vez que o regime se encontra numa situação em que só pode ganhar. Ou consegue a bomba ou é bombardeado; seja como for, o regime beneficia. Um ataque de mísseis ao Irão intensificaria o sentimento antiamericano, consolidaria o apoio popular ao regime e causaria danos incalculáveis na economia mundial. A posição das forças ocupantes no Iraque pode tornar-se insustentável.

Os Estados Unidos conseguiram a aprovação de uma declaração – e não resolução – do Conselho de Segurança da ONU, que exorta o Irão a suspender as suas actividades de enriquecimento de urânio e a permitir que a Agência Internacional de Energia Atómica supervisione a sua obediência à declaração. Isto é o máximo que a Rússia e a China estão dispostas a tolerar, mas pode ser suficiente para dar uma aparência de legitimidade a um ataque de mísseis. Estamos em rota de colisão e a única questão é quanto tempo nos resta. Há todas as razões para adiar a decisão o máximo possível, pois nenhuma das alternativas – o Irão como potência nuclear ou um ataque de mísseis contra o Irão – é agradável e as condições podem melhorar com a passagem do tempo. O tempo pode ser usado para desenvolver uma nova abordagem à não-proliferação nuclear, que fortaleceria a comunidade internacional para lidar com o Irão. Infelizmente, não temos muito tempo, uma vez que a Rússia vendeu mísseis Tor e S300 ao Irão, que, depois de serem instalados no Outono de 2006, tornarão mais difícil um ataque. No próximo capítulo, falarei deste assunto com mais pormenor. Acredito que há a possibilidade de se chegar a um acordo com o Irão e esta é a nossa melhor esperança para evitar um conflito que poderia ter consequências ainda mais desastrosas do que a invasão do Iraque, mas isso exigiria uma reorientação mais profunda da postura da América do que esta administração é capaz.

O Islão, tal como qualquer outra grande religião, contém várias tradições e atitudes. Sob influência do terrorismo e da resposta americana, a tradição militante está a crescer quase em toda a parte, tanto entre os sunitas como entre os xiitas, as duas maiores facções do Islão. Este facto foi notório em recentes resultados eleitorais. Sob pressão americana, o Egipto realizou eleições multipartidárias nas quais a Irmandade Muçulmana Sunita não foi autorizada a participar; no entanto, muitos dos seus apoiantes foram eleitos de forma independente. A organização militante apoiada pela Síria e pelo Irão, o Hezbollah, teve bons resultados no Líbano, onde recolheu os votos xiitas. Na Palestina, o Hamas, uma organização militante sunita intimamente associada à Irmandade Muçulmana, saiu vitorioso e formou governo. Tanto o Hamas como o Hezbollah foram declarados organizações terroristas pelos Estados Unidos, mas os Árabes têm uma opinião diferente.

No Iraque, os partidos islamitas xiitas apoiados pelo Irão venceram duas eleições populares e dominam agora o governo. A vitória destes partidos revigorou uma revolta de base sunita, cujo extremismo está a aumentar. Um grupo de revoltosos inclui salafitas adeptos da *jihad*, que realizam atentados terroristas contra civis xiitas. A ascensão do xiismo e do salafismo é uma consequência dramática do regime baasista de Saddam[16].

---

[16] International Crisis Group, «The Next Iraqui War? Sectarianism and Civil Conflit», pp. 14-22, em http://www.crisisgroup.org.

184 | A ERA DA FALIBILIDADE

Significa que o radicalismo islamita se tornou na força política dominante naquele que foi um dos mais seculares países árabes.

Nestas circunstâncias, a insistência da administração Bush em realizar eleições livres pode ser destabilizadora para os aliados dos Estados Unidos. A democratização do Médio Oriente tornou-se na grande prioridade da administração Bush, isto depois de as outras justificações para a invasão do Iraque se terem mostrado insustentáveis; mas esta política é incompatível com a guerra ao terrorismo e com a necessidade do petróleo do Médio Oriente. As eleições no Egipto não foram muito livres; no entanto, os resultados causaram muitos nervos ao regime. Após as recentes eleições, o principal líder não religioso da oposição foi preso, acusado de difamação, e as eleições locais prometidas foram adiadas por dois anos. A vitória do Hamas na Palestina lançou a confusão na comunidade internacional. A Arábia Saudita avança muito cautelosamente para eleições. O presidente do Paquistão, Pervez Musharraf, resiste simplesmente à pressão americana e a administração aquiesce devido à posição precária de Musharraf. Receio que a incompatibilidade entre a democratização e a guerra contra o terrorismo resulte no lento abandono da política de democratização levada a cabo pela administração Bush. Como discutirei no capítulo seguinte, esta seria a decisão errada.

Algo está fundamentalmente errado com a afirmação do presidente Bush de que tornou os Estados Unidos mais seguros ao levar a guerra contra o terrorismo para o estrangeiro. Há muito mais gente disposta a sacrificar a vida para matar Americanos do que havia a 11 de Setembro. Abu Musab al-Zarqawi criou uma base suficientemente forte no Iraque para poder exportar o terrorismo para outros países – já o fez na Jordânia. O Islão militante está a ganhar terreno noutros países e os regimes árabes moderados pró-ocidentais estão cercados. Por um lado, sofrem a pressão para democratizar e, por outro, enfrentam o cada vez maior islamismo militante das suas populações. Ao mesmo tempo, são discriminados nos Estados Unidos, como o demonstrou a resistência popular à tentativa frustrada do Dubai de comprar as operações portuárias de outra entidade estrangeira, a P&O Ports North America. A retórica da administração Bush sobre a ameaça terrorista fez com que o público americano suspeitasse de todos os Árabes. A elite árabe, que costumava estudar nos Estados Unidos, sente-se agora mais confortável noutros países.

A administração Bush não se mostra consciente das contradições nas suas políticas nem das consequências negativas. Junto aqui a introdução do presidente Bush para a Estratégia de Segurança Nacional de 2006, para que os leitores possam julgar por si mesmos. O texto contém algumas alterações e mudanças de ênfase no tom unilateralista do documento de 2002, mas, no seu todo, trata-se de uma reafirmação de políticas falhadas. Os sublinhados são meus.

A situação no Médio Oriente é medonha. O Irão ameaça tornar-se numa potência nuclear. A quase guerra civil no Iraque ameaça transformar-se num conflito regional. Enfrentamos um choque de civilizações e/ou um conflito armado sectário. E tudo isto numa região responsável pela maior parte do fornecimento de petróleo mundial.

CASA BRANCA

WASHINGTON

Caros concidadãos,

A América está em guerra. Isto é uma estratégia de segurança nacional em tempo de guerra, exigida pelo grave desafio que enfrentamos – a ascensão do terrorismo fomentado por uma ideologia agressiva de ódio e assassínio, totalmente revelada ao povo americano em 11 de Setembro de 2001. Esta estratégia reflecte a nossa obrigação mais solene: proteger o povo americano.

A América tem também uma oportunidade histórica para criar as bases de uma paz futura. Os ideais que inspiraram a nossa história – liberdade, democracia e dignidade humana – inspiram cada vez mais indivíduos e nações em todo o mundo. E como as nações livres tendem para a paz, o progresso da liberdade tornará a América mais segura.

Estas prioridades inseparáveis – travar e vencer a guerra contra o terrorismo e promover a liberdade como alternativa à tirania e ao desespero – guiam a política americana há mais de 4 anos.

Temos continuado a ofensiva contra as redes terroristas, enfraquecendo o nosso inimigo, mas não o tendo ainda derrotado.

Associámo-nos ao povo afegão para derrubar o regime talibã – que protegia a rede da Al-Qaeda – e ajudámos a criar, no seu lugar, um novo governo democrático.

Concentrámos a atenção do mundo na proliferação de armas perigosas – apesar de, nesta área, existirem ainda grandes desafios.

Apoiámos a difusão da democracia na região do Médio Oriente – enfrentando desafios e já com progressos que poucos previam ou esperavam.

Aumentámos enormemente os nossos esforços para encorajar o desenvolvimento económico e a esperança que este cria – e concentrámos esses esforços na promoção da reforma e na produção de resultados.

Liderámos uma coligação internacional para derrubar o ditador do Iraque, que brutalizou o seu próprio povo, aterrorizou a sua região, desafiou a comunidade internacional e procurou e usou armas de destruição maciça.

E estamos a lutar ao lado dos Iraquianos para garantir um Iraque unido, estável e democrático – um novo aliado na guerra contra o terrorismo no centro do Médio Oriente.

Assistimos a grandes feitos, enfrentámos novos desafios e aperfeiçoámos a nossa abordagem à medida que as condições mudavam. Vimos também que a defesa da liberdade nos traz perda e sofrimento, porque a liberdade tem inimigos resolutos. Soubemos sempre que a guerra contra o terrorismo exigiria grande sacrifício – e, nesta guerra, vimos partir alguns homens e mulheres muito bons. Os terroristas cometeram assassínios dramáticos – desde as ruas de Faluja até ao metropolitano de Londres – tentando diminuir a nossa convicção. A luta contra este inimigo – um inimigo que alveja inocentes sem consciência nem hesitação – tem sido difícil. E o nosso trabalho está longe de terminar.

A América enfrenta agora <u>uma escolha entre a via do medo e a via da confiança</u>. A via do medo – isolacionismo e proteccionismo, retirada e recuo – atrai aqueles que consideram os nossos desafios demasiado grandes e não percebem as nossas oportunidades. Mas a história ensina-nos que, sempre que os líderes americanos seguiram esta via, os desafios só aumentaram e as oportunidades perdidas deixaram as gerações futuras menos seguras.

Esta Administração escolheu a via da confiança. Escolhemos a liderança em detrimento do isolacionismo, optámos pela defesa da liberdade, do comércio justo e dos mercados abertos em detrimento do proteccionismo. Escolhemos enfrentar agora os desafios em vez de os deixarmos para as gerações futuras. <u>Combatemos os nossos inimigos no estrangeiro em vez de esperarmos que cheguem ao nosso país</u>. Queremos moldar o mundo, e não ser apenas moldados por ele; influenciar os acontecimentos para melhor, em vez de ficarmos à sua mercê.

A via que escolhemos é <u>consistente com a grande</u> <u>tradição da política externa americana</u>. Tal como as políticas de Harry Truman e Ronald Reagan, a nossa abordagem é idealista em relação aos nossos objectivos nacionais e realista em relação aos meios de os alcançar.

Para seguirmos esta via, temos de conservar e aumentar a nossa força nacional de modo a podermos enfrentar as ameaças e os desafios antes que lesem o nosso povo ou os nossos interesses. Temos de conservar uma força militar imbatível – ainda que a nossa força não se baseie apenas no poder das armas. Baseia-se também na prosperidade económica e numa democracia vibrante. E baseia-se em alianças fortes, amizades e instituições internacionais, que nos permitem promover a liberdade, a prosperidade e a paz num esforço comum com os outros.

A nossa estratégia de segurança nacional assenta em dois pilares.

O primeiro pilar é a promoção da liberdade, da justiça e da dignidade humana – trabalhar para acabar com a tirania, para promover democracias efectivas e aumentar a prosperidade através do comércio livre e justo e políticas sensatas de desenvolvimento. Os governos livres têm responsabilidades para com os seus povos, governam os seus territórios com eficiência e perseguem objectivos económicos e políticas que beneficiam os cidadãos. Os governos livres não oprimem os seus povos nem atacam outras nações livres. A liberdade constitui a melhor base para a paz e estabilidade internacional.

O segundo pilar da nossa estratégia é enfrentar os desafios do nosso tempo, liderando uma comunidade cada vez maior de democracias. Muitos dos problemas que enfrentamos – desde a ameaça de pandemias até à proliferação de armas de destruição maciça, ao terrorismo, ao tráfico de seres humanos e aos desastres naturais – ultrapassam as fronteiras. Os esforços multinacionais são essenciais para resolver estes problemas. Mas a história mostrou que só quando fazemos a nossa parte é que os outros fazem a sua. A América tem de continuar a liderar.

GEORGE W. BUSH

CASA BRANCA

16 de Março de 2006

THE WHITE HOUSE
WASHINGTON

My fellow Americans,

America is at war. This is a wartime national security strategy required by the grave challenge we face – the rise of terrorism fueled by an aggressive ideology of hatred and murder, fully revealed to the American people on September 11, 2001. This strategy reflects our most solemn obligation: to protect the security of the American people.

America also has an unprecedented opportunity to lay the foundations for future peace. The ideals that have inspired our history – freedom, democracy, and human dignity – are increasingly inspiring individuals and nations throughout the world. And because free nations tend toward peace, the advance of liberty will make America more secure.

These inseparable priorities – fighting and winning the war on terror and promoting freedom as the alternative to tyranny and despair – have now guided American policy for more than 4 years.

We have kept on the offensive against terrorist networks, leaving our enemy weakened, but not yet defeated.

We have joined with the Afghan people to bring down the Taliban regime – the protectors of the al-Qaida network – and aided a new, democratic government to rise in its place.

We have focused the attention of the world on the proliferation of dangerous weapons – although great challenges in this area remain.

We have stood for the spread of democracy in the broader Middle East – meeting challenges yet seeing progress few would have predicted or expected.

We have cultivated stable and cooperative relations with all the major powers of the world.

We have dramatically expanded our efforts to encourage economic development and the hope it brings – and focused these efforts on the promotion of reform and achievement of results.

We led an international coalition to topple the dictator of Iraq, who had brutalized his own people, terrorized his region, defied the international community, and sought and used weapons of mass destruction.

And we are fighting alongside Iraqis to secure a united, stable, and democratic Iraq – a new ally in the war on terror in the heart of the Middle East.

We have seen great accomplishments, confronted new challenges, and refined our approach as conditions changed. We have also found that the defense of freedom brings us loss and sorrow, because freedom has determined enemies. We have always known that the war on terror would require great sacrifice – and in this war, we have said farewell to some very good men and women. The terrorists have used dramatic acts of murder – from the streets of Fallujah to the subways of London – in an attempt to undermine our will. The struggle against this enemy – an enemy that targets the innocent without conscience or hesitation – has been difficult. And our work is far from over.

America now faces a choice between the path of fear and the path of confidence. The path of fear – isolationism and protectionism, retreat and retrenchment – appeals to those who find our challenges too great and fail to see our opportunities. Yet history teaches that every time American leaders have taken this path, the challenges have only increased and the missed opportunities have left future generations less secure.

This Administration has chosen the path of confidence. We choose leadership over isolationism, and the pursuit of free and fair trade and open markets over protectionism. We choose to deal with challenges now rather than leaving them for future generations. We fight our enemies abroad instead of waiting for them to arrive in our country. We seek to shape the world, not merely be shaped by it; to influence events for the better instead of being at their mercy.

The path we have chosen is consistent with the great tradition of American foreign policy. Like the policies of Harry Truman and Ronald Reagan, our approach is idealistic about our national goals, and realistic about the means to achieve them.

To follow this path, we must maintain and expand our national strength so we can deal with threats and challenges before they can damage our people or our interests. We must maintain a military without peer – yet our strength is not founded on force of arms alone. It also rests on economic prosperity and a vibrant democracy. And it rests on strong alliances, friendships, and international institutions, which enable us to promote freedom, prosperity, and peace in common purpose with others.

Our national security strategy is founded upon two pillars:

The first pillar is promoting freedom, justice, and human dignity – working to end tyranny, to promote effective democracies, and to extend prosperity through free and fair trade and wise development policies. Free governments are accountable to their people, govern their territory effectively, and pursue economic and political policies that benefit their citizens. Free governments do not oppress their people or attack other free nations. Peace and international stability are most reliably built on a foundation of freedom.

The second pillar of our strategy is confronting the challenges of our time by leading a growing community of democracies. Many of the problems we face – from the threat of pandemic disease, to proliferation of weapons of mass destruction, to terrorism, to human trafficking, to natural disasters – reach across borders. Effective multinational efforts are essential to solve these problems. Yet history has shown that only when we do our part will others do theirs. America must continue to lead.

GEORGE W. BUSH
THE WHITE HOUSE
March 16, 2006

UMA ORDEM MUNDIAL INSTÁVEL

O poder e a influência americana estão também a diminuir fora do Médio Oriente. A influência regional da China e da Rússia aumentou. O poder da China aumentou relativamente aos Estados Unidos porque a América depende da China para agir como intermediário com a Coreia do Norte. A China é útil, mas só até certo ponto, pois beneficia com a continuação do conflito. Os Britânicos costumam recorrer a este país, fornecendo toda a ajuda necessária. Na minha opinião, a China está a adquirir poder e influência política demasiado depressa para o seu próprio bem. Ao mesmo tempo, a liderança ficou extremamente nervosa com as chamadas revoluções coloridas na Geórgia e na Ucrânia. O resultado foi uma inversão na liberalização política.

O regime de Putin na Rússia sofreu também um sério revés com as revoluções coloridas. A popularidade de Putin assentava, em grande medida, na promessa tácita de que ele iria reconstituir o império russo. As revoluções coloridas acabaram com estas aspirações. Putin reagiu, tornando-se cada vez mais autoritário; afirmou o seu poder não só sobre o governo, mas também sobre os tribunais, a comunicação social, a oposição política e a sociedade civil. Mas a Rússia é demasiado grande para ser governada a partir do Kremlin. O regime cometeu vários erros administrativos e a economia não está a beneficiar o suficiente com o elevado preço do petróleo. Putin está a utilizar o controlo da Rússia sobre o fornecimento de gás para enriquecer os seus associados e aliados e para consolidar a influência sobre os seus vizinhos. O presidente Bush enalteceu as revoluções coloridas como vitórias da liberdade, mas não está em posição de travar as tendências autoritárias da Rússia. O poder de Putin aumentou com o controlo apertado do fornecimento energético.

A Organização de Cooperação de Xangai, criada em 2001, sentou à mesma mesa a China e a Rússia, bem como as repúblicas da Ásia Central. Um dos principais objectivos é reduzir a influência americana na região. Após as revoluções coloridas, Putin e os dirigentes autoritários da Ásia Central concordaram em ajudar-se mutuamente para reprimir a agitação social. Isto resultou no massacre de Andijan, quando o presidente do Uzbequistão, Islam Karimov, quis mostrar que o governo não iria tolerar protestos públicos que lhe desafiassem a autoridade. Karimov foi depois elogiado em Pequim e apoiado pela Rússia. Os Estados Unidos foram obrigados a encerrar a sua base aérea no Uzbequistão.

Há também uma cooperação cada vez maior entre a China, a Rússia e o Irão, sobretudo em questões energéticas, mas é prematuro falar de um bloco em contraposição, pois a China não se pode dar ao luxo de virar assim as costas aos Estados Unidos, ainda que a

Rússia se tenha tornado cada vez mais assertiva, ao vender um sistema de defesa de mísseis ao Irão. É mais rigoroso dizer que o presidente Bush promoveu o nacionalismo e o resto do mundo está a seguir o seu exemplo. O nacionalismo predomina quase em toda a parte. A tensão aumentou entre a China e o Japão, e o Japão está a alinhar com os Estados Unidos. O problema é que o nacionalismo japonês está a provocar descontentamento no resto da Ásia; por isso, os Estados Unidos podem estar do lado errado. A China tem proposto uma aliança da Associação de Nações do Sudeste Asiático (ASEAN) com a China, o Japão e a Coreia (ASEAN + 3). Os países da ASEAN, temendo o domínio chinês, insistem em incluir a Índia e a Austrália (ASEAN + 5). O interessante nas duas formações é o facto de ambas excluírem os Estados Unidos.

A invasão do Iraque contribuiu para a restrição do fornecimento de petróleo. Os países hostis aos Estados Unidos, como o Irão e a Venezuela, viram a sua posição negocial melhorar. A China e a Índia estão cada vez mais nervosas para garantirem acesso às reservas de petróleo. Os Estados Unidos cometeram o erro de não permitir que uma empresa petrolífera chinesa comprasse a companhia americana Unocal e este facto encorajou ainda mais a China a negociar com regimes opressivos. A política correcta teria sido autorizar a transacção, na condição de que a China cooperasse com a comunidade internacional para pressionar os regimes opressivos como Mianmar. Deste modo, a China tornou-se na protectora de Mianmar. A influência da China está igualmente a aumentar na África e na América do Sul.

A Venezuela emergiu como uma potência hostil na América do Sul. Beneficiando do elevado preço do petróleo e do sentimento antiamericano, Hugo Chávez conseguiu consolidar a sua posição a nível interno e aumentar a sua influência no estrangeiro. Comprou a aliança dos países caribenhos fornecendo petróleo barato e ganhou um aliado na Bolívia, onde Evo Morales, líder da associação de plantadores de coca, foi eleito presidente com uma plataforma antiamericana e anti-globalização com uma maioria esmagadora. O descontentamento com o ritmo lento do progresso económico e a desilusão com a democracia estão a aumentar em todo o continente, com a notável excepção do Chile, e a influência americana está em baixa.

A fragilidade da América teve também um efeito nocivo no seu principal aliado, a União Europeia. A influência americana, ilustrada pela conversa de Donald Rumsfeld sobre a «velha Europa», tem causado divisões e os sentimentos nacionalistas também aumentaram. A nova Constituição da União Europeia foi rejeitada em França e na Holanda, e a União Europeia está em crise. Mas os problemas da Europa não podem ser atribuídos à administração Bush; merecem ser considerados à parte. A Europa é uma sociedade aberta e a sua

198 | A ERA DA FALIBILIDADE

crise é contemporânea, mas distinta, da crise da sociedade aberta nos Estados Unidos.

Este livro não pretende ser um estudo geopolítico do mundo. A selecção dos factos tem uma tendência deliberada contra a administração Bush. Não fiz referência, por exemplo, à conversão de Muammar Khadaffi na Líbia, ao desenvolvimento das relações com a Índia ou ao facto de John Howard se ter tornado uma imitação de George W. Bush na Austrália. Mas já citámos factos suficientes para assegurar que nenhuma lista de factos do lado oposto pode contrabalançar a ideia de que a posição da América declinou precipitadamente desde o 11 de Setembro. Acrescente-se o crescimento da oposição interna à Guerra do Iraque e torna-se evidente que, se continuar no rumo actual, a América perderá a sua posição dominante no mundo mais cedo do que parecia possível quando a doutrina Bush foi promulgada. Isto seria uma perda não só para a América, mas também para todo o mundo. Apesar das manchas na sua história, os Estados Unidos têm sido uma influência estabilizadora no mundo e o seu declínio criou instabilidade.

O CONCEITO DE PODER

A deterioração da posição dos Estados Unidos pode ser quase totalmente atribuída a uma incompreensão fundamental da natureza do poder que orientou a administração Bush, pelo menos no seu primeiro mandato. Houve algumas tentativas para corrigir o rumo no segundo mandato, mas não produziram grandes resultados, uma vez que o legado do primeiro mandato provocou demasiados danos. Veja-se a questão da tortura e da entrega extraordinária: a maioria dos incidentes ocorreu durante o primeiro mandato, mas deterioraram as relações com a Europa no segundo mandato porque a administração Bush não quis admitir nem renunciar às suas práticas. O grupo liderado por Dick Cheney e Donald Rumsfeld*, responsável por essas práticas, faz ainda parte da administração Bush.

O grupo de Cheney e dos supremacistas americanos acredita que as relações internacionais são relações de poder e não de lei. Para eles, o direito internacional ratifica apenas aquilo que o poder criou, e definem o poder em termos de força militar. Estas ideias são erradas. O poder, ou a força, é uma palavra matreira; pertence ao domínio da ciência natural, onde pode ser definido e medido com rigor. Quando a palavra «poder» é aplicada às questões humanas, é usada metaforicamente e as suas várias facetas não se podem reduzir a um denominador comum. Um cientista laureado com o Nobel pode ser derrubado por um bandido analfa-

---

* Donald Rumsfeld demitiu-se em Novembro de 2006 (*N.T.*).

beto; um ditador poderoso pode ser explorado por um charlatão ou manipulado nas mãos da sua mulher ou amante. O poder é mais parecido com o jogo infantil chamado «tesoura, papel e pedra»: a tesoura pode cortar o papel, o papel pode cobrir a pedra e a pedra pode esmagar a tesoura.

Comparar o poder com um jogo infantil parece uma brincadeira, mas dá uma ideia das limitações do poder que escapou à atenção dos nossos líderes. Quando alguém detém supremacia absoluta e abusa dela, é possível arranjar outra forma de destruir essa supremacia. Sem que lhe sirva de desculpa, o terrorismo pode ser interpretado como uma resposta à supremacia militar: o papel que cobre a pedra.

Os defensores da supremacia americana transformaram o poder numa metáfora falsa – à semelhança da outra metáfora falsa, a guerra ao terror. De facto, as duas metáforas falsas são facetas diferentes da mesma mundividência distorcida. É surpreendente o dano que as metáforas falsas podem causar, mas é difícil arranjar outra explicação para o declínio precipitado do poder e influência da América. Afinal de contas, aquilo a que os marxistas chamariam condições materiais – forças militares, económicas e financeiras – não podiam ter mudado tudo isto em cinco anos. Foi a superstrutura ideológica que causou todo o mal. Este facto é esperançoso – é mais fácil corrigir as ideias falsas do que as condições materiais. Infelizmente, é preciso tempo para que se sinta o efeito de uma interpretação distorcida da realidade. Pior, uma metáfora falsa pode servir eficientemente um objectivo encoberto – por exemplo, a guerra contra o terrorismo permitiu ao presidente Bush ganhar popularidade a nível interno. Por outras palavras, as metáforas falsas tendem a ser inicialmente um auto-reforço; mas, depois, quando a sua falsidade é revelada a todos, tornam-se autodestrutivas. Estamos agora nesta fase.

CONDIÇÕES MATERIAIS

Tem havido também alguma deterioração das condições materiais dos Estados Unidos desde 2001, mas trata-se de um processo gradual e constitui mais uma condução de uma política do que uma descontinuidade. Como dissemos, os Estados Unidos gozam ainda de uma superioridade militar inquestionável. Ainda que já não possam projectar o seu poder em qualquer parte do mundo, os Estados Unidos controlam ainda o ar, o mar e o espaço. Não podem, para já, envolver-se noutra guerra no terreno, mas podem ainda atingir os seus alvos com mísseis.

Na frente económica, o défice comercial continua a aumentar. Alcançou 6,2% do PIB no quarto trimestre de 2005, mas é uma tendência que começou muito antes de George W. Bush se ter tornado presidente. O défice orçamental é 2,6% do **PIB**. Este valor contrasta com o excedente significativo que o país tinha no final da administração Clinton. Ambos os défices podem ser atribuídos ao consumismo e à nossa sociedade hedonista. George W. Bush fomentou o factor hedonista ao usar o legado de Clinton de um excedente orçamental para proceder a um grande corte nos impostos. Não pagou nem a guerra contra o terrorismo nem a guerra no Iraque.

O consumismo americano, aliado ao mercantilismo asiático, tem mantido a economia mundial a funcionar. Sempre que havia uma crise financeira ou qualquer outro problema na economia mundial, as autoridades financeiras dos Estados Unidos injectavam outra dose de estímulo monetário; as instituições de crédito americanas aliviaram, depois, as condições dos empréstimos. As autoridades financeiras asiáticas financiam com prazer o resultante défice comercial dos Estados Unidos, comprando títulos e divisas americanas. Há uma relação simbiótica entre o desejo americano de consumir e a propensão asiática para poupar, o que pode fazer com que o défice comercial cresça indefinidamente. No entanto, penso que esta situação está prestes a mudar – não por causa do défice comercial, mas sim devido à incapacidade do consumidor americano para contrair mais empréstimos. O crédito foi esticado até ao limite. É possível comprar automóveis com um crédito de cinco anos sem entrada. É possível comprar casas através de hipotecas só com juros e praticamente sem investimento de capitais próprios. As instituições de crédito estão dispostas a conceder empréstimos sem fazerem perguntas e oferecem taxas de juro abaixo do mercado até 18 meses. É difícil ver como as condições de crédito podem ser ainda mais aliviadas[17].

Com o estímulo das baixas taxas de juro e das condições fáceis de crédito, desenvolveu-se uma explosão no mercado imobiliário, que adquiriu o carácter de uma bolha. Com os preços das casas a aumentarem dois dígitos e as taxas de juro de um só dígito, muitas casas foram compradas e mantidas como especulação. Ao mesmo tempo, o aumento do preço das casas fomentou o consumo. As pessoas refinanciaram as suas casas e levantaram os seus activos. O levantamento dos activos alcançou uma taxa anual de mais de 800 000 milhões de dólares em 2005, que é mais do que o défice comercial. Calcula-se que cerca de metade desse valor foi realmente gasto. A taxa de poupanças familiares desceu para 0,5% na altura da redacção deste livro (Abril de 2006). Isto é muito abaixo da norma histórica. Não pode durar muito.

A maré está a mudar. A Reserva Federal aumentou a taxa de juro federal de 1% para perto de 5%; emitiu

---

[17] Desde então, soube que o crédito automóvel pode estender-se a 84 meses. Isto torna o investimento do proprietário do automóvel sempre negativo.

204 | A ERA DA FALIBILIDADE

também uma directiva que restringe as condições sob as quais as instituições de crédito podem financiar compras de casas. O aumento dos preços das casas já começou a abrandar. Falta ver se as autoridades conseguem engendrar uma «aterragem suave». Na minha opinião, iremos passar por aquilo que parecerá uma aterragem suave, mas é provável que continue até se tornar numa aterragem dura. Não vejo como é que o aumento de dois dígitos dos preços das casas possa ser reanimado, já que o problema da oferta excessiva tem de ser resolvido. Quando passar o efeito de riqueza da bolha imobiliária, as famílias aumentarão as poupanças e consumirão menos. Prevejo que a economia americana abrandará em 2007, e este abrandamento será transmitido ao resto do mundo através de um dólar mais fraco. Nem o público nem as autoridades parecem estar convenientemente preparados.

Há outra grande causa de preocupação: a situação do fornecimento energético. O problema tem muitas facetas: a dependência americana do petróleo importado, o aquecimento global e as vulnerabilidades políticas. A administração Bush tem estado em negação em todas as frentes. No seu último discurso do Estado da União, o presidente Bush criticou a dependência americana do petróleo, mas as políticas seguidas desmentem as suas palavras.

Como convencer o público de que, com esta administração, o país tomou um rumo desastroso? A mensagem é simples: a América não pode continuar a ser poderosa e próspera enquanto sociedade hedonista. Para continuarmos a ser líderes do mundo, temos de aprender a enfrentar as realidades desagradáveis. Haverá algum político que se erga e transmita a mensagem? E, se existir tal político, será que o público lhe dará ouvidos? Afinal de contas, uma sociedade hedonista não quer receber más notícias. Como já disse, não basta mudar os governos; as nossas atitudes e políticas têm de ser totalmente revistas.

CAPÍTULO V
O que está errado
com a ordem mundial?

No capítulo anterior, analisei as implicações das políticas da administração Bush, particularmente da guerra contra o terrorismo, sobre os Estados Unidos. Mas esta é apenas parte da minha preocupação. Nasci na Hungria, fui perseguido por ser judeu, mudei-me para Londres antes de emigrar para Nova Iorque, empenhei-me na ideia universal de sociedade aberta, actuei nos mercados financeiros globais e criei fundações, primeiro no ex-império soviético e, depois, no resto do mundo: a minha preocupação principal é com a ordem mundial e o futuro da humanidade.

Os Estados Unidos são a potência dominante no mundo actual. Marcam a agenda à qual o resto do mundo tem de reagir. O presidente Bush marcou a agenda errada. A sua administração guiou-se pela crença de que as relações internacionais são relações de poder e não de lei; como os Estados Unidos são a única superpotência, podem impor a sua vontade ao mundo. Esta concepção errónea teve consequências

208 | A ERA DA FALIBILIDADE

desastrosas não só para a América, mas também para o resto do mundo.

A ordem mundial baseia-se na soberania dos Estados. A soberania é um conceito anacrónico, criado numa época em que a sociedade consistia em governantes e súbditos, e não em cidadãos. Com o Tratado de Vestefália, em 1648, a soberania tornou-se na pedra angular das relações internacionais. Após 30 anos de guerras religiosas, ficou acordado que o soberano tinha o direito de determinar a religião dos seus súbditos: *Cuius regio eius religio**. A Revolução Francesa derrubou o rei Luís XVI e o povo apoderou-se da soberania. Em princípio, é desde essa altura que a soberania pertence ao povo.

Desde sempre que houve regras que regem o relacionamento entre Estados, mas essas regras podem ser quebradas pelo uso de força superior. Nunca houve uma ordem mundial capaz de evitar a guerra, embora alguns acordos tenham sido mais satisfatórios do que outros. No entanto, a ideia de que não há uma ordem mundial para além do uso da força é uma falácia – que faz parte da interpretação errónea da natureza do poder. A ideia agradava aos defensores da supremacia americana porque permitiria que os Estados Unidos impusessem a sua vontade ao mundo. Mas não funcionou.

---

* «A cada príncipe a sua religião» (*N.T.*).

Quando os ataques terroristas de 11 de Setembro de 2001 deram ao presidente Bush a oportunidade de traduzir a ideia para a prática, o resultado foi muito diferente do esperado. A ideologia da supremacia americana encontrou expressão na doutrina Bush, incorporada no relatório de Segurança Nacional de 2002. Os seus dois dogmas principais diziam que os Estados Unidos têm de conservar a superioridade absoluta em todo o mundo e que têm o direito de realizar acções militares preventivas. Na altura em que a doutrina foi promulgada, os Estados Unidos podiam, de facto, projectar uma força esmagadora em qualquer parte do mundo[18]. Mas, como já referi, ao fazerem uma guerra preventiva no Iraque, os Estados Unidos perderam essa posição. Considerando os objectivos da administração Bush, a invasão do Iraque foi um erro colossal.

O mundo não pode ser governado pela força militar. O poder militar é apenas um dos muitos ingredientes de que um país necessita para exercer influência sobre outros. O sucesso das potências imperiais não se deveu apenas à força das armas. Até o Império Otomano, que foi construído através da conquista, tinha um sis-

---

[18] Isto aplicava-se também à Coreia do Norte. O que tornou impraticável a acção militar foi o facto de a capital da Coreia do Sul, Seul, estar ao alcance da artilharia da Coreia do Norte e milhões de Sul-Coreanos morreriam antes de os Estados Unidos poderem destruir a força militar norte-coreana.

tema intrincado para manter a paz e a justiça, e o império desintegrou-se quando o sistema foi abaixo.

Os Estados Unidos não se tornaram uma potência dominante através de meios militares. A vitória na Segunda Guerra Mundial foi seguida pela criação das Nações Unidas, das instituições de Bretton Woods (o Fundo Monetário Internacional e o Banco Mundial) e do Plano Marshall. O comportamento dos Estados Unidos nem sempre foi exemplar – a CIA esteve ocupada a preparar conspirações, a planear assassinatos e a organizar golpes de Estado; mas a maioria destas actividades era clandestina e, quando foram reveladas, a CIA foi controlada. A Guerra do Vietname saldou-se numa derrota e acabou com o espírito «quero posso e mando» que, até então, caracterizava a América. (Lyndon Johnson avançara com o seu projecto Grande Sociedade antes de ter renunciado à sua candidatura para a reeleição por causa da Guerra do Vietname.) Os Estados Unidos continuaram a travar guerras por procuração e a apoiar regimes autoritários. O leitor lembra-se da questão Irão-Contras? Mas isto eram aberrações. De uma forma geral, os Estados Unidos desempenharam relativamente bem o seu papel de líderes do mundo livre. O resto do mundo livre aceitou com agrado a liderança da América contra a ameaça comunista e os Estados Unidos apoiaram os seus aliados. Por exemplo, desempenharam um papel construtivo na evolução da União Europeia e apoiaram o desenvolvimento económico do Japão e dos outros Tigres do Sudeste Asiático. Os Estados Unidos podem ser, ao mesmo tempo, uma superpotência e líderes do mundo livre. A ameaça comunista serviu de força de coesão numa sociedade caracterizada pela procura do interesse próprio e da auto-satisfação.

Esta identidade confortável foi desintegrada pelo colapso do império soviético. Ser a única superpotência e líder do mundo livre já não era a mesma coisa, mas os Estados Unidos não reconheceram este facto. A América utilizou a sua posição dominante para promover os seus próprios interesses em todas as esferas, tanto económicas como militares. Não é isto que o líder do mundo deveria fazer. Numa ordem mundial que consiste em Estados soberanos, os Estados Unidos, enquanto potência dominante, têm de se preocupar com o bem-estar da humanidade, para além de servirem os seus próprios interesses. Esta responsabilidade única deriva da posição privilegiada que os Estados Unidos ocupam no mundo. São responsáveis pela agenda. Não podem impor unilateralmente a sua vontade ao mundo, mas nenhuma acção colectiva e cooperativa é possível sem a sua liderança ou cooperação activa. Os Estados Unidos podem bloquear qualquer instituição internacional. Têm poder de veto no Conselho de Segurança das Nações Unidas e são o único país que tem uma minoria de bloqueio nas instituições de Bretton Woods. Washington determina a direcção em que o mundo se moverá, mas o resto do mundo não tem voto no Congresso; por isso, para além dos interesses nacionais dos Estados Unidos, a liderança de Washington deve dar a atenção devida aos interesses comuns da humanidade.

Quando os Estados Unidos se tornaram na potência dominante mundial, reconheceram essa responsabilidade única. Nas palavras e acções do presidente Franklin Roosevelt havia um interesse genuíno pelo futuro da humanidade. Após a Segunda Guerra Mundial, os Estados Unidos foram magnânimos para com os seus inimigos derrotados e sonharam com uma ordem mundial melhor, na qual os horrores da guerra não se poderiam repetir. A visão do presidente Roosevelt não se realizou, mas inspirou respeito. A América era demasiado bem sucedida e próspera para ser amada, mas mantinha a sua posição dominante por ser tão admirada e imitada. Após a implementação do Plano Marshall, deu-se uma mudança profunda nas atitudes americanas. Quando a União Soviética se desmoronou, a ideia de um Plano Marshall para o antigo império soviético nem podia ser discutida. Em 1988, abordei a questão numa conferência internacional em Potsdam, então ainda parte da Alemanha de Leste, e fui literalmente gozado. Voltei a falar do assunto a Robert Zoellick, que era o principal assessor de George H. W. Bush, e disse-me que Mikhail Gorbachov tinha primeiro de cortar relações com Fidel Castro. Quando a Rússia acabou por satisfazer todas as exigências que lhe tinham

O QUE ESTÁ ERRADO COM A ORDEM MUNDIAL? | 213

sido impostas, já se encontrava num estado de colapso total e sem volta a dar. No jantar comemorativo do aniversário de Thomas Jefferson, em 1993, tentei convencer o presidente Clinton de que a Rússia estava a passar por um processo similar àquele que os Estados Unidos enfrentaram no tempo de Jefferson, e de que a Rússia precisava de nós e merecia o nosso apoio; mas não tive sucesso. O presidente Clinton interessava-se pela competitividade e não pela generosidade.

O aparecimento de uma atitude diferente daquela que deu origem ao Plano Marshall coincidiu com a eleição de Ronald Reagan. Chamei-lhe «fundamentalismo do mercado» – uma crença de que o interesse comum é mais bem servido por pessoas que perseguem os seus próprios interesses. Segundo esta perspectiva, a responsabilidade única de que falo não tem qualquer sentido: os fortes não têm de cuidar dos fracos. Esta crença baseia-se numa interpretação errónea do mecanismo do mercado. Os mercados devem tender para um equilíbrio que assegure a distribuição óptima dos recursos. Mas não é assim que os mercados, sobretudo os mercados financeiros, funcionam. Não tendem para um equilíbrio e não são concebidos para assegurar a justiça social. Os mercados livres são muito eficientes na distribuição de recursos entre necessidades privadas em competição, ou, desde a difusão do consumismo, desejos privados. Mas existem necessidades colectivas, como a manutenção da paz e da ordem, a protecção do ambiente e a preservação do próprio mecanismo do mercado, que não são supridas pelas forças do mercado. As necessidades colectivas podem tornar-se forças de mercado, criando os incentivos e os castigos correctos, mas isto requer acção política. De facto, traduzir necessidades colectivas em forças de mercado é, em muitos casos, a melhor forma de as suprir, mas ignorá-las a todas tem algumas consequências desastrosas. Ignorar as necessidades colectivas não só favorece os ricos à custa dos pobres – um resultado apreciado pelos fundamentalistas do mercado –, como também deixa de lado algumas questões, como o aquecimento global – o que também não pode ser bom para os ricos.

A ascensão da globalização, que atribuo à influência de Ronald Reagan, nos Estados Unidos, e de Margaret Thatcher, no Reino Unido, no início dos anos 80, foi um projecto do fundamentalismo do mercado. Facilitar o movimento internacional de capitais fez com que os países tivessem mais dificuldade em tributar ou regular o capital. Como o capital é um factor essencial da produção, os governos têm de dar mais atenção às exigências do capital internacional do que aos seus próprios cidadãos.

A forma actual da globalização resultou numa ordem mundial assimétrica: o desenvolvimento das instituições internacionais não acompanhou o crescimento dos mercados financeiros globais. Os movimentos de capitais privados ultrapassam em muito os recursos do Fundo Monetário Internacional e do Banco Mundial. Os países em desenvolvimento competem para atrair capital, mas as poupanças mundiais estão a ser canalizadas para financiarem o grande consumo nos Estados Unidos.

Eu costumava criticar as injustiças da globalização, mas o foco da minha atenção mudou quando os defensores da supremacia americana passaram a dominar a administração Bush. Uma coisa é quando se procura a sobrevivência dos mais aptos na esfera económica e outra, muito diferente, é quando essa sobrevivência encontra expressão na acção militar. Foi isso que me levou a invocar a analogia expansão-contracção. Em resposta aos ataques terroristas de 11 de Setembro, a administração Bush enveredou por um caminho que, inicialmente, era um auto-reforço, mas que acabaria por se tornar autodestrutivo. Esta mudança ocorreu demasiado tarde para evitar a reeleição do presidente Bush, mas não deixou de acontecer. Foi necessária a guerra ao terrorismo e a invasão do Iraque para que os nossos velhos aliados se voltassem contra nós. Agora que o público americano também se voltou contra a Guerra do Iraque, a administração Bush está a retroceder.

O meu objectivo principal é demonstrar todas as implicações das interpretações erróneas que orientaram as nossas políticas desde o 11 de Setembro. Não só o poder e a influência da América sofreram um forte revés, como também a ordem mundial está um caos. Num mundo de Estados soberanos, a falta de uma potência dominante que vele pelos interesses comuns da humanidade gera instabilidade e conflito. A humanidade adquiriu um controlo tremendo sobre as forças da natureza. Esse controlo pode ser usado com propósitos tanto construtivos como destrutivos. Não é exagerado dizer que a nossa civilização pode ser destruída por um conflito armado ou até pelo desprezo dos interesses comuns, como o combate ao aquecimento global. Por isso é tão importante corrigir as nossas interpretações erradas.

Não basta restabelecer o *status quo* anterior ao 11 de Setembro; é necessário repensar mais profundamente o papel da América no mundo. Só depois do 11 de Setembro é que os Estados Unidos entraram num território longe do equilíbrio; mas as sementes desse desvio foram plantadas muito antes, quando o fundamentalismo do mercado surgiu como ideologia dominante e a liderança americana deu à globalização a forma que esta adquiriu. Este processo remonta à presidência de Ronald Reagan. A ordem mundial necessita de uma grande revisão. Há muito mais em jogo do que recuperar a posição privilegiada que os Estados Unidos ocupavam. Não quero parecer bombástico, mas acredito sinceramente que a nossa civilização está em perigo.

Nenhuma revisão é possível sem a liderança ou, pelo menos, a participação dos Estados Unidos. É por isso que temos de repensar profundamente o nosso papel no mundo. Não basta livrarmo-nos do Iraque; temos também de repudiar a guerra contra o terrorismo. Não basta voltar à política externa que tínhamos antes do 11 de Setembro; temos de reconhecer e estar à altura da nossa responsabilidade única enquanto líderes do mundo livre. Uma sociedade aberta tem de saber aprender com os seus erros – e encontrar uma forma mais eficiente de lidar com o terrorismo.

Não defendo uma nova ordem mundial radical, mas apenas uma mudança de atitude; de uma simples atitude de busca do interesse próprio nacional para uma demonstração de algum interesse pelos interesses comuns da humanidade. Mesmo esta ideia pode parecer utópica.

Mais uma vez, quero sublinhar que uma sociedade hedonista não gosta de encarar verdades desagradáveis. Os nossos políticos não estão dispostos a questionar a guerra contra o terrorismo; falarão eles ao eleitorado da nossa responsabilidade única para com o mundo? Como é que isto se irá conciliar com os interesses dos seus constituintes? Receio que os Estados Unidos tenham de sofrer mais revezes antes de os Americanos se convencerem a voltar a dedicar-se aos princípios da sociedade aberta. Quando isto acontecer, é provável que os Estados Unidos já não sejam a potência dominante que eram.

Tomarei a ordem mundial actual como ponto de partida e explicarei como pode ela ser aperfeiçoada. Este livro não pretende fazer uma análise alargada. Concentrar-me-ei apenas em algumas questões, que considero serem os problemas mais prementes. Como promover a democracia e lidar com casos como o de Saddam Hussein? Como abordar a proliferação nuclear e o aquecimento global? Como lidar com a maldição dos recursos? Como conservar a economia global equilibrada e reduzir as suas injustiças? Como já referi, a escolha destes problemas já reflecte a minha própria tendência. Vou considerá-los individualmente.

A PROMOÇÃO DA DEMOCRACIA

A abordagem de Bush

No seu segundo discurso de tomada de posse, o presidente Bush afirmou que a promoção da democracia em todo o mundo seria o ponto central do seu programa. Como o leitor sabe, tenho uma rede de fundações dedicadas à promoção das sociedades abertas e, por isso, eu devia ter acolhido bem o novo interesse do presidente. De início, estive tentado a fazê-lo, mas depressa percebi que os seus esforços, tal como muitos outros, podem mostrar-se contraproducentes, uma vez que se baseiam em presunções falsas e numa interpretação falsa da realidade. Tal como a invasão do Iraque fez com que fosse mais difícil lidar com casos como o de Saddam Hussein, a retórica do presidente Bush vai atrapalhar os esforços genuínos para promover o desenvolvimento democrático. Por exemplo, o apelo à mudança do regime no Irão prejudicou os defensores da sociedade aberta nesse país.

A democracia não pode ser introduzida pela força das armas. A Alemanha e o Japão tornaram-se democracias após a Segunda Guerra Mundial, mas esta guerra não foi travada para introduzir a democracia. A Alemanha e o Japão eram os agressores e quando perderam a guerra estavam preparados para uma mudança de atitude. O tratamento generoso que receberam dos vencedores reforçou a vontade de adoptarem um novo sistema político. Não foi isto que aconteceu no Iraque.

A abordagem das minhas fundações

Introduzir a democracia a partir de fora é uma questão melindrosa, porque a ordem mundial actual assenta na soberania dos Estados e estes têm o direito de resistir à intervenção externa. As minhas fundações não hesitam em envolver-se nas questões internas dos países – afinal de contas, a democracia é uma questão interna –, mas fazem-no como cidadãs dos países em causa. A rede consiste em fundações locais, cuja administração e pessoal são, na sua maioria, cidadãos locais que se responsabilizam pelas acções das fundações.

Cada fundação seguiu o seu próprio caminho – algumas com mais sucesso do que outras –, no entanto têm algumas características em comum. Seguimos uma estratégia de duas vias: apoiar a sociedade civil e ajudar o governo a tornar-se mais democrático e eficiente. A sociedade aberta é frequentemente confundida com a sociedade civil, mas necessita também de um governo funcional com o qual a sociedade civil possa interagir. Quando nos envolvemos na ajuda ao desenvolvimento, fazêmo-lo em cooperação com o governo – não há violação de soberania. Quando o governo é receptivo, a fundação pode fazer mais; quando é hostil, a fundação é mais necessária e, normalmente, os seus membros têm um maior sentido de dever.

Por vezes, as duas vias têm de ser seguidas separadamente: a fundação local concentra-se na sociedade civil e eu, enquanto representante de uma fundação estrangeira, lido com o governo. Por vezes, a segunda via nem sequer pode ser seguida. Nos países em que a fundação se encarrega das duas vias, estar associado a um governo particular pode tornar-se um problema: o governo seguinte pode querer desfazer o trabalho feito durante o anterior. Foi o que aconteceu na Hungria e na Bulgária: as fundações foram vistas como aliadas de uma determinada coligação partidária e atraíram a hostilidade da outra.

Desde cedo percebi que um dos contributos mais importantes que as fundações podem fazer é melhorar a capacidade dos governos a nível central e local. A sociedade civil é boa para criticar e monitorizar, mas tem de haver algo para ser monitorizado e a que se possa pedir contas. Fornecemos formação a funcionários do governo e oferecemos subsídios a cidadãos que fizeram a sua instrução no estrangeiro para regressarem ao seu país e trabalharem no governo. Pusemos também especialistas estrangeiros à disposição dos governos. Esta estratégia preencheu uma lacuna. Os países em que trabalhámos estavam cheios de especialistas estrangeiros enviados por vários países e instituições internacionais, mas não tinham homólogos no governo com quem pudessem interagir. Fornecemos aos governos especialistas estrangeiros que trabalhariam para eles e não para os doadores. Podiam lidar com os representantes das instituições internacionais em pé de igualdade e fazer avançar as coisas. Alguns países, como a Ucrânia, beneficiaram muito com esta abordagem. O único problema com a utilização de peritos estrangeiros é o facto de estes não ficarem indefinidamente; para conservar os conhecimentos dos peritos, criámos institutos de administração com pessoal local como assistentes e esperávamos assim reter algum do conhecimento depois de os peritos estrangeiros se irem embora.

222 | A ERA DA FALIBILIDADE

Durante estes primeiros tempos caóticos, agíamos por nossa conta e, normalmente, eu envolvia-me pessoalmente. Mas, em tempos normais, isso era inadequado; por isso, formámos parcerias com, entre outros, o Programa de Desenvolvimento das Nações Unidas (PDNU) e institucionalizámos a nossa ajuda. O PDNU realizou também iniciativas similares por sua conta em vários países. Destas, a mais bem sucedida talvez tenha sido na Nigéria, onde o presidente Olusegun Obasanjo queria trazer de volta uma funcionária do Banco Mundial, Ngozi Okonjo-Iweala, para fazer dela ministra das Finanças e, durante um período provisório, o PDNU pagou-lhe o salário do Banco Mundial (ela tinha filhos em escolas privadas na América, cuja educação tinha de pagar). Os interesses instalados, ameaçados pelas reformas, criticaram a iniciativa, mas Ngozi valia o seu peso em ouro.

Em cooperação com o PDNU, criei fundos de ajuda ao desenvolvimento em vários países, incluindo na Geórgia, após a Revolução das Rosas em 2003, quando caiu o regime do presidente Eduard Chevardnaze. O fundo pagava 1200 dólares por mês aos ministros do governo e um subsídio aos agentes da polícia. Isto permitiu ao presidente Mikhail Saakashvili atrair gente qualificada para o governo e remover os bloqueios de estrada erguidos pelos polícias, que costumavam extorquir dinheiro aos ocupantes dos veículos que passavam. O público ficou com a sensação de que as coisas estavam a mudar para melhor. Ainda que o esquema fosse administrado pelo PDNU, fui vítima de uma campanha malévola de propaganda orquestrada pela Rússia. Fui acusado de ter o governo georgiano a meu soldo. Tanto o PDNU como eu acreditamos que os fundos de ajuda ao desenvolvimento podem ser muito eficientes, mas têm de ser canalizados para instituições munidas de regras e processos bem estabelecidos, a fim de se evitarem as críticas a que estiveram expostos no passado. A Libéria é o primeiro país candidato a um destes fundos.

A Declaração de Varsóvia de 2000

As iniciativas privadas como a minha são uma coisa; a intervenção do governo nos assuntos internos de outros países é outra coisa bem diferente. A ordem mundial actual assenta nos princípios gémeos de soberania e não-intervenção, embora estes não sejam sempre observados. O princípio a ser estabelecido afirma que é do interesse colectivo de todas as democracias promover o desenvolvimento da democracia em todos os outros países. O princípio foi integrado na Declaração de Varsóvia de 2000 e assinado por 107 Estados (mais do que o número de verdadeiras democracias no mundo), mas, tal como a maioria deste tipo de declarações, foi um gesto vazio.

O princípio pode ser justificado a vários níveis. Em primeiro lugar, no nosso mundo cada vez mais interdependente, aquilo que se passa em alguns países pode ter repercussões nos interesses vitais de outros países. Os Talibãs e a Al-Qaeda no Afeganistão constituíam uma ameaça para a segurança nacional dos Estados Unidos. Em segundo lugar, a liberdade e a democracia são uma aspiração humana universal. Em terceiro, é também um ingrediente essencial do desenvolvimento económico, como mostrou Amrtya Sen no seu livro *Development as Freedom*[19]. Em quarto, ainda que a democracia seja um assunto interno, requer muitas vezes a ajuda externa. Alguns governos não têm capacidade, outros pretendem manter-se no poder. As pessoas não se podem proteger da repressão e a intervenção externa pode ser a única salvação. Quais são, portanto, as regras que devem reger a intervenção externa?

A responsabilidade de proteger

Temos de fazer uma distinção entre intervenções construtivas e intervenções punitivas. Não há conflito entre

---

[19] Amartya Sen, *Development as Freedom* (Nova Iorque, Alfred A. Knopf, 1999) [*O Desenvolvimento Como Liberdade*, Gradiva, Lisboa, 2003].

a intervenção construtiva, exemplificada pelas minhas fundações, e o princípio de soberania nacional, uma vez que os países em causa a aceitam voluntariamente. O problema surge quando um governo rejeita a ajuda externa sobre a qual não pode exercer controlo.

Apareceu uma doutrina para justificar a intervenção punitiva. Chama-se «a responsabilidade de proteger». Segundo esta doutrina, a soberania pertence ao povo e este confia-a ao governo. Quando o governo abusa dessa confiança e viola os direitos humanos do povo, a comunidade internacional tem a responsabilidade de proteger as pessoas. Esta doutrina começou a ganhar algum reconhecimento e é quase totalmente aceite nos Estados Unidos, mas levanta duas questões: em primeiro lugar, quem constitui a comunidade internacional? Em segundo, a doutrina só pode ser aplicada aos casos mais graves de violação dos direitos humanos. O que pode ser feito em casos menos graves e, por isso, mais promissores?

Como a doutrina nasceu nas Nações Unidas, a instituição óbvia para representar a comunidade internacional é a ONU. Infelizmente, as Nações Unidas raramente chegam a acordo; por conseguinte, é concebível que uma coligação fora das Nações Unidas tenha de agir em nome da comunidade internacional. Foi o que sucedeu no Kosovo, onde a NATO assumiu a liderança das operações. A intervenção funcionou porque tinha o apoio tácito da Rússia, que se sentiria na obrigação de vetar uma resolução no Conselho de Segurança. A Rússia foi fundamental para convencer Slobodan Milosevic a ceder sem luta.

Apoiei e até encorajei a intervenção da NATO, primeiro na Bósnia e, depois, no Kosovo, mas opus-me firmemente à invasão do Iraque. Isto porque os Estados Unidos agiram de forma unilateral e arbitrária e, deste modo, puseram em causa a legitimidade da comunidade internacional para intervenções futuras. O Kosovo já foi um caso limite; a invasão do Iraque foi, de facto, uma violação do direito internacional e desacreditou o princípio da responsabilidade de proteger.

Ironicamente, a invasão do Iraque fez com que fosse mais difícil lidar com casos como o de Saddam Hussein. Saddam era um tirano hediondo e a maioria das pessoas concordaria que é bom estarmos livres dele. Mas há muito mais tiranos no mundo: Kim Jong-il na Coreia do Norte, Tan Shwe em Mianmar, Robert Mugabe no Zimbabué, Saparmurat Niyazov no Turquemenistão, Islam Karimov no Uzbequistão e Bashar Assad na Síria, para mencionar apenas os piores violadores dos direitos humanos. O que fazer com os casos como Saddam é um dos grandes problemas da ordem mundial actual e a invasão do Iraque afastou-nos ainda mais da solução.

Desde a invasão do Iraque que a comunidade internacional se encontra num estado de confusão. Qualquer proposta dos Estados Unidos é vista com a maior

O QUE ESTÁ ERRADO COM A ORDEM MUNDIAL? | 227

suspeição e rejeitada quase automaticamente por outros países; ao mesmo tempo, os Estados Unidos são representados nas Nações Unidas por John Bolton, protegido de Dick Cheney, que pretende transformar a ONU num instrumento dos Estados Unidos. Como resultado, as Nações Unidas ficaram praticamente num impasse: não houve qualquer progresso nos Objectivos de Desenvolvimento do Milénio; a proposta de criação de um Conselho dos Direitos Humanos foi aprovada com grande dificuldade, com a oposição quase solitária dos Estados Unidos; e algumas reformas administrativas muito necessárias foram rejeitadas por terem sido propostas pelos Estados Unidos. A América tem de proceder a uma mudança fundamental de comportamento antes que a responsabilidade de proteger possa ser adequadamente exercida.

Envolvimento construtivo

Mesmo que os Estados Unidos conseguissem recuperar a sua posição como líderes da comunidade internacional, o segundo problema mantinha-se. A responsabilidade de proteger aplica-se apenas em casos extremos; mas como aplicar pressão em casos menores? Sugere-se um princípio simples: devíamos fazer muito mais no plano construtivo. O envolvimento construtivo não viola o princípio de soberania e, mais importante, a diminuição da ajuda também não o viola. Quanto mais fizermos no plano construtivo, mais opções teremos para impor castigos. Além disso, o desenvolvimento democrático quase não precisa de ajuda externa. Digo isto desde que me envolvi na promoção das sociedades abertas, mas de pouco serviu. Criei as minhas fundações em países como a Ucrânia, na esperança de que outros seguissem o exemplo, mas, quando olhei para trás, não havia ninguém. Pelo contrário, a ordem mundial actual tende para a direcção oposta. Atribuo isso ao domínio do fundamentalismo do mercado. Dar assistência vai contra os princípios, mas impor a disciplina do mercado já é correcto.

Uma mudança de atitude por parte dos Estados Unidos implicará mais do que aceitar a responsabilidade única da liderança mundial; implicará uma revisão do papel dos mercados e do papel do governo a nível interno. Os Estados Unidos não podem liderar um envolvimento construtivo no estrangeiro sem o fazerem no próprio país.

Uma falácia fundamentalista

Isto levanta uma questão: que papel devem os governos desempenhar na economia? Os fundamentalistas do mercado querem afastar o governo de toda a economia, e odeiam ainda mais as instituições internacionais do que as nacionais. O problema é que os fundamentalistas do mercado têm razão quando afirmam que os governos não servem para dirigir a economia, e isto é mais verdade na arena internacional do que na interna. A ajuda externa tem sido notoriamente ineficiente. De uma forma geral, foram os falhanços dos governos enquanto agentes económicos que levaram à ascensão do fundamentalismo do mercado. Estarei a defender um regresso à intervenção governamental na economia numa escala internacional?

No que respeita a esta questão, penso ser um erro considerar-se apenas uma ou outra perspectiva. É necessário alguma intervenção governamental tanto no plano interno como externo, mesmo que os governos não sejam adequados para dirigirem a economia. As distorções e ineficiências introduzidas pelas regulamentações governamentais podem ser minimizadas usando incentivos e castigos que funcionam no mecanismo do mercado. Que os mercados façam aquilo que fazem melhor, nomeadamente, distribuir recursos; mas certifiquemo-nos de que as necessidades colectivas, que normalmente são ignoradas pelos mercados como coisas externas, tenham um reconhecimento adequado no processo de distribuição.

Tanto as regulamentações governamentais como os mercados têm as suas forças e fragilidades. O facto de um ser imperfeito não torna o outro perfeito. Esta é a falácia de todo o fundamentalismo: os fundamentalistas precisam de certezas e de soluções perfeitas. Quando uma solução falha, esperam que o seu oposto seja perfeito. Oponho-me tanto ao fundamentalismo do mercado como ao domínio do Estado ou ao controlo dos recursos produtivos. No entanto, penso que o pêndulo tendeu demasiado para o lado do fundamentalismo do mercado. Como já disse, a globalização foi um projecto do fundamentalismo do mercado. O comunismo e outras formas de controlo governamental foram desacreditados; é por isso que presto menos atenção às suas deficiências.

Deficiências da ajuda externa

As deficiências do envolvimento construtivo dos governos podem ser mais bem apreciadas se comparadas com as minhas fundações. Há duas características que se destacam. Os governos tendem a dar preferência aos seus interesses nacionais ou aos interesses dos seus cidadãos, em detrimento dos interesses dos povos que supostamente deviam ajudar. Podemos ver isto no modo como a ajuda externa é administrada: os interesses dos doadores têm precedência sobre os interesses dos beneficiários. Os governos preferem também lidar com outros governos do que com organizações não governamentais. O Banco Mundial e o Fundo Monetário Internacional, de acordo com as suas constituições, são obrigados a exigir garantias governamentais. Como resultado, a ajuda tende a favorecer o papel dos governos na economia, e essa ajuda pode nunca chegar ao povo, sobretudo nos regimes repressivos, corruptos e incompetentes.

Isto não significa que as minhas fundações sejam perfeitas. Elas funcionam por tentativa e erro, e os erros são muitos. Estou disposto a aceitar os erros e a abandonar os projectos quando falham. Isto dá-nos uma vantagem relativa. As burocracias têm dificuldade em aceitar o falhanço, o que as torna avessas ao risco. Podemos tolerar riscos; por isso, podemos colher maiores proveitos. Outro factor importante que funciona a nosso favor é o facto de as pessoas envolvidas nas fundações estarem genuinamente interessadas no bem-estar dos beneficiários. Esta característica podia ser imitada nas organizações oficiais. Se uma organização se dedica a uma missão específica, as pessoas que nela trabalham guiam-se geralmente por essa missão. Isto acontece com o Fundo Monetário Internacional e com o Fundo Global de Luta Contra a SIDA, a Tuberculose e a Malária. A chave é definir bem a missão e dar à instituição a independência e os recursos de que ela necessita.

Aprecio particularmente o Fundo Global de Luta Contra a SIDA, a Tuberculose e a Malária. Tem uma missão bem definida e importante e usa muitos dos métodos aplicados nas minhas fundações. Tem poucos funcionários, recebe propostas de fontes tanto governamentais como não governamentais e faz doações baseados no mérito e não em quotas. Tem a coragem de suspender os projectos quando as condições são violadas e é capaz de reexaminar e aperfeiçoar as suas próprias operações. Infelizmente, não tem financiamentos suficientes. No início, a administração Bush ultrapassou a sua aversão às organizações internacionais e apoiou o Fundo Global. Isso deveu-se ao sucesso formidável de Bono, o cantor de *rock*, que mobilizou as comunidades religiosas a favor da luta contra a SIDA. Mas a administração estabeleceu o seu próprio programa, o PEPFAR (President's Emergency Plan for HIV/AIDS Relief). O montante total aplicado na luta contra a SIDA aumentou, mas a administração Bush já não contribui para o Fundo Global.

Como tornar mais eficientes as intervenções construtivas é uma questão complexa. Não quero demorar-me em pormenores, sobretudo porque já abordei o assunto noutro livro[20]. O que quero destacar é que precisamos de mais intervenções construtivas. A ordem mundial actual tende a favor da não intervenção e da acção punitiva.

[20] George Soros, *The Bubble of American Supremacy* (Nova Iorque, PublicAffairs, 2003).

A causa da promoção das sociedades abertas

Normalmente, quando se pensa numa intervenção punitiva, já é demasiado tarde. Quando um regime é demasiado repressivo, a comunidade internacional tem muito pouca margem de manobra. Veja-se o caso de Mugabe no Zimbabué ou de Karimov no Uzbequistão. Continuam a cometer atrocidades e a comunidade internacional é incapaz de os travar. Os regimes menos repressivos podem ser derrubados por revoluções. Esta foi a lição das chamadas revoluções coloridas na Geórgia, na Ucrânia e no Quirguistão: para se dirigir um regime repressivo, é preciso ser implacável. Para evitar que esta lição se difunda pelo mundo, a intervenção construtiva devia começar mais cedo e fazer sentir os seus efeitos numa escala muito maior. A intervenção construtiva não pode começar suficientemente cedo. Como, de início, é impossível prever a situação que culminará num regime sem salvação, o melhor remédio é promover o desenvolvimento democrático sempre que possível.

As políticas da administração Bush estão cheias de contradições. O presidente Bush criticou a «construção de nações» no debate televisivo das eleições de 2000 e estava longe de pensar na construção de nações quando ordenou a invasão do Afeganistão. Tivemos a oportunidade de fazer uma boa demonstração do desenvolvimento democrático no Afeganistão, mas não a aproveitámos. No entanto, defendemos a democratização noutros países.

Num artigo publicado no *Washington Post*, tentei explicar como fazê-lo no Afeganistão[21]. Devíamos ter ajudado directamente as comunidades, pagando os salários dos professores, juízes e outros funcionários em nome do governo central. As Nações Unidas estavam bem representadas no Afeganistão, com várias centenas de funcionários que sabiam o que fazer. Se tivéssemos enviado tropas sob a égide das Nações Unidas para guardarem o dinheiro que estava a ser distribuído, teriam sido bem recebidas e a autoridade do governo central ficaria bem estabelecida. Mas isso era estranho à mentalidade da administração Bush. Nestas circunstâncias, fizemos alianças com os senhores da guerra e mais não fizemos do que estabelecer a autoridade desses senhores; deste modo, consolidámos um sistema económico e político baseado no cultivo ilegal de droga[22].

[21] George Soros, «Assembling Afghanistan», *Washington Post*, 3 de Dezembro de 2001.

[22] Apresento medidas práticas para apoiar as minhas opiniões. A minha fundação financiou um grupo de trabalho dirigido por Ashraf Ghani, funcionário afegão do Banco Mundial, e por Barnett R. Rubin, especialista americano no Afeganistão, para elaborarem planos para uma transição política. Desempenharam um papel importante na preparação da conferência de Bona e da *Loya Jirga*, que estabeleceu as bases legais para um Estado democrático.

O QUE ESTÁ ERRADO COM A ORDEM MUNDIAL? | 235

Existe uma confusão no espírito do presidente Bush acerca do que significa democracia. Quando ele diz que a democracia vencerá, na verdade, está a dizer que a América vencerá. Mas um governo democrático tem de ganhar o apoio do eleitorado, e isso não é necessariamente o mesmo que apoiar os Estados Unidos. A contradição foi evidente nas eleições recentes no Egipto e ainda mais na Palestina. Após a vitória do Hamas, é provável que administração Bush reveja e abandone silenciosamente o seu programa de democratização no Médio Oriente. Mas isso seria lamentável, já que vários países estão presos em dilemas dos quais não podem sair sem o desenvolvimento democrático.

A vitória do Hamas é considerada uma derrota para a política da promoção da democracia. A minha opinião é diferente. As eleições livres ajudam a clarificar as questões, ainda que possam levar as pessoas erradas ao poder.

Ashraf Ghani tornou-se depois ministro das Finanças e criámos um fundo de ajuda ao desenvolvimento sob a sua supervisão para convencer outros expatriados a regressarem ao Afeganistão e trabalharem no governo. Ashraf Ghani saiu do governo após as eleições e o fundo cumpriu a sua missão e não foi refinanciado. Continuamos a apoiar a sociedade civil através de grupos como a Fundação para a Cultura e Sociedade Civil. É evidente que estes pequenos esforços não fizeram grande diferença na forma como as coisas se desenvolveram. Ghani é actualmente director da Universidade de Cabul.

236 | A ERA DA FALIBILIDADE

Não me envolvi profundamente nos assuntos israe-
litas, mas visitei Israel a convite do primeiro-ministro
Yitzhak Rabin, na altura em que as conversações de
paz estavam no auge. Rabin falava ao telemóvel com
Yasser Arafat durante o jantar e o ambiente era eufó-
rico. Perguntei a Rabin se seria possível incluir o
Hamas no acordo. Falei-lhe da minha experiência na
Polónia, onde jantei em privado com Wojciech Jaruzelski, por ocasião da criação de uma fundação nesse
país *antes* do acordo com o Solidariedade. Jaruzelski
disse-me que estava disposto a falar com todos, menos
com o Solidariedade, porque os dirigentes desta organização eram traidores que tinham apelado a sanções
comerciais que deixaram as crianças à fome. Disse-lhe
que ele estava enganado: os dirigentes do Solidariedade eram patriotas que estavam dispostos a sacrificar
a sua própria base de apoio, a indústria pesada, pela
Polónia (a indústria pesada era a que sofreria mais
numa economia de mercado). Só pode haver acordo
com a organização que representa o povo. Percebi que
o meu discurso o impressionara. Com esta experiência, não posso deixar de acreditar que um acordo com
o Hamas seria mais duradouro do que um acordo con-
cluído com uma autoridade palestiniana que não goza
da confiança do povo. O acordo feito com Arafat não
durou muito.

Sei que é um desafio à imaginação. As hipóteses de
se chegar a um acordo com o Hamas são praticamente

nulas. O Hamas não é o Solidariedade: é uma organização islamista militante, e Israel não está disposto a correr riscos. Contudo, não consigo deixar de pensar que, com uma diplomacia hábil, poderia haver uma abertura para se produzir uma separação entre os dirigentes locais do Hamas, que ganharam as eleições e têm uma obrigação para com o povo da Palestina para melhorar as suas condições de vida, e os dirigentes expatriados baseados na Síria e apoiados pelo Irão.

Consideremos outro caso difícil: o Paquistão. O presidente Pervez Musharraf é um aliado muito incerto e pouco fiável: os principais líderes da Al-Qaeda escondem-se no Paquistão e o ressurgimento dos talibãs tem o apoio de elementos do interior deste país. O presidente Musharraf diz que a escolha é entre ele e os fundamentalistas islâmicos; com o Paquistão na posse de armas nucleares, a escolha é óbvia. Mas Musharraf tem alianças com os partidos religiosos, o que faz com que lhe seja difícil exercer pressão sobre eles. Poucos esforços se fizeram para reformar as madraças e o Estado despende menos de 2% do seu orçamento na educação. Mesmo assim, os partidos religiosos recolheriam apenas uma minoria dos votos em eleições livres. Os dois partidos moderados que alternavam no poder quando os militares autorizaram a realização de eleições têm raízes profundas na sociedade, apesar de todos os esforços da ditadura militar para os destruir. Musharraf acusa-os de serem corruptos; mas os milita-

238 | A ERA DA FALIBILIDADE

res não são melhores. O próprio Musharraf não é tão popular como os seus apoiantes nos querem fazer crer; é por isso que ele recusa cumprir a sua promessa de realizar eleições; é por isso, também, que tem de depender dos partidos religiosos. Trata-se de um caso em que as eleições livres poderiam resolver aquilo que é apresentado como um problema irresolúvel. O verdadeiro problema é como convencer os militares a realizarem eleições livres.

O Egipto tem algumas semelhanças com o Paquistão; a maior diferença é que, em eleições livres, a Irmandade Muçulmana ganharia a maioria. Depois, há o enigma da Arábia Saudita: se este país se abrisse, quem sabe o que se descobriria. O facto é que o Médio Oriente tem sido profundamente afectado por uma longa história de intervenções ocidentais com o objectivo de controlarem os recursos naturais, sobretudo o petróleo, e não para criarem democracias. Esta é uma das razões por que há tão poucas democracias nesta região.

A situação não pode ser mudada de um dia para o outro. Criar sociedades abertas é um processo longo e difícil e não começa, necessariamente, com eleições livres. Quando a população é iletrada e há recursos valiosos em jogo, as eleições livres podem ser uma receita para a instabilidade. Os países ricos em recursos com eleições livres, mas sem a autoridade da lei, têm taxas de crescimento mais baixas do que os países autocráticos[23]. A administração Bush optou pela solução errada pela razão errada. Quando as consequências adversas se tornarem visíveis, é provável que a política seja abandonada. Isso seria lamentável. Criar sociedades abertas continua a ser a única via de progresso.

Mesmo que o objectivo de promover sociedades abertas sobreviva à administração Bush, as políticas do governo americano já terão feito estragos duradouros. A guerra contra o terrorismo e a invasão do Iraque destruíram a autoridade moral da América. Além disso, revelaram algumas deficiências fulgurantes na América enquanto modelo exemplar. O resto do mundo vê a defesa da democracia e dos direitos humanos da administração Bush como uma capa para o imperialismo americano e fala de dualidade de critérios. Isto fará com que, no futuro, a América tenha mais dificuldade em pregar a liberdade e a democracia. A aspiração à liberdade e democracia continuará, mas as pessoas terão de prosseguir a luta pela liberdade ao arrepio da retórica do presidente Bush.

---

[23] Paul Collier e Anke Hoeffler, «Oil Democracies» (University of Oxford, Department of Economics, 14 de Junho de 2005, p. 2).

A PROLIFERAÇÃO NUCLEAR

Quero fazer referência a outros dois problemas não resolvidos da ordem mundial actual: a proliferação nuclear e o aquecimento global. Na Guerra Fria, as mentes mais brilhantes de ambos os lados empenharam-se em descobrir como garantir que as armas nucleares não fossem utilizadas. Os estrategas acabaram por perceber que a existência de grandes arsenais de armas nucleares tornava a guerra nuclear impensável, pois resultaria numa Destruição Mútua Garantida. Os acordos internacionais que se seguiram limitaram a realização de testes nucleares e tentaram implementar um regime mundial de não-proliferação nuclear. Mesmo assim, tivemos algumas escaramuças.

O problema que surgiu desde o fim da Guerra Fria é muito mais complexo e não tem solução à vista. Embora haja tratados e outros acordos para evitar a proliferação dos Estados com armas nucleares, existem também fortes incentivos que levam os países a decidirem adquirir armas nucleares. Nasceu então um sistema de classes, que divide o mundo entre os que têm e os que não têm armas nucleares. O Tratado de Não--Proliferação Nuclear permite que apenas os cinco Estados que testaram engenhos nucleares até 1 de Janeiro de 1967 sejam considerados potências nucleares. Todos os outros Estados estão proibidos de desenvolver armas nucleares, mas conservam o «direito inalienável» à tecnologia nuclear para fins pacíficos. Na prática, os três Estados (Índia, Paquistão e Israel) que não assinaram o Tratado de Não-Proliferação (TNP) acabaram por ver aceite o seu estatuto nuclear. A Índia e o Paquistão foram ostracizados durante algum tempo, mas o mundo acabou por aceitar o facto consumado. O mesmo processo pode ocorrer agora com os Estados que abandonaram o TNP, como a Coreia do Norte fez e o Irão pode estar a pensar fazer.

A doutrina Bush, que afirma o direito da América à acção militar preventiva, reforçou os benefícios de se ser uma potência nuclear. Ao invadir o único membro do «eixo do mal» que não tinha um programa nuclear, Bush mostrou que os países que possuem armas nucleares estão isentos da doutrina Bush. Embora exista uma agência internacional de detecção eficiente e sofisticada, a sua missão tem sido dificultada pela difusão do saber técnico nuclear. O acesso mais fácil à tecnologia nuclear – difundido por organizações como a rede nuclear de A. Q. Khan – faz com que as nações possam contornar mais facilmente as salvaguardas internacionais. A falta de vontade internacional de actuar rapidamente para travar as actividades de proliferação, como as de A. Q. Khan, prejudica também o regime internacional de não-proliferação. Nestas circunstâncias, os incentivos tendem a ultrapassar os condicionalismos. Quanto mais países adquirirem armas nucleares, maior é a pressão sobre os outros para fazerem o mesmo. As tensões regionais e o armamento nuclear no Sul e Leste da Ásia tornam as armas nucleares atractivas para os vizinhos. Os esforços de modernização nuclear desenvolvidos pelas duas maiores potências nucleares aumentam a importância percebida das armas nucleares para a segurança nacional. Os incentivos podem não ser suficientemente fortes para levarem os países a violarem o tratado de não-proliferação, mas têm todas as razões para alinhar na linha de partida. É para aonde vários países se encaminham. Além da Coreia do Norte e do Irão, acredita-se que países como a Argentina, o Brasil e o Japão tenham capacidade de usar a sua tecnologia nuclear para, se quiserem, produzirem armas nucleares. Estima-se que, para além dos nove países que produziram armas nucleares, mais de 40 podem produzir armas nucleares se estiverem dispostos a aplicar os recursos necessários. Entre estes Estados com capacidade nuclear e as armas nucleares existe apenas o tabu cada vez mais esbatido contra a posse de armas nucleares.

Ainda que a proliferação de armas nucleares constitua uma ameaça para a humanidade, os argumentos para a não-proliferação sofrem com o facto de os Estados com armas nucleares não terem cumprido as suas obrigações de acordo com o pacto de não-proliferação: deram muito poucos passos para o desarmamento completo, como era exigido pelo Artigo VI do TNP. Além disso, os Estados Unidos mantêm a opção de

O QUE ESTÁ ERRADO COM A ORDEM MUNDIAL? | 243

desenvolver novas armas nucleares e, na sua política de defesa nacional, juntam armas nucleares e armas convencionais. O novo conceito de defesa integrada da administração Bush, o New Triad, levanta muitas das restrições ao uso de armas nucleares. Os Estados Unidos continuam também a afirmar o direito de utilizarem armas nucleares sempre que o decidirem.

A situação é muito mais perigosa do que na Guerra Fria, mas dá-se muito menos atenção ao assunto do que se dava durante aquele conflito. As mentes mais brilhantes não se envolvem. A discussão pública, quando existe, concentra-se no problema de os terroristas poderem ter armas de destruição maciça. Isto é um engano. A própria expressão «armas de destruição maciça» é enganadora, uma vez que engloba armas de características muito diferentes. A ameaça mais poderosa, na minha opinião, é a proliferação de armas nucleares nas mãos dos Estados. Esta ameaça não recebe a atenção que merece.

Há poucas esperanças numa solução, já que os Estados Unidos estão a modernizar o seu arsenal estratégico e continuam a conceber planos para usar armas nucleares. Uma solução só seria possível se fosse negociado um novo acordo de não-proliferação – um novo tratado de não-proliferação que colocasse *todos* os programas nucleares sob a supervisão internacional. Este acordo não privaria os Estados Unidos e os outros países das suas armas, mas estas ficariam sob supervisão internacional para garantir a detecção imediata se um país decidisse usar armas nucleares. Mas, como já existe grande quantidade de urânio enriquecido, os países podem comprar matéria físsil sem que tenham de a produzir. Por isso, a outra componente necessária do tratado teria de implementar um controlo internacional da produção e utilização das matérias físseis necessárias à construção de armas nucleares. Este acordo iria contra a ideia geral de que a soberania americana é sacrossanta, mas poderia tornar o mundo num lugar mais seguro.

Os Estados Unidos estão convencidos de que o Irão quer ter armas nucleares, e o Irão nada fez para desmentir esta convicção. O mundo está a seguir o rumo do confronto. Só não sabemos quando. Como disse no capítulo anterior, acredito que seja possível chegar a um acordo com o Irão, mas não podemos deixar que este país se torne uma potência nuclear. O Irão foi o país que mais beneficiou com a invasão do Iraque, mas, se exagerar, pode perder todos os benefícios. Se o Iraque se transformar num confronto entre xiitas e sunitas, é provável que o Irão se envolva. Uma promessa de retirada das tropas americanas poderia servir, simultaneamente, como ameaça (porque os Estados Unidos ficariam livres para bombardear as instalações nucleares iranianas) e como estímulo à cooperação num acordo político (porque este acordo consolidaria os benefícios que o Irão já obteve sem que tivesse de os pôr em risco com uma guerra). O Irão sofreu muito durante os oito anos de luta com Saddam Hussein e mais uma guerra pode não ser muito atraente para, pelo menos, alguns segmentos da estrutura do poder. Desistir do programa nuclear poderia não ser um grande sacrifício, sobretudo se a comunidade internacional estivesse disposta a empenhar-se num novo acordo de não-proliferação que colocasse todas as armas nucleares existentes sob supervisão internacional e impusesse um travão a todas as outras iniciativas de desenvolvimento da capacidade nuclear. Se a maior parte do mundo concordasse com os termos deste tratado, o Irão teria dificuldades em resistir e, se o fizesse, a acção preventiva por parte dos Estados Unidos teria menos consequências adversas do que agora.

O AQUECIMENTO GLOBAL

Outro problema cuja solução requer a cooperação internacional é o aquecimento global. Trata-se de uma causa à qual só recentemente me converti. Pensava que já estava demasiado ocupado e que, por isso, devia deixar os problemas ambientais para os outros. Mas o problema do aquecimento global tornou-se de tal modo visível que já não podia ignorá-lo. Fiquei impressionado com a apresentação convincente do ex-vice--presidente Al Gore. Falei disso com alguns cientistas, que me confirmaram que a opinião científica é unânime relativamente aos perigos; só divergem quanto à velocidade do processo. Há muitos efeitos que só se manifestam mais tarde; de facto, mesmo que hoje se acabasse com todas as emissões de carbono, o aquecimento dos oceanos continuaria a ocorrer durante algum tempo. As temperaturas médias são agora mais elevadas do que em qualquer outra época da história da humanidade; portanto, este aquecimento representa uma ameaça real para a sobrevivência da civilização humana. A situação não é desesperante porque temos uma capacidade de adaptação maior do que pensamos, mas o perigo é real e não há tempo a perder.

Infelizmente, a administração Bush nega as realidades. A opinião pública está muito mais consciente do que o governo americano acerca do aquecimento global, mas há muita confusão e mentiras propagadas pelos interesses especiais. A Exxon-Mobil tem sido um dos maiores patrocinadores de grupos de pressão cujo objectivo é confundir o público. Várias publicações científicas são unânimes acerca da existência de um sério problema criado pelo homem; na comunicação social, porém, as opiniões dividem-se. Isto é resultado desses grupos de pressão. No entanto, as cidades e os estados estão a tomar medidas; só não há acção a nível federal.

A comunidade internacional chegou a acordo no Protocolo de Quioto, em 1997, que o presidente Clinton assinou nos últimos dias da sua presidência. O presidente Bush rejeitou o Protocolo pouco depois de ter sido eleito e nunca propôs uma verdadeira alternativa. Prometeu desenvolver o hidrogénio como combustível limpo alternativo, mas não existe tecnologia que se tenha mostrado eficiente e, mesmo que existisse, levaria demasiado tempo a desenvolver; portanto, foi apenas uma desculpa para não fazer nada. De uma forma geral, sabe-se que o Protocolo de Quioto é inadequado, mas é um ponto de partida útil. O protocolo não se aplica aos países em desenvolvimento, mas a China e a Índia estão a desenvolver-se tão depressa que terão de ser incluídos na próxima ronda. Além disso, as metas definidas foram demasiado modestas, porque o sistema sobre os direitos de poluição que o Protocolo criou recompensa os que reduzem as emissões sem penalizar os que as aumentam. Por exemplo, um país pode ser recompensado por produzir etanol, mas a destruição de florestas tropicais não é penalizada. Assim, as metas do Protocolo de Quioto podiam ser alcançadas sem se diminuir significativamente o aquecimento global.

Ainda que o Protocolo de Quioto tenha sido aplicado sem a participação dos Estados Unidos, o progresso futuro depende de uma mudança da atitude deste país. Existem planos para mobilizar a opinião pública americana e eu espero que isso faça alguma diferença.

PERSPECTIVAS ECONÓMICAS

Na altura em que escrevo este livro, a economia global encontra-se estável. Existem alguns desequilíbrios fundamentais, dos quais os mais fulgurantes são o défice comercial dos Estados Unidos e o excedente comercial asiático, mas estes desequilíbrios podem durar por tempo indefinido, porque quem está disposto a pedir emprestado encontra sempre alguém disposto a emprestar. Não há sinais de uma crise financeira e os mercados globais têm sido notavelmente flexíveis para absorverem os choques, como o aumento do preço do petróleo. As autoridades financeiras estão seguras de que, com uma boa supervisão financeira, os mercados podem cuidar de si mesmos. Talvez a única nuvem no horizonte seja o facto de alguns países em desenvolvimento, como a Indonésia, a África do Sul e vários países da América Latina, não se estarem a desenvolver suficientemente depressa para satisfazerem as aspirações do povo; estão assim criadas as condições para o descontentamento político, mas as autoridades financeiras internacionais não parecem qualificadas para abordar o problema.

Penso que a calma actual não vai durar muito. Como já disse, acredito que a economia global tem sido sustentada por uma explosão imobiliária que adquiriu as características de uma bolha. Em alguns países, sobretudo no Reino Unido e na Austrália, a bolha decresceu, mas daí não resultaram perturbações sérias. O consumo caiu, mas uma diminuição modesta das taxas de juro foi suficiente para estabilizar os preços das casas e o consumo. A isto chama-se uma aterragem suave, que encorajou as autoridades a pensarem que o mesmo acontecerá nos Estados Unidos. Tenho uma opinião diferente. Há razões para acreditar que o abrandamento dos preços das casas nos Estados Unidos terá repercussões mais severas do que nos outros países. Uma das razões é a dimensão absoluta da economia dos Estados Unidos. Um abrandamento nos Estados Unidos terá repercussões na economia global, mas a Austrália e o Reino Unido são demasiado pequenos para que um abrandamento produza grandes efeitos. Outro factor é o facto de, nos Estados Unidos, o aumento dos preços ter sido acompanhado pelo aumento do volume da construção, enquanto que, no Reino Unido, a construção se manteve estável. Isto criou um excesso de oferta nos Estados Unidos, que levará tempo a estabilizar. Por último, nos Estados Unidos, as condições de crédito foram mais facilitadas do que em qualquer outro lado e estão agora a ser revistas. Todos estes factores combinados irão assegurar que os preços das casas, quando abrandarem, não voltem a subir muito em breve. Como já referi, prevejo que a aterragem suave inicial se transforme numa aterragem dura quando o abrandamento não parar. Um abrandamento nos Estados Unidos repercutir-se-á no resto do mundo através de um dólar mais fraco. É por isso que prevejo um abrandamento mundial a partir de 2007.

É claro que posso estar enganado. Já me enganei antes. Pode não ser prudente exprimir esta tese, uma vez que, depois de publicada, é difícil voltar atrás ou modificá-la. Exprimo-a como exemplo do género de perturbação que, mais cedo ou mais tarde, irá ocorrer. O que pretendo dizer é que a economia global está sujeita a perturbações periódicas e que será necessária a cooperação internacional para manter essas perturbações dentro dos limites.

Mesmo na ausência de uma crise, existe algo de perverso na constelação actual. As poupanças do mundo são canalizadas para o centro para financiarem o consumo excessivo do maior e mais rico país, os Estados Unidos. Isto não pode continuar por tempo indefinido e, quando acabar, a economia global irá sofrer uma insuficiência de procura. Os países asiáticos que estão a financiar o excessivo consumo americano fariam bem em estimular o consumo doméstico, mas, mesmo que o consigam fazer, poderá haver uma carência temporária. As autoridades financeiras internacionais deviam fazer planos de contingência, mas não vejo sinais disso[24]. No passado, propus que o Fundo Monetário Internacional

---

[24] Esta afirmação já não é válida, graças ao comunicado do G7 de 22 de Abril de 2006.

emitisse Direitos Especiais de Saque (DES), em que os países ricos reservam as suas dotações para a ajuda internacional. Há dificuldades técnicas – os DES exigiriam dotações orçamentais –, mas, se a minha previsão de um abrandamento global em 2007 se realizar, trata-se de um esquema que deve ser agora implementado.

CONCLUSÃO

Já muito se disse para mostrar que a ordem mundial actual enfrenta problemas ainda não resolvidos. Alguns desses problemas, como a proliferação nuclear e o aquecimento global, podem colocar em perigo a nossa civilização; outros são menos catastróficos. A nossa civilização já conheceu muitos tiranos e muitas crises financeiras, e sobreviveu a tudo isso. No entanto, o mundo seria um lugar melhor se fosse possível haver algum progresso nestas questões. Isso requer uma cooperação internacional maior do que aquela que hoje é possível. A responsabilidade cabe aos Estados Unidos. Os Estados Unidos têm de recuperar a sua posição como líderes legítimos do mundo livre, não só para seu próprio bem, mas também para o bem do resto do mundo. Uma ordem mundial baseada na soberania dos Estados requer a liderança de um Estado soberano suficientemente forte para ocupar essa posição e suficientemente perspicaz para dar atenção aos interesses comuns de um mundo interdependente. A liderança americana nem sempre foi iluminada, mas os Estados Unidos são, actualmente, o único país que se pode candidatar à posição.

Para voltarem a ser os líderes legítimos do mundo livre, os Estados Unidos terão de fazer mais do que apenas regressar às políticas que seguiam antes do 11 de Setembro. Terão de levar a cabo uma política externa verdadeiramente humilde, respeitando a opinião dos outros e dando atenção aos interesses destes. Isto não pode ser feito por uma sociedade hedonista. Receio que a América não esteja preparada para resistir à manipulação da verdade que caracteriza o processo político, nem tão-pouco para subordinar os seus interesses próprios a um maior interesse comum. Como resultado, é pouco provável que os Estados Unidos recuperem a sua posição de liderança. Nos últimos cinco anos, a América já perdeu mais terreno do que se julgava concebível na altura em que a doutrina Bush foi promulgada. Isto levanta a questão de como preservar a estabilidade da ordem mundial na ausência do domínio americano. Leva-me a pensar nas alternativas: o papel da Europa, a comunidade das democracias e a sociedade civil internacional.

CAPÍTULO VI
Explorar as alternativas

Com a administração Bush, os Estados Unidos deixaram de exercer o papel de liderança que tinham desempenhado, com maior ou menor sucesso, desde a Segunda Guerra Mundial. De onde poderá vir a liderança de que o mundo necessita? A única entidade soberana que vem à ideia é a União Europeia, mas esta está a passar também por uma crise de identidade. A China está a desenvolver-se depressa, mas, se tentasse liderar o mundo, enfrentaria uma oposição implacável, sobretudo por parte dos Estados Unidos. Sem alguma base comum, uma ordem mundial assente na soberania dos Estados está destinada a cair na desordem; de facto, isso está a acontecer actualmente porque a nação mais poderosa do mundo, os Estados Unidos, hostilizou o mundo. Esta hostilidade paralisa as instituições internacionais existentes – e as instituições existentes já não são suficientemente fortes.

Nenhuma entidade soberana pode substituir os Estados Unidos num futuro próximo, mas os Estados Unidos já estarão severamente enfraquecidos pelos oito anos da presidência de George W. Bush. Infelizmente, a próxima administração, mesmo que tente recuperar a posição que os Estados Unidos detinham anteriormente, terá dificuldade em consegui-lo. Terá de contar muito mais com a cooperação internacional. Os seus principais parceiros deviam ser a União Europeia, a comunidade das democracias e a sociedade civil internacional. Consideremo-los individualmente.

A UNIÃO EUROPEIA

Sempre vi a União Europeia como a encarnação da ideia de sociedade aberta. A União Europeia nasceu de uma engenharia social gradativa – o método favorito de Popper para o desenvolvimento mundial – baseada no reconhecimento de que a perfeição é inacessível. Cada passo representava um objectivo limitado a atingir num prazo de tempo limitado, com a consciência de que a nova etapa se mostrará inadequada e necessitará de um novo passo em frente. Foi assim que se construiu a União Europeia, com um passo de cada vez.

O resultado é uma associação de Estados que concordaram numa delegação limitada de soberania. O nível de delegação adquire muitas formas e a pertença a várias instituições, como o Banco Central Europeu e a Zona Schengen, é decisiva. Não existe um grande desígnio. A União Europeia é um conjunto de nacionalidades em que nenhuma nacionalidade tem maioria. São estas características que fazem da União Europeia o protótipo de uma sociedade aberta. Mas é ainda uma obra em curso e, na sua condição inacabada, a União Europeia padece de várias deficiências: é demasiado pesada para o seu número de membros, é opaca e burocrática e a influência democrática é demasiado indirecta, de tal modo que as pessoas se sentem afastadas. O descontentamento teve expressão na recente rejeição da Constituição Europeia pelos eleitores franceses e holandeses.

A construção da União Europeia falhou agora uma etapa. A vontade política que fazia avançar o processo esgotou-se. Na verdade, as condições mudaram desde a Guerra Fria. A ameaça comunista desapareceu e a globalização tornou-se a influência dominante no mundo. A globalização tornou o Estado-providência, criado após o final da Segunda Guerra Mundial, insustentável na sua forma original. As atitudes europeias relativamente à globalização estão divididas. Alguns querem usar a União Europeia para preservar o Estado-providência criando uma fortaleza Europa; outros querem usá-la para obrigarem as economias europeias a serem mais competitivas. Outros ainda vêem a União Europeia como uma globalização encapotada e, por isso, uma ameaça ao Estado-providência que querem proteger.

Não foi só o movimento de capital que criou problemas, mas também o movimento de pessoas. O proverbial canalizador polaco que rouba os empregos, a perspectiva da adesão da Turquia e o crescimento das comunidades imigrantes muçulmanas, africanas e asiáticas contribuíram para o ressentimento que levou à rejeição da Constituição. Mas a crise actual levanta também questões relativamente à viabilidade do conceito de sociedade aberta. A União Europeia mostra-se menos atraente como facto do que como aspiração. Esta é uma característica das sociedades abertas em geral.

A crise não é terminal. A União Europeia será sustentada por aquilo que é considerado uma das suas deficiências: a inércia burocrática. As decisões requerem consenso; na falta de consenso, as decisões anteriores mantêm-se em vigor. Isto manterá a União Europeia a funcionar durante algum tempo. Em vez de crise, seria mais adequado falar de estase. Mas, num mundo em rápida mudança, as organizações que não podem tomar decisões, não podem sobreviver eternamente. Por conseguinte, se quiser sobreviver, a União Europeia tem de ser reanimada.

Uma coisa é certa. O processo que, até aqui, tem feito avançar a União Europeia não pode ser reanimado da mesma maneira que antes. O processo era dirigido por uma elite e grande parte da população era deixada de fora. Isto não pode continuar, pelo menos tendo em conta os referendos que são usados cada vez com mais frequência. Os referendos exprimem directamente a vontade do povo numa forma caprichosa e directa sem a mediação de uma elite. Por isso, se a União Europeia quiser reanimar-se, terá de ser por vontade popular. Mas esta vontade não existe e uma ideia abstracta como é a sociedade aberta não a pode criar. Alcançar uma sociedade aberta pode ser o objectivo político numa sociedade repressiva, mas não numa sociedade aberta. A ideia abstracta tem de ser preenchida com conteúdos concretos e, quando estes são discutidos, o povo europeu divide-se. Os Europeus nem sequer decidiram ainda se a União Europeia deve ser ou não uma potência militar. E as suas atitudes relativamente à globalização são bastante díspares.

A inexistência da União Europeia como potência militar contribui para a confusão da ordem mundial actual. Essa entidade já nebulosa, o Ocidente, tornou-se ainda mais nebulosa. Na ausência de uma comunidade internacional coesa, não há autoridade legítima para exercer a responsabilidade de proteger. Como resultado, os tiranos reinam com impunidade noutras partes do mundo e as vítimas dos regimes repressivos e dos Estados falhados continuam desprotegidas.

Eis uma ideia que pode fazer avançar a União Europeia: a ideia de uma sociedade aberta global que necessita da União Europeia como seu protótipo. A União Europeia tem uma missão: a proliferação da paz, da liberdade e da democracia. Com uma agenda não muito diferente da de Bush, mas felizmente com melhores bases, a União Europeia tem tido mais sucesso no cumprimento da sua missão do que a maioria das pessoas pensa. A perspectiva da adesão tem sido a ferramenta mais poderosa para transformar os países candidatos em sociedades abertas. Deste modo, para cumprir a sua missão, a União Europeia deve, em princípio, continuar aberta a novos membros.

Será esta ideia suficientemente forte para servir de força unificadora e propulsora da União Europeia? Na minha opinião, não há dúvida de que é suficientemente forte. Ainda que eu não seja cidadão europeu, considero-me um patriota europeu e tenho uma rede de fundações, dentro e fora da União Europeia, que vê a adesão à União Europeia como o objectivo principal. Poderá isto ser a base de um movimento popular?

A resposta tem de ser negativa. Como já disse, a sociedade aberta é uma ideia demasiado abstracta para gerar apoio popular. As massas estão preocupadas com a prosperidade e a segurança, e não com a política externa. Mas, enquanto protótipo de uma sociedade aberta global, a Europa pode estimular a imaginação de uma minoria, cuja adesão à ideia pode contrabalançar a influência daqueles que são motivados por sentimentos nacionalistas e racistas. A vantagem de activar uma minoria favorável à sociedade aberta é o facto de os membros dessa minoria não terem de estar de acordo em relação a outras questões que dividem a Europa. Sociais-democratas, democratas-cristãos e democratas liberais podem unir-se em torno da missão da União Europeia em termos de política externa.

A União Europeia enfrenta um teste, nomeadamente, as negociações para a adesão da Turquia. Será a ideia abstracta de uma sociedade aberta mais forte do que os preconceitos contra um país muçulmano que já uma vez ameaçou conquistar a Europa cristã? O panorama actual não é encorajador: de ambos os lados, os extremistas agravam os preconceitos. Quando o famoso escritor turco Orhan Pamuk foi levado a tribunal na Turquia, o responsável não foi o governo, mas sim alguns elementos obstinados das estruturas estatais turcas que queriam embaraçar o governo. Quando um jornal dinamarquês publicou caricaturas do Profeta, pode ter sido uma brincadeira inocente, mas a minoria muçulmana desse país considerou-a uma provocação. O primeiro-ministro dinamarquês, Anders Fogh Rasmussen, satisfazendo o seu próprio eleitorado, recusou receber os embaixadores dos países árabes que pretendiam avisá-lo dos perigos iminentes. A Síria e o Irão tinham razões pessoais para promover reacções coléricas. Subsequentemente, desencadearam-se tumultos em quase todo o mundo muçulmano. Infelizmente, quando os extremistas se opõem, o povo polariza-se. Vi isto acontecer nos Balcãs e, mais tarde, na guerra contra o terrorismo. Agora está a acontecer na Europa com o confronto entre sensibilidades muçulmanas e antimuçulmanas.

Em teoria, não seria muito difícil manter vivas as negociações com a Turquia. A Turquia não se tornará imediatamente membro da União Europeia; o processo demorará, pelo menos, dez anos. Mas há grandes forças políticas que tentam destruir o processo, tornando insustentável a posição do governo turco. O Chipre é a arma. A ilha foi dividida há décadas e, recentemente, o lado grego tornou-se membro da União Europeia. Agora usa essa condição de membro para se opor ao plano de reunificação que foi criado pelas Nações Unidas e aceite pelo lado turco. O Chipre é apoiado e instigado por políticos europeus, como Nicholas Sarkozy, em França, e a ministra dos Negócios Estrangeiros austríaca, Ursula Plassnik, que desejam acabar com as negociações. A União Europeia exige agora concessões unilaterais de um governo turco que está sob a pressão de forças internas opostas à adesão europeia. A União Europeia quer que a Turquia admita embarcações do Chipre; a Turquia quer que a União Europeia abra o comércio com a República Turca do Norte do Chipre, que o Chipre, enquanto membro da União Europeia, pode bloquear. A menos que os outros membros pressionem fortemente o Chipre, o processo de adesão pode abortar. As consequências podem ter grande alcance. Se a perspectiva de adesão desaparecer, a incipiente guerra civil no Iraque pode também desestabilizar a Turquia. Já existe um grupo dissidente de nacionalistas curdos a fomentar a agitação no Leste da Turquia.

Se as negociações com a Turquia forem suspensas, o futuro da Europa pode ficar decidido mais cedo do que se julga, e pode ficar decidido sem que o público geral perceba o que está em jogo. Pior, mesmo que o público esteja consciente dos problemas, pode não aceitar a ideia da Europa como uma sociedade aberta. A ideia não recebeu conteúdo suficiente para provocar o entusiasmo do povo. Em vez de olharem para a frente, para um futuro incerto, confuso e ameaçador, as pessoas olham para trás e procuram conforto nas suas identidades nacionais ou locais. Mas o passado histórico da Europa está repleto de guerras, e as guerras tendem a ser cada vez mais devastadoras. Não é uma perspectiva atraente. É preferível olhar em frente, mesmo que o futuro seja muito incerto. É necessário esclarecer a confusão. Não basta reconhecer a nossa falibilidade; temos também de arranjar forma de garantir a sobrevivência da nossa civilização. De uma forma geral, é evidente que o mundo precisa de mais cooperação do que aquela que os Estados Unidos estão agora dispostos a promover. Esta é a missão de uma União Europeia mais forte e coesa.

Os países europeus têm uma atitude diferente dos Estados Unidos em relação à cooperação. No seu livro, *Of Paradise and Power*, Robert Kagan escreveu que os Europeus são de Vénus e os Americanos são de Marte[25].

---

[25] Robert Kagan, *Of Paradise and Power: America and Europe in the New World Order* (Nova Iorque, Alfred A. Knopf, 2003).

262 | A ERA DA FALIBILIDADE

O seu raciocínio é neomarxista, no sentido em que deriva a superstrutura ideológica das diferentes condições materiais que existem nos Estados Unidos e na Europa. Os Estados Unidos são a única superpotência ainda existente, mas a Europa nem sequer decidiu ainda se quer ser uma potência militar. Os Europeus não apreciam o uso da força militar, enquanto que os Estados Unidos, com a administração Bush, se deleitam com a guerra. Os Europeus estão conscientes das necessidades comuns da humanidade e, para isso, estão dispostos a fazerem alguns sacrifícios. Dedicam à ajuda externa uma parte do rendimento nacional muito maior do que os Estados Unidos e subscreveram o Protocolo de Quioto contra o aquecimento global[26].

A atitude da administração Bush tem tido consequências desastrosas; o mundo precisa de uma alternativa, que pode ser fornecida pela União Europeia. Para captar o interesse das pessoas, a missão tem de ser explicada de forma mais pormenorizada. É necessário resolver algumas das maiores controvérsias que, actualmente, dividem a opinião pública. A União Europeia deve ser uma potência ou uma associação de potências? Como é que a União Europeia deve lidar com a

---

[26] Mas as fundações privadas americanas, ao beneficiarem de leis fiscais favoráveis, contribuem muito mais do que as fundações europeias.

globalização? A União Europeia deve estar aberta a outros membros? Deve estar aberta à imigração?

Não sendo cidadão europeu, não me cabe a mim resolver estas questões. Mas, enquanto crente na sociedade aberta, vejo muito claramente a direcção que a Europa tem de seguir: deve ser o protótipo de uma sociedade aberta global. Isto significa reconhecer que fazemos parte de uma sociedade global e que os nossos interesses comuns devem unir-nos. Significa também reconhecer que a globalização, tal como é hoje praticada, é uma versão tendenciosa e distorcida de uma sociedade aberta global. Necessitamos de instituições globais para enfrentarem os mercados globais. Temos de resistir à penetração dos valores do mercado nas áreas de actividade a que não pertencem. Ao mesmo tempo, é preciso excluir os governos de um papel directo na gestão da economia. O papel dos governos e das instituições internacionais consiste em estabelecer regras, e o papel dos agentes económicos é competirem dentro dessas regras. As regras devem servir o interesse comum; os competidores devem perseguir os seus próprios interesses; mas não podem perverter as regras para se ajustarem aos seus próprios interesses. É evidente que se trata de um objectivo impossível, similar ao ideal marxista de toda a gente contribuir em função da sua capacidade e receber de acordo com as suas necessidades. A aproximação ao ideal depende dos nossos valores e atitudes.

A América cultivou a competição e levou-a até extremos insustentáveis. A Europa tem uma tradição de cooperação. Por vezes, a influência da comunidade era tão esmagadora que os indivíduos fugiam dela; foi uma das razões por que tanta gente emigrou para os Estados Unidos. No entanto, a Europa tem uma tradição que vale a pena cultivar. No continente, as pessoas continuam a acreditar na justiça social e, em Inglaterra, no *fair play*. Esta é uma boa base de construção.

Como é que estes sentimentos nobres se traduzem em políticas práticas? A União Europeia tem de ser competitiva, mas pode tentar tornar as regras mais justas. Para isso, tem de ser uma potência num mundo de Estados soberanos e não apenas uma associação de potências. Com uma população envelhecida, a imigração é uma necessidade económica. Enquanto protótipo de uma sociedade aberta global, a Europa tem de estar aberta à imigração e à adesão de novos membros, mas com algumas reservas. A ordem sequencial é importante. As questões de governação devem ser resolvidas antes de outros alargamentos, mas, para se manter a paz nos países vizinhos, o princípio do alargamento não pode ser abandonado. Isto aplica-se, sobretudo, à Turquia. As negociações devem continuar, mas, como já disse, serão muito demoradas. Isto dará tempo para resolver as questões de governação. É o máximo onde os princípios gerais da sociedade aberta me podem levar. O resto depende dos Europeus. Que

comece o debate! Como explicarei com mais pormenor no capítulo seguinte, a dependência europeia do
gás da Rússia pode ser um bom tópico de partida. Os
países da Europa têm de cooperar para garantir a segurança energética.

É provável que a União Europeia que emergirá das
discussões seja, de algum modo, oposta aos Estados
Unidos, pelo menos com a liderança americana actual;
mas, se tiver sucesso, poderá influenciar a direcção
seguida pelos Estados Unidos e por outras democracias. Isto ajudará a reconstituir a comunidade internacional de que o mundo tanto necessita.

Poderão os Europeus ser inspirados por esta missão?
Os augúrios são ambíguos. Os países europeus trans-
formaram-se em sociedades hedonistas e, neste sentido,
são iguais aos Estados Unidos. No que respeita ao consumismo e à falta de valores intrínsecos, não há grandes diferenças entre eles. Por outro lado, a criação de
um protótipo para uma sociedade aberta global pode
fazer as pessoas sentirem-se realmente bem. Vale a
pena tentar.

A COMUNIDADE DAS DEMOCRACIAS

Uma comunidade de democracias que exercesse a responsabilidade de proteger é, teoricamente, uma boa
ideia, mas, na prática, tem sido decepcionante. A ideia

foi lançada nos últimos dias da administração Clinton, no Verão de 2000, numa conferência realizada em Varsóvia. A iniciativa estava manchada desde o início, porque era um produto dos ministros dos Negócios Estrangeiros e não tinha o apoio dos ministros das Finanças. Como resultado, a Declaração de Varsóvia não passou do papel; nem sequer teria chegado aos jornais se a França não tivesse recusado assiná-la, por ser uma iniciativa patrocinada pelos Estados Unidos.

A Declaração de Varsóvia apela à realização de conferências bianuais para se analisar os progressos feitos. Desde então, assisti a duas dessas conferências, mas achei-as frustrantes. Em teoria, o formato é muito atraente porque junta as partes governamentais e não-governamentais. Na prática, não acontece nada. A discussão gira em torno de uma nova declaração, que é igualmente inconsequente, mas cujo texto é discutido por diplomatas como se fosse importante. O último encontro, no Chile, em Abril de 2005, foi particularmente frustrante porque a comunidade das democracias não chegou a acordo a respeito da aprovação do proposto Conselho dos Direitos Humanos. Muitas democracias em desenvolvimento receavam que os Estados Unidos usassem o Conselho dos Direitos Humanos para favorecerem os seus objectivos imperiais. Este facto confirmou a minha tese de que os Estados Unidos perderam a capacidade de liderar o mundo. Depois, a Assembleia Geral das Nações Unidas aprovou o Conselho dos Direitos Humanos contra a oposição quase solitária dos Estados Unidos. Este acontecimento oferece à comunidade de democracias uma oportunidade de ter verdadeira importância, garantindo que só as democracias podem ser elegíveis para o Conselho. Isto é mais fácil dizer do que fazer, uma vez que, nas Nações Unidas, as votações são resultado de negociações complexas e os países individuais têm muitos interesses para além da sua pertença à Comunidade das Democracias. Por exemplo, seria quase impossível deixar Cuba fora do Conselho. No entanto, a Comunidade das Democracias podia ter verdadeira influência não só sobre quais os países elegíveis, mas também sobre o modo de funcionamento do Conselho. O apoio da fundação à Comunidade das Democracias poderia finalmente começar a dar resultados.

Se os Estados Unidos mudassem a sua atitude, a Comunidade das Democracias poderia tornar-se um facto influente nas Nações Unidas e noutras organizações. Actualmente, o patrocínio dos Estados Unidos provocaria certamente a resistência de outras democracias, sobretudo entre os países em desenvolvimento. Outra administração poderia recuperar a liderança, mas teria de reconhecer que existem demasiados interesses divergentes entre as democracias desenvolvidas e as que estão em desenvolvimento para que se unissem numa única organização. Seria melhor que cada tipo de democracia tivesse a sua própria associação, coope-

268 | A ERA DA FALIBILIDADE

rando as duas quando os seus interesses coincidissem. Isto reflecte-se parcialmente na actual arquitectura global, com um Grupo de Sete (G7) e um Grupo de 20 (G20). As democracias em desenvolvimento já começaram a formar a sua associação, quando os representantes de 21 países em desenvolvimento se reuniram em Cancun, em Setembro de 2003, para protegerem os seus interesses paralelamente às negociações da Organização Mundial do Comércio (OMC).

O confronto entre o mundo desenvolvido e os países em desenvolvimento provocou o fracasso da Ronda Doha no âmbito das negociações da OMC. Com um presidente diferente, os Estados Unidos poderiam demonstrar a sua mudança de atitude encorajando a formação de uma comunidade das democracias em desenvolvimento, à qual os Estados Unidos e os membros da União Europeia *não* pertenceriam. Esta comunidade substituiria o Grupo de 77 (G77) das nações não alinhadas que funciona actualmente como uma facção nas Nações Unidas. Não alinhadas com quem? O G77 sobreviveu à sua inutilidade. Uma comunidade das democracias em desenvolvimento, aliada com os Estados Unidos e com a Europa, constituiria então uma maioria predominante nas Nações Unidas, mas não teriam de concordar necessariamente em todas as questões.

Actualmente, os países desenvolvidos condescendem com os países em desenvolvimento. Por exemplo, os chefs de Estado do Grupo dos 8 (G8) convidam chefes de Estado dos países em desenvolvimento para assistirem a algumas das suas reuniões. Seria desejável que os chefs de Estado dos países em desenvolvimento realizassem as suas próprias conferências. Poderia haver, por exemplo, um D6, que consistiria em seis democracias em desenvolvimento: Brasil, México, Índia, Indonésia, Nigéria e África do Sul. O D6 poderia então reunir-se com o G8 em par de igualdade, pelo menos aparentemente. Seria um primeiro passo para a redução da disparidade entre o centro e a periferia e para a criação de uma ordem mundial mais equilibrada.

O país em desenvolvimento mais importante é a China. Não é uma democracia, mas não pode ser deixado fora de qualquer configuração que una o mundo dos países em desenvolvimento. O grande obstáculo para a formação de um D6 é o facto de os países em causa não quererem ofender a China. Por seu lado, a China tem verdadeiro interesse em ser aceite pelo resto do mundo. A China está a transformar-se rapidamente numa potência mundial – e quanto mais se desenvolver sem desafiar as outras potências, melhor para o desenvolvimento. Esta estratégia foi transformada numa doutrina pela liderança actual, que fala de desenvolvimento pacífico e harmonioso. Ao mesmo tempo, o vazio de poder criado pela fragilidade americana faz com que a China fique demasiado poderosa e depressa de mais para o seu próprio bem. Na sua procura de abastecimento energético, envolveu-se num conflito com o Japão e tornou-se num cliente assíduo em África (por exemplo, no Sudão) e na Ásia Central (no Uzbequistão). É importante associar a China a qualquer nova arquitectura global. Isto ajudaria a reforçar a doutrina de desenvolvimento harmonioso e orientaria a China numa direcção construtiva. Podia levar-se em conta a adesão da China ao G8. À luz das recentes tendências autocráticas da Rússia, o G8 já não pode ser considerado um grupo de países democráticos. Se a China fosse admitida, não se importaria de ser excluída do D6. Por seu lado, o D6 poderia cooperar mais intimamente com o G7 na promoção da democracia, enquanto se reuniria com o G9 para as questões económicas.

A SOCIEDADE CIVIL INTERNACIONAL

Acredito que a sociedade civil e as ONG têm muito espaço de manobra para preencher o vazio de liderança criado pela desordem na comunidade internacional. A sociedade civil não pode usurpar a posição ocupada pelos Estados soberanos numa ordem mundial baseada no princípio de soberania, mas os governos democráticos têm de dar atenção aos desejos do povo. A sociedade civil pode ser útil, exercendo influência sobre os governos ou, em questões específicas, trabalhando em associação com os governos.

Nos últimos anos, a sociedade civil tem desempenhado um papel cada vez mais ruidoso nas questões globais. Entre as manifestações que ocuparam os ecrãs de televisão houve tumultos dirigidos contra as organizações internacionais. Começaram com os tumultos de Seattle, em 1999, e continuaram em cada reunião da Organização Mundial do Comércio, do Banco Mundial e do Fundo Monetário Internacional, e o G8 considera estes esforços tristemente mal-direccionados por procurarem ganhar publicidade criando confusão e perseguindo os alvos errados. As instituições internacionais reflectem bem as políticas dos Estados-membros; são estes que devem ser responsabilizados. A maior parte da miséria e pobreza do mundo pode ser atribuída às políticas dos Estados soberanos; no entanto, estes países não foram os alvos das manifestações.

Com menor cobertura televisiva, a sociedade civil deu origem a duas forças poderosas: os direitos humanos e os movimentos ambientalistas. Estes dois temas passaram a ser tópicos permanentes das questões nacionais e internacionais. O Tratado Sobre a Proibição das Minas Terrestres e a ratificação do Tribunal Penal Internacional foram, em grande parte, trabalho de ONG internacionais. Mais recentemente, começou a aparecer um novo movimento dirigido contra a corrupção em geral e, em particular, contra a maldição dos recursos. Tem o apoio de ONG activas nos dois movimentos – o ambiente e os direitos humanos. O índice de percepção de corrupção, publicado pela Transparência Internacional* desde 1995, passou a ser muito conhecido; a luta contra a maldição dos recursos é mais recente e ainda não entrou na consciência do público geral. Como estou profundamente envolvido nesta luta, gostaria de chamar a atenção para a questão.

A MALDIÇÃO DOS RECURSOS

Os países em desenvolvimento ricos em recursos naturais tendem a ser tão pobres quanto os países que têm menos recursos; aquilo que os distingue é o facto de, na maioria dos casos, terem governos mais repressivos e mais corruptos e de serem constantemente assolados por conflitos armados. Isto passou a ser conhecido como a maldição dos recursos. A história do movimento contra a maldição dos recursos é instrutiva porque ilustra aquilo a que chamo uma falácia fértil.

Tudo começou com uma campanha lançada em inícios de 2002, chamada Divulgue o Que Paga. Foi apoiada por várias ONG internacionais, incluindo a Global Witness, que faz parte do movimento ambien-

---

* A Transparency International é uma organização global da sociedade civil dedicada à luta contra a corrupção. Ver www.trans parency.org/ (*N.T.*).

talista e recebe fundos da minha fundação[27]. O objectivo da campanha era convencer as empresas petrolíferas e mineiras a revelarem os pagamentos que fazem a cada país. As quantias podiam então ser somadas para se determinar quanto é que cada país recebe. Isto permitiria que os cidadãos desses países pedissem contas aos seus governos sobre o destino desse dinheiro. O nome da campanha foi escolhido por um agente publicitário e acabou por ser muito apelativo. A campanha agarrou no sentimento dominante contra as empresas multinacionais do mundo ocidental e foi em frente. No entanto, a linha de raciocínio que levou à campanha não sobrevive a uma análise mais profunda. (Foi por isso que lhe chamei falácia fértil.) Legalmente, as empresas cotadas nas principais bolsas não podem ser obrigadas a divulgar as suas contas em cada um dos países. Quando discuti o assunto com várias autoridades de supervisão, disseram-me que seria necessária uma legislação especial. O Congresso dos Estados Unidos, com uma maioria republicana, nunca aprovaria tal legislação. E mesmo que todas as empresas cotadas respondessem à pressão pública, algumas grandes empresas públicas e privadas não cotadas ficariam isentas; como resultado, os montantes totais recebidos pelos governos não podiam ser

---

[27] No início, a Transparency International também recebeu fundos nossos.

rigorosamente calculados. Por isso, quis que o movimento desviasse a atenção das empresas para os governos.

Felizmente, o governo britânico, pressionado por ONG britânicas, tomou a liderança. O Banco Mundial e o Fundo Monetário Internacional também apoiaram o projecto. Com a sua ajuda, a Iniciativa pela Transparência nas Indústrias Extractivas (ITIE) nasceu no final de 2002. Empresas, governos e a sociedade civil associaram-se para desenvolverem critérios de transparência para as empresas e governos em países dependentes do petróleo, do gás e do minério. ITIE não é um título apelativo, mas, com o auxílio do governo britânico e das instituições Bretton Woods, está a ganhar cada vez mais apoio internacional; cada vez mais países mostram interesse em aderir aos seus critérios de transparência. A sociedade civil fornece o ímpeto para manter a iniciativa a funcionar. A minha rede de fundações está profundamente envolvida. Criámos grupos de Vigilância de Rendimentos em vários países para seguir o rasto dos pagamentos feitos aos governos.

A ITIE funciona numa base voluntária, mas a sociedade civil continua a pressionar para que se proceda a uma abordagem compulsiva. Isto mantém a pressão sobre as empresas petrolíferas e mineiras. A British Petroleum não precisou de ser pressionada. O seu presidente, Lord John Browne, acredita sinceramente que uma maior transparência é do interesse dos accionistas e divulgou todos os pagamentos da BP a Angola. O governo de Angola ameaçou cancelar a concessão da empresa com a justificação de que violara a cláusula de confidencialidade, que é uma característica comum dos contratos internacionais de petróleo e gás. A British Petroleum teve de recuar neste caso, mas, conjuntamente com a Shell, anunciou que vai divulgar os seus pagamentos nos países em que o governo o permitir. A Nigéria recorreu à cláusula de confidencialidade e pediu às empresas para divulgarem os seus pagamentos individualmente. Outros aderentes da ITIE, incluindo o Azerbeijão, não autorizam a divulgação individual, mas pedem a todas as companhias que juntem as suas informações sobre pagamentos para serem divulgadas publicamente. O movimento da sociedade civil continuará a fazer pressão para a divulgação individual das empresas, que oferece maior transparência e responsabilidade. O Azerbeijão, onde a British Petroleum é o principal operador, criou um fundo de petróleo segundo o modelo norueguês e adoptou os princípios da ITIE. O Cazaquistão criou também um fundo de petróleo e aderiu à ITIE. Outra dúzia de países expressou a intenção de aderir aos princípios de transparência da ITIE.

Os progressos mais espectaculares foram feitos na Nigéria, há muito um exemplo da maldição dos recursos, e no seu pequeno vizinho São Tomé. O presidente Olusegun Obasanjo já estava associado à Transparência Internacional antes de regressar à Nigéria e assumir a presidência. Após a sua reeleição, em 2003, com o apoio financeiro do PDNU, conseguiu ir buscar Ngozi Okonjo-Iweala ao Banco Mundial e, ajudado por uma forte equipa de reformadores, levou a cabo um conjunto de grandes reformas fiscais, monetárias e bancárias. A Nigéria é um país onde quase tudo já foi tentado, mas nada funcionou; contudo, Ngozi, Oby Ezekwesili (o ministro dos minérios sólidos e líder do processo ITIE nigeriano), Charles Soludo (governador do Banco Central) e outros fizeram grandes avanços na reforma e transparência institucional. As primeiras auditorias forenses independentes aos rendimentos do petróleo, produção e processos de administração foram publicadas recentemente, abrindo caminho a mais reformas no sector do petróleo e do gás. Com o auxílio da minha fundação local, o governo federal divulgou também os seus pagamentos às várias autoridades estatais e locais. Isto conduziu à abertura de alguns processos de acusação de alta corrupção. A sociedade civil, que era muito desconfiada e hostil, começou a acreditar no processo. As reformas fiscais também começaram a mostrar resultados nos indicadores macroeconómicos. Estes desenvolvimentos ajudaram a Nigéria a obter perdões substanciais da dívida, bem como o seu primeiro *rating* de crédito internacional.

O progresso feito na Nigéria está longe de ser irreversível. Alguns dos indivíduos mais ricos e poderosos sentem-se em perigo. As pessoas das regiões produtoras de petróleo ainda não viram benefícios das reformas. Os esforços para travar a corrupção, a pirataria e o roubo de petróleo provocaram uma insurreição no Delta do Níger. As eleições presidenciais estão marcadas para 2007. Não existe um sucessor óbvio a Obasanjo e várias regiões competem pela sucessão. Obasanjo pensa alterar a constituição do país e candidatar-se a um terceiro mandato. Até que se resolva a questão da sucessão, os progressos feitos nos últimos anos estão em risco.

São Tomé é uma ilha pequena e pobre junto à costa da Nigéria, cujas plataformas petrolíferas estão a ser desenvolvidas em parceria com a Nigéria. Um grupo de juristas, a trabalhar *pro bono*, forneceu assistência técnica para ajudar São Tomé a adoptar regras de transparência para a sua produção futura de petróleo e gás. Outros progressos estão a ser feitos em muitas outras partes do mundo.

Estou disposto a apoiar muitas iniciativas, mas só continuarei a apoiá-las se gerarem o seu próprio ímpeto. A iniciativa contra a maldição dos recursos tem mais pernas do que a maioria das outras iniciativas e fez-me ficar muito entusiasmado. Em cooperação com a fundação Hewlett e outros doadores, decidimos criar uma organização independente, o Instituto de Vigilância de Rendimentos, que estudará estratégias, actuará como centro de recursos teóricos e práticos e fornecerá assistência técnica a quem a solicitar. Está ainda no iní-

278 | A ERA DA FALIBILIDADE

cio, mas o futuro é prometedor. É muito mais fácil dar melhor uso a recursos existentes do que desenvolver recursos onde não existem. Como gosto de dizer, acertámos em cheio.

O esforço para acabar com a maldição dos recursos é um bom exemplo daquilo que pode ser feito pelas fundações privadas em parceria com as organizações não-governamentais. Como disse no início desta secção, a sociedade civil não pode substituir os Estados soberanos, mas pode influenciar o modo como os Estados e outros agentes, como as empresas multinacionais, se comportam.

O principal obstáculo ao progresso na luta contra a maldição dos recursos é a China e, em menor extensão, a Índia. Na sua busca de energia e de outras matérias-primas, a China está a tornar-se rapidamente num patrocinador de regimes pouco fiáveis. É o principal parceiro comercial e protector da ditadura militar de Mianmar. Elogiou o presidente Islam Karimov do Uzbequistão imediatamente após o massacre de Andijan e conferiu um título honorífico ao presidente do Zimbabué, Robert Mugabe. É o principal comprador do petróleo do Sudão e levantou obstáculos ao trabalho que as Nações Unidas faziam a respeito da limpeza étnica em Darfur. Concedeu um grande empréstimo a Angola, quando este país não preencheu as condições impostas pelo Fundo Monetário Internacional. O comportamento da China coloca um obstáculo que a sociedade civil não pode ultrapassar sozinha. A sociedade civil pode exercer pressão sobre as multinacionais, mas não sobre a China ou a Índia. A política energética seguida por estes países exigirá a atenção dos governos. No capítulo seguinte, falarei com mais pormenor sobre este ponto.

CAPÍTULO VII
A crise energética global

Um tema comum liga muitos dos assuntos discutidos na segunda parte do livro. Reúnam-se todas as ameaças: aquecimento global, a maldição dos recursos, a dependência energética cada vez maior das grandes economias – Estados Unidos, Europa, Japão, China e Índia – em países e regiões politicamente instáveis, a situação de oferta reduzida e a instabilidade crescente do Médio Oriente. Tudo isto se junta a uma grande crise que a humanidade enfrenta: uma crise energética global.

As várias componentes amadureceram lentamente durante longo período de tempo. O aquecimento global que estamos actualmente a viver foi causado por emissões de gases com efeito de estufa iniciadas há mais de um século. A maldição dos recursos tem origem nos tempos coloniais e é uma das principais causas da instabilidade no Médio Oriente. A produção de petróleo nos Estados Unidos atingiu o seu pico há décadas, em 1971; uma teoria chamada Pico de Hubbert afirma que a produção global de petróleo está perto de atingir o mesmo valor. Segundo esta teoria, estamos muito perto do pico, mas seria uma enorme coincidência se isso acontecesse mesmo agora.

Todas estas componentes apareceram após o 11 de Setembro e esta data foi um factor importante para a sua reunião. Quando percebemos isto, muitas outras questões discutidas neste livro se esclarecem: a guerra contra o terrorismo; a invasão do Iraque; a ascensão do Irão; a radicalização do Islão e o aumento das tensões sectaristas no Islão; o declínio do poder e influência dos Estados Unidos; a proliferação nuclear; a procura de recursos naturais por parte da China e o seu efeito negativo na luta contra a maldição dos recursos; o uso por parte da Rússia do fornecimento de gás para subornar o seu antigo império e o perigo que isso representa para a Europa.

O ponto central da crise é a escassez do fornecimento de petróleo. As razões são seculares e cíclicas. O factor secular é que o consumo de petróleo excede regularmente a descoberta de novas reservas. Em 2004, foram consumidos 30 000 milhões de barris, mas só foram descobertos 8000 milhões. A sobrecapacidade caiu de 12 milhões de barris por dia, em 1988, para menos de dois milhões de barris por dia. Um geofísico americano, M. King Hubbert, concebeu um modelo teórico da disponibilidade do petróleo (Pico de Hubbert) e em 1956, baseado nesse modelo, previu que a produção petrolífera dos Estados Unidos atingiria o pico entre 1965 e 1970; em 1971, previu que a produção petrolífera global atingiria o pico entre 1995 e 2000. Como a sua previsão esteve tão perto de se realizar em relação aos Estados Unidos, os seus muitos seguidores prevêem que a produção global já atingiu o pico ou atingi-lo-á muito em breve. A controvérsia em torno destas previsões é totalmente irrelevante; o pico pode ser adiado por algum tempo utilizando métodos de extracção mais agressivos e dispendiosos. A questão é que, quando um poço está meio esgotado, torna-se cada vez mais difícil extrair o petróleo restante. A maioria dos poços gigantes já passou da marca de metade da capacidade e desde 1951 que não se descobriu mais nenhum poço gigante; o último foi descoberto na Arábia Saudita[28]. Os valores de esgotamento são visivelmente pouco fiáveis, mas os indícios existentes indicam que foram calculados por baixo. Muitas empresas cotadas em bolsa tiveram de rever em baixa as suas reservas e muitos dos países produtores registam um declínio na produção. O país que tem as maiores reservas potenciais, a Arábia Saudita, não fornece dados sobre o esgotamento das reservas existentes.

[28] Um poço gigante é definido pela capacidade superior a 30 000 milhões de barris. Ver Roger D. Blanchard, *The Future of Global Oil Production* (Jefferson, Carolina do Norte, McFarland & Co., Inc., 2005). Ver também Matthew R. Simmons, *Twilight in the Desert – The Coming Saudi Oil Shock and the World Economy* (Hoboken, NJ, John Wiley & Sons Inc., 2005).

284 | A ERA DA FALIBILIDADE

Ainda que a tendência secular seja evidente, a maioria das flutuações de curto prazo deve-se a factores cíclicos. A procura tem sido forte, em parte por causa da força da economia global e, em parte, devido à ascensão da China, Índia e outros países em desenvolvimento, que são energeticamente menos eficientes do que as democracias maduras. Além da escassez do fornecimento de crude, há também uma redução da capacidade de refinação. A procura que mais depressa cresce é de destilados médios (gasóleo, combustível de avião e fuelóleo); mas a maioria dos novos fornecimentos são crudes pesados, difíceis de refinar naqueles produtos. O fornecimento de gás natural está muito mais longe de atingir o pico, mas há um défice de transporte. Estes défices serão resolvidos no devido tempo. De facto, a escassez temporária será, quase inevitavelmente, seguida por uma superabundância temporária. Actualmente, os países consumidores acreditam que não têm reservas suficientes. Isto, associado às posições especulativas, faz explodir a procura. Quando a oferta aumenta, estas duas causas da procura desaparecem. A escassez da oferta criou também um incentivo para interferir nos fornecimentos com objectivos políticos, como aconteceu na Nigéria e pode acontecer na Venezuela e no Irão. Quando os obstáculos são removidos, o incentivo para interferir nos fornecimentos é reduzido. Todos estes factores se combinarão para fazer os preços baixarem. A OPEP travará a descida restrin-

A CRISE ENERGÉTICA GLOBAL | 285

gindo o fornecimento, criando assim a sobreprodução necessária para impedir as interrupções de fornecimento. Mas os outros elementos da crise energética global – o aquecimento global, a dependência de regiões politicamente instáveis, a maldição dos recursos e o Pico de Hubbert – não desaparecerão. A superabundância temporária pode enfraquecer a vontade política para lidar com estes problemas; de facto, foi isso que aconteceu após a primeira crise energética nos anos 70. É provável que volte a acontecer.

A crise energética global representa uma ameaça em muitos sentidos, ainda que algumas das ligações sejam difíceis de ver. O aquecimento global pouco tem a ver com o terrorismo ou com o sucesso do presidente Hugo Chávez na Venezuela. No entanto, estes vários desenvolvimentos estão ligados à crise energética global e reconhecer as ligações ajuda a ver o momento actual numa nova perspectiva. Por exemplo, o vice-presidente americano Dick Cheney assustava as pessoas sugerindo que os terroristas podem ter acesso a armas de destruição maciça, e os democratas continuam a tentar marcar pontos ao insistirem na segurança dos portos americanos. A verdadeira ameaça é o facto de os terroristas e outros – os piratas na Nigéria, Hugo Chávez na Venezuela e a Al-Qaeda no Médio Oriente – poderem interromper a cadeia de fornecimento energético. Esta ameaça tornou-se real no dia 24 de Fevereiro de 2006, quando um grupo de terroristas penetrou os portões exteriores da instalação Abqaiq na Arábia Saudita – capaz de processar aproximadamente 10% de todo o fornecimento energético global –, mas os terroristas foram detidos por membros da Guarda Nacional. Embora o ataque não tenha tido impacto imediato no fornecimento de petróleo saudita, representou uma tentativa de atingir a infra-estrutura petrolífera, uma acção que difere das tácticas anteriores.

Quando as ligações são reconhecidas, é mais fácil lidar com os vários elementos da crise energética global do que se fossem considerados individualmente. Vejamos um exemplo: produzir combustível sem carbono a partir do carvão. Se se desenvolvesse uma tecnologia eficiente, poderia constituir um grande contributo para a redução das emissões de carbono; reduziria também a dependência dos Estados Unidos e da China, que têm enormes reservas de carvão, em relação à energia importada; e, evidentemente, seria um antídoto para o Pico de Hubbert. Nenhuma destas considerações, por si mesma, pode ser suficiente para gerar apoio para a extracção do carbono do carvão, mas as três juntas deviam torná-la numa prioridade. Mas a extracção do carbono requer também energia, e as tecnologias existentes não são suficientemente eficientes em termos de consumo de combustível; serão necessários investimentos substanciais em novas tecnologias.

Nenhuma medida avulsa é suficiente para aliviar a crise. Será necessário tomar muitas medidas diferentes ao mesmo tempo, além do carvão sem carbono, a energia nuclear, a energia eólica, a biomassa e, obviamente, a redução da procura. É aqui que o mecanismo de preços pode ser útil: um imposto sobre o carbono, combinado com créditos de carbono, proporcionaria os incentivos económicos para a introdução dos ajustamentos adequados, tanto no lado da procura como no lado da oferta. O protocolo de Quioto estabeleceu limites para as emissões de carbono e facilitou o comércio de créditos de carbono. Foi um passo na direcção certa, mas não o suficiente.

A crise energética mundial é mais complexa do que qualquer outra crise. Não é uma única crise, mas sim uma confluência de vários desenvolvimentos que se reforçaram mutuamente e atingiram o ponto crítico mais ou menos ao mesmo tempo. Estes desenvolvimentos ameaçam a nossa civilização de várias formas. O aquecimento global e a proliferação nuclear já foram discutidos. Mas são apenas aspectos de uma situação mais complexa que ameaça transformar-se numa desintegração global. Ainda que o ponto central da crise seja a escassez da oferta de petróleo, os desenvolvimentos que podem causar a desintegração são, sobretudo, políticos.

A crise energética global pode ser interpretada como o reverso da globalização. A dimensão da ameaça à nossa civilização depende do modo como lidarmos com ela. A nossa civilização sobreviveu a muitas crises.

Frequentemente, os mercados financeiros aproximam-se do precipício e, depois, retrocedem. Só raramente caem no precipício, com aconteceu na crise asiática de 1997. Mesmo neste caso, as autoridades intervieram quando o centro do sistema financeiro global ficou ameaçado. Por isso, este acontecimento é agora descrito como a crise asiática e não chegou a provocar uma grande crise do capitalismo global. O nosso sistema político está mais mal equipado para evitar o desastre. Vivemos duas guerras mundiais e estivemos várias vezes perto de uma terceira. As guerras têm tendência para se tornarem cada vez mais devastadoras. A ameaça da guerra nuclear não deve ser minimizada. A nossa civilização é alimentada por energia; a crise energética global pode destruí-la.

A magnitude e a quantidade dos problemas excederam a nossa capacidade de lidarmos com eles ou até de os compreendermos. A actual fase sensível da crise resulta de concepções erróneas, sobretudo daquelas relacionadas com o 11 de Setembro. Ainda que não possamos evitar as concepções erróneas, podemos corrigi-las quando delas nos damos conta. O maior erro talvez seja os Estados Unidos julgarem-se suficientemente fortes para lidarem sozinhos com estes problemas. A posição competitiva de um Estado relativamente a outros não interessa, sobretudo quando estão em jogo a viabilidade e a sustentabilidade da ordem mundial. A nossa definição de segurança nacional é demasiado limitada e a ideia dominante de que a ordem mundial, tal como um mercado, tomará conta de si mesma, é totalmente errada. O aquecimento global, a dependência energética, a maldição dos recursos e o regime de não-proliferação nuclear requerem a cooperação internacional.

Embora a crise energética mundial requeira a cooperação internacional, temos de ter o cuidado de não ir para o extremo oposto e não ignorar os interesses nacionais dos Estados soberanos. Independentemente das mudanças sistémicas introduzidas, tem de se levar em conta estes interesses. Vejamos o caso da China. Até 1993, este país era auto-suficiente em petróleo; agora importa quase metade do que consome. A sua quota do mercado petrolífero mundial é apenas 8%, mas representa 30% do aumento da procura. A China tem um interesse genuíno no desenvolvimento harmonioso. Tem também um problema sério de dependência energética, bem como graves problemas de poluição. Por isso, é um parceiro natural para o desenvolvimento de combustíveis limpos alternativos, particularmente derivados de carvão, que é abundante na China. Mas a China não é um parceiro natural na luta contra a maldição dos recursos. Pelo contrário, na sua busca de fontes alternativas de energia, tornou-se cliente de Estados pouco fiáveis em África e na Ásia Central, situação que é contrária ao interesse da China no desenvolvimento harmonioso; mas os seus dirigentes não vêem alterna-

290 | A ERA DA FALIBILIDADE

tivas, sobretudo depois de a sua proposta de compra da petrolífera americana Unocal ter sido rejeitada. Os Estados Unidos podiam ter autorizado a China a adquirir interesses em companhias de energia legítimas, mas *só* se cooperasse na luta contra a maldição dos recursos.

A Europa devia assumir a liderança na cooperação energética. É fortemente dependente do gás natural e a Rússia é o seu principal fornecedor. A União Europeia importa 50% das suas necessidades energéticas e calcula-se que as importações aumentarão 70% em 2020. A Rússia é o seu maior fornecedor de petróleo importado (20%) e gás natural (40%). Muitos países da UE dependem fortemente do gás da Rússia, que fornece 40% da procura total da Alemanha, 65-80% da Polónia, Hungria e República Checa, e quase 100% das necessidades de gás da Áustria, da Eslováquia e dos Estados bálticos. Esta situação torna a Europa particularmente vulnerável, uma vez que a Rússia começou a usar o seu controlo sobre o fornecimento de gás como arma política. A história é complexa e, aqui, só posso fazer um breve resumo. Quando o sistema soviético se desintegrou, o sector energético foi privatizado de maneira caótica. Fizeram-se transacções duvidosas, como o esquema do empréstimo por acções, e ganharam-se fortunas. Quando Vladimir Putin assumiu a presidência, utilizou o poder do Estado para recuperar o controlo da indústria energética. Mandou para a prisão o presidente da Yukos, Mikhail Khodorkovsky, e declarou a falência da empresa. Colocou um homem de confiança, Alexey Miller, à frente da Gazprom e afastou a administração anterior, que construíra um feudo privado com as propriedades da Gazprom. Mas não dissolveu o feudo; em vez disso, utilizou-o para consolidar o controlo sobre a produção e controlo do gás nos países vizinhos. Isto levou à criação de uma rede de empresas duvidosas, que serviu o objectivo duplo de alargar a influência russa e criar riqueza pessoal. Milhares de milhões de dólares foram desviados ao longo dos anos. O activo mais valioso era o gás do Turquemenistão, que foi revendido por uma empresa registada na Hungria ao dobro do preço a que tinha sido comprado. Ainda que a propriedade da Eural Trans Gas nunca fosse revelada, as decisões contratuais eram feitas conjuntamente pelo presidente Putin e pelo então presidente da Ucrânia, Leonid Kuchma. Penso que esta foi uma das razões por que Putin se expôs tão publicamente no apoio ao nomeado de Kuchma, Viktor Yanukovich, para presidente da Ucrânia em 2004. Após a Revolução Laranja, o contrato com o Turquemenistão passou para as mãos da RosUrkEnergo, uma empresa com proprietários obscuros criada pelo Raiffeisenbank da Áustria. No início de 2006, a Rússia cortou o fornecimento de gás à Ucrânia. Por seu lado, a Ucrânia interceptou o gás que passava pelo seu território a caminho da Europa. Esta atitude obrigou a Rús-

292 | A ERA DA FALIBILIDADE

sia a retomar os fornecimentos à Ucrânia; mas, no acordo subsequente, a Rússia ficou em vantagem: prometeu fornecimentos de gás a preços reduzidos através da RosUrkEnergo durante seis meses, mas a Ucrânia comprometeu-se a fixar os custos de trânsito durante cinco anos. Seis meses depois, a Rússia podia exercer pressão política sobre a Ucrânia ameaçando aumentar os preços do gás. A Rússia já exerce controlo sobre a Bielorrússia.

O resultado é que, para grande parte do seu fornecimento energético, a Europa depende de um país que não hesita em usar arbitrariamente o seu poder monopolista. Até agora, os países europeus têm competido entre si para obter fornecimentos da Rússia. Esta competição colocou-os à mercê da Rússia. A dependência energética está a ter grande influência na atitude e políticas da União Europeia relativamente à Rússia e aos seus vizinhos. Servirá os interesses nacionais dos Estados-membros para desenvolverem uma política energética europeia. Agindo juntos, podem melhorar o equilíbrio de poder. A curto prazo, a Rússia está aos comandos; uma interrupção dos fornecimentos de gás desintegrará imediatamente as economias europeias, enquanto que uma interrupção dos rendimentos do gás só afectará a Rússia passado algum tempo. A longo prazo, a situação poderá inverter-se. A Rússia precisa de um mercado para o seu gás e, se a Europa se mantiver unida, não há muitas alternativas. A Europa pode usar o seu poder de negociação dizendo à Rússia que, nas condições actuais, a sua dependência do gás russo é excessiva. Se a Rússia quiser conservar e desenvolver os seus mercados na Europa, terá de concordar com uma alteração das condições, assinando a Carta Energética Europeia e a Iniciativa para a Transparência nas Indústrias Extractivas. Isto acabará com o monopólio russo do gás, transformará os gasodutos em auto-estradas e permitirá que a Europa aumente as suas importações de gás da ex-União Soviética sem colocar em perigo a sua segurança energética. A União Europeia tem origem na Comunidade de Carvão e Aço; pode recuperar a sua força política ao desenvolver uma política energética comum eficiente.

Entretanto, encorajada pela escassez energética e pela fragilidade dos Estados Unidos, a Rússia está a assumir uma atitude cada vez mais assertiva que vai muito para além da política energética. A Rússia vendeu ao Irão (através da Bielorrússia) mísseis anti-aéreos Tor e S300 e recusou desfazer a venda apesar da forte pressão americana. Os mísseis serão instalados no Outono de 2006 e, depois desta altura, Israel terá mais dificuldades para lançar um ataque preventivo contra as instalações nucleares iranianas[29]. A Rússia concedeu

[29] Andrei Piontkovsky, «Putin's Plan for Conflict with Iran», *The Jerusalem Post*, 2 de Fevereiro de 2006.

294 | A ERA DA FALIBILIDADE

também ao Hamas um subsídio de 20 milhões de dólares mensais para substituir o subsídio retirado pela
União Europeia, e há indícios de que esteja a vender
armas à Síria[30].

Estas decisões significam que a Rússia está a reafir-
mar-se como um actor importante no Médio Oriente,
agindo contra os interesses ocidentais. Subjacente a
tudo isto está uma viragem na doutrina de segurança
nacional da Rússia, que foi anunciada publicamente,
mas que recebeu pouca atenção[31]. Acumulam-se os
indícios de que a Rússia pode estar a promover, deliberadamente, um ataque israelita de mísseis contra o Irão,
fornecendo sistemas de defesas anti-mísseis ao Irão e
lançando um satélite para Israel, que será utilizado
para monitorizar as actividades nucleares do Irão[32].

É difícil apresentar uma descrição rigorosa da situação, pois os acontecimentos desenrolam-se rapidamente,
mesmo enquanto escrevo estas linhas (Maio de 2006).
O máximo que posso fazer é mencionar alguns dos

---

[30] http://abcnews.go.com/International/wireStory?id=710975;
http://mosnews.com/news/2005/02/10/armstrade.shtml;
http://monstersandcritics.com/mcreports/article_1130746.php/
Russian_arms_sales_to_the_Middle_East_.

[31] Sergei Ivanov, «Russia Must be Strong», *The Wall Street Journal*, 11 de Janeiro de 2006; e Sergei Lavrov, «Russia in Global
Affairs», *Moscow News*, 10 de Março de 2006.

[32] «Russia Helps Israel Keep an Eye on Iran», *The New York Times*,
25 de Abril de 2006 (Moscovo, Associated Press).

A CRISE ENERGÉTICA GLOBAL | 295

pontos que têm de ser unidos. Em primeiro lugar, a maldição dos recursos: a dinâmica peculiar que prevalece nos países cujas economias dependem essencialmente dos rendimentos provenientes dos recursos naturais. Em segundo, a história da Rússia desde o colapso da União Soviética: as situações caóticas, a miséria geral combinada com a riqueza e sucesso incrível de alguns aventureiros, a humilhação sofrida pela Rússia como superpotência – maior do que a humilhação da Alemanha após a Primeira Guerra Mundial. Terceiro: a emergência de uma nova liderança na Rússia, que tem raízes no KGB, mas cuja visão do mundo foi formada pelas condições longe do equilíbrio que prevalecem desde o colapso da União Soviética. Quarto: a ameaça representada pelas chamadas revoluções coloridas na Geórgia, Ucrânia e Quirguistão. Quinto: a confusão no Médio Oriente, a escassez energética e o declínio precipitado da última superpotência, os Estados Unidos.

Se tentarmos juntar todos estes pontos, o padrão que parece surgir é chocante: um regime temerário na Rússia (muito diferente da liderança pesada, cuidadosa e conservadora da União Soviética) que vislumbra uma oportunidade para consolidar o seu poder e adquirir grande riqueza e poder com base nos recursos naturais. A Rússia parece surgir como um novo género de actor na cena internacional, uma superpotência petrolífera que necessita de fomentar o conflito no Médio Oriente para realizar as suas aspirações.

Fico espantado com esta possibilidade. Embora eu siga de muito perto os desenvolvimentos na Rússia, fui apanhado desprevenido. A este respeito, não sou diferente do resto do mundo. Estamos tão preocupados com os nossos desacordos internos que não vemos a acumulação das ameaças externas. Continuamos a travar uma guerra fantasmagórica contra o terrorismo, enquanto se vai agigantando um verdadeiro conflito.

O presidente Bush reafirmou a sua intenção de participar na reunião do G8 em São Petersburgo, em Julho de 2006, apesar da recusa russa em parar com as vendas de mísseis ao Irão. Bush pretende usar a Rússia como intermediário para obter concessões do Irão, tal como usa a China como intermediário com a Coreia do Norte. Mas este é um caminho errado. Os Estados Unidos têm de negociar directamente com o Irão. A Rússia tem os seus próprios motivos. O regime de Putin necessita da respeitabilidade conferida pela reunião do G8 em São Petersburgo. Depois, o regime terá maior espaço de manobra para seguir uma via independente. A menos que as vendas de mísseis ao Irão terminem, a ida de Bush a São Petersburgo poderá assemelhar-se à ida de Neville Chamberlain a Munique. A Rússia parece contar com a desunião e inércia do Ocidente. Infelizmente, os seus cálculos podem mostrar-se correctos. Os Estados Unidos e a Europa estão ambos internamente divididos e desunidos; a União Europeia é sustentada pela inércia burocrática.

A comunidade empresarial está também inclinada para fazer negócios individuais com a Rússia, em vez de exigir alguns padrões de comportamento. O Ocidente precisa urgentemente de se unir.

A cooperação internacional deve ir além das emergências imediatas. O aquecimento global requer uma solução global, mas a atitude da administração Bush funciona como um obstáculo. Em relação a este assunto, o público americano está à frente da administração e devia impor as suas opiniões ao governo.

A tarefa mais premente é a assinatura de um novo tratado de não-proliferação. O tratado actual está caduco. O Irão está determinado em desenvolver as suas capacidades nucleares e, se não for travado, nada poderá impedir que vários países façam o mesmo. Nas circunstâncias actuais, um ataque de mísseis contra o Irão seria contraproducente. Consolidaria o apoio popular ao regime actual e reforçaria a sua determinação em desenvolver bombas nucleares. Uniria os muçulmanos e grande parte dos países em desenvolvimento contra os Estados Unidos. Tornaria insustentável a posição das forças ocupantes no Iraque e destruiria a economia mundial sem que se impedisse o Irão de ter bombas nucleares. Qualquer um dos cenários é desastroso. A única forma é chegar-se a acordo sobre um regime de não-proliferação mais justo, que teria um apoio quase universal. O Irão ou concordaria em aderir a esse regime ou seria obrigado a fazê-lo sem sofrer as consequências desastrosas que, nas circunstâncias actuais, um ataque de mísseis implicaria.

A crise energética global, e tudo o que ela implica, é um grande desafio à nossa civilização globalizada. Será necessária uma mudança de atitude nos Estados Unidos, a criação de um ponto focal para a coesão da União Europeia e a colocação de algum conteúdo no conceito de sociedade aberta global. A crise fornecerá certamente um ponto focal para o meu envolvimento futuro e para as actividades futuras das minhas fundações. Estamos já na vanguarda na luta contra a maldição dos recursos; estamos a envolver-nos no problema do aquecimento global; pretendemos ter um interesse mais activo no futuro da União europeia; e, pessoalmente, continuarei a lutar por uma revisão fundamental do papel dos Estados Unidos no mundo.

APÊNDICE:
A estrutura original

A estrutura conceptual aqui apresentada fazia parte de um manuscrito não publicado intitulado *The Burden of Consciousness* [*O Peso da Consciência*], redigido em 1963. Fiz algumas revisões ao texto para o incluir no meu livro de 1990, intitulado *Opening The Soviet System*. Como só foram publicados 1300 exemplares dessa obra, dos quais comprei 1000, achei que valia a pena voltar a incluí-lo neste livro.

O CONCEITO DE MUDANÇA

A mudança é uma abstracção. Não existe por si mesma, mas combina-se sempre com uma substância que está a mudar ou que está sujeita à mudança. É claro que a substância em questão é também uma abstracção, sem existência independente. A única coisa que existe realmente é a substância-com-mudança, que é separada em substância e mudança pelo intelecto humano no seu esforço de introduzir algum sentido num universo confuso. Não nos interessam aqui as mudanças tal como ocorrem na realidade, mas sim a mudança enquanto conceito.

A questão importante em relação à mudança enquanto conceito é o facto de ela exigir o pensamento abstracto. A consciência da mudança está associada a um modo de pensamento caracterizado pelo uso de abstracções; a ausência de consciência implica a ausência de abstracções. Podemos conceber dois modos distintos de pensamento em função destas linhas.

Na ausência de mudança, a mente tem de lidar apenas com um conjunto de circunstâncias: aquilo que existe no tempo presente. Aquilo que existiu antes e que existirá no futuro é idêntico ao que existe agora. Passado, presente e futuro formam uma unidade, e todo o leque de possibilidades reduz-se a um caso concreto: as coisas são como são porque não podiam ser de outra maneira. Este princípio simplifica tremendamente a tarefa de pensar; a mente precisa apenas de operar com informação concreta e todas as complicações decorrentes do uso de abstracções podem ser evitadas. Chamo a isto o modo tradicional de pensar.

Considere-se agora um mundo mutável. O homem tem de aprender a pensar não só as coisas como elas são, mas também como foram e como poderiam ser. Assim, há não só o presente a considerar, mas também um leque infinito de possibilidades. Como podem elas ser reduzidas a proporções práticas? Só introduzindo generalizações, dicotomias e outras abstracções. Quando se lida com generalizações, quanto mais gerais forem, mais simplificam as coisas. Este mundo é melhor concebido como uma equação geral na qual o presente é representado por um conjunto de constantes. Mude-se as constantes e a mesma equação aplicar-se-á a todas as situações passadas e futuras. Ao trabalharmos com equações deste tipo, temos de estar preparados para aceitar qualquer conjunto de constantes que se lhes ajustem. Por outras palavras, tudo pode ser considerado possível, a menos que se tenha provado ser impossível. Chamo a isto o modo crítico de pensar.

Os modos tradicional e crítico de pensar baseiam-se em dois princípios diametralmente opostos. No entanto, cada um apresenta uma visão internamente consistente da realidade. Como é isto possível? Só apresentando uma visão distorcida. Mas a distorção não precisa de ser tão grande como seria se se aplicasse ao mesmo conjunto de circunstâncias, pois, de acordo com a teoria da reflexividade, as circunstâncias são sempre influenciadas pelo modo predominante de pensar. O modo tradicional de pensar está associado àquilo a que chamo sociedade orgânica, o modo crítico de pensar está ligado à sociedade «aberta». Isto constitui o ponto de partida para os modelos teóricos que pretendo estabelecer.

Que conformidade deverá haver entre uma forma predominante de sociedade e um modo predominante de pensar, será uma das perguntas que temos de fazer durante a construção dos modelos. Ainda que as condições sociais estejam sujeitas ao pensamento dos participantes, existem outros aspectos da realidade que não são tão facilmente influenciados. A este respeito, a natureza é particularmente empedernida: como se descobriu ao longo da história, a natureza recusa-se a obedecer aos desejos dos homens. Cada modo de pensar deve, por isso, ter um mecanismo para lidar com os fenómenos que não se ajustam ao seu conceito de mudança. Esta será outra questão a considerar. O mais importante é que cada modelo deve ter uma imperfeição que é visível para nós, mesmo que não seja visível para os participantes.

O MODO TRADICIONAL DE PENSAR

As coisas são como sempre foram – portanto, não podem ser de outra maneira. Este pode ser considerado o princípio central do modo tradicional de pensar. A sua lógica é menos que perfeita; de facto, contém a imperfeição intrínseca que esperamos encontrar nos nossos modelos. O facto de o seu princípio central não ser verdadeiro nem lógico revela uma característica importante do modo tradicional de pensar: não é tão crítico nem tão lógico como aprendemos a ser. Não precisa de ser. A lógica e outras formas de argumento só são úteis quando se tem de escolher entre alternativas.

A sociedade imutável é caracterizada pela falta de alternativas. Existe apenas um conjunto de circunstâncias com que a mente humana tem de lidar: como as coisas são. Ainda que se possam imaginar alternativas, surgem como contos de fadas, porque falta o caminho que conduziria a essas alternativas.

Nestas circunstâncias, a atitude adequada é aceitar as coisas tal como parecem ser. O espaço para a especulação e para a crítica é limitado: a tarefa principal do pensamento não é questionar, mas sim aceitar uma dada situação – tarefa que pode ser desempenhada apenas com o mais prosaico tipo de generalizações. Esta atitude evita muitos problemas aos indivíduos. Ao mesmo tempo, priva-os de ferramentas mais elaboradas do pensamento crítico. A sua visão do mundo está condenada a ser primitiva e distorcida.

As vantagens e desvantagens tornam-se visíveis quando consideramos os problemas da epistemologia. A relação entre os pensamentos e a realidade não surge como um problema. Não há um mundo das ideias separado do mundo dos factos; e, mais importante, parece não haver nada de subjectivo ou de pessoal no pensamento: este está profundamente enraizado na tradição legada por gerações; a sua validade está fora de questão. As ideias predominantes são aceites como sendo a própria realidade, ou, para sermos mais rigorosos, não há qualquer distinção entre as ideias e a realidade.

304 | A ERA DA FALIBILIDADE

Podemos demonstrar isto olhando para a forma como a linguagem é utilizada. Nomear uma coisa é como colocar-lhe um rótulo. Quando pensamos em termos concretos, há sempre uma «coisa» a que corresponde um nome e podemos usar o nome e a coisa indiscriminadamente: o pensamento e a realidade são co-extensivos. Só se pensarmos em termos abstractos é que começamos a dar nomes a coisas que não existem fora dessa nomeação. Podemos ter a impressão de que continuamos a colocar rótulos nas «coisas», mas essas «coisas» só passaram a ter existência depois de serem rotuladas; os rótulos são colocados numa coisa que foi criada na nossa mente. É este o ponto em que o pensamento e a realidade se separam.

Ao limitar-se aos termos concretos, o modo tradicional de pensar evita a separação. Mas tem de pagar um custo elevado por esta simplicidade suprema. Se não se faz qualquer distinção entre pensamento e realidade, como distinguir o verdadeiro do falso? A única afirmação que pode ser rejeitada é a que não esteja em conformidade com a tradição predominante. As ideias tradicionais devem ser automaticamente aceites, uma vez que não há critério para as rejeitar. As coisas são o que parecem ser: o modo tradicional de pensar não pode ir mais fundo. Não pode estabelecer relações causais entre várias ocorrências, porque estas podem ser verdadeiras ou falsas; se fossem falsas, haveria uma realidade aparte do nosso pensamento e, deste modo, as bases do modo tradicional de pensar cairiam por terra. Contudo, se o pensamento e a realidade devem ser vistos como idênticos, terá de haver uma explicação para tudo. A existência de uma pergunta sem resposta destruiria a unidade entre o pensamento e a realidade, tal como aconteceria com a existência de uma resposta correcta e errada.

Felizmente, é possível explicar o mundo sem recorrer a leis causais. Tudo se comporta de acordo com a sua natureza. Como não há distinção entre o natural e o sobrenatural, toda as questões podem ser resolvidas atribuindo aos objectos um espírito cuja influência explica qualquer ocorrência e elimina a possibilidade de contradições internas. A maioria dos objectos parecerá estar sob a influência de tal força, porque, na ausência de leis causais, a maioria dos comportamentos apresenta uma qualidade arbitrária.

Quando não há distinção entre pensamentos e realidade, uma explicação tem a mesma convicção, quer seja baseada na observação, quer assente na crença irracional. O espírito de uma árvore goza do mesmo tipo de existência do que o seu corpo, desde que nisso acreditemos. Nem temos razões para duvidar das nossas crenças: os nossos antepassados acreditavam no mesmo. Portanto, o modo tradicional de pensar, com a sua epistemologia simples, pode conduzir facilmente a crenças completamente divorciadas da realidade.

Acreditar em espíritos e na sua magia equivale a

aceitar que aquilo que nos rodeia está fora do nosso controlo. Esta atitude ajusta-se bem a uma sociedade imutável. Como as pessoas são incapazes de mudar o mundo em que vivem, só têm de aceitar o seu destino. Ao aceitarem humildemente a autoridade dos espíritos que controlam o mundo, podem fazer com que os espíritos lhes sejam favoráveis; mas perscrutar os segredos do universo não servirá de nada. Mesmo que descobrissem as causas de alguns fenómenos, esse conhecimento só teria utilidade prática se acreditassem poder mudar as condições da sua existência, o que é impensável. O único motivo para a investigação é a curiosidade frívola; e qualquer tendência que possam ter para o fazer, o perigo de enfurecer os espíritos desencorajá-los-á. Por conseguinte, é provável que a procura de explicações causais não faça parte dos pensamentos das pessoas.

Numa sociedade imutável, as condições sociais não se distinguem dos fenómenos naturais. São determinadas pela tradição e é tão impossível que as pessoas mudem como mudar aquilo que as rodeia. O modo tradicional de pensar é incapaz de reconhecer a distinção entre leis sociais e leis naturais. Por isso, exige-se a mesma atitude de submissão tanto para com a sociedade como para com a natureza.

Vimos que o modo tradicional de pensar não consegue fazer a distinção entre pensamento e realidade, verdade e falsidade, leis sociais e leis naturais. Se aprofundássemos um pouco mais, encontraríamos outras omissões. Por exemplo, o modo tradicional de pensar é muito vago a respeito da questão do tempo: passado, presente e futuro tendem a fundir-se. Estas categorias são indispensáveis para nós. Se considerarmos o modo tradicional de pensar a partir da nossa perspectiva privilegiada, vemos que é bastante inadequado. No entanto, não o é nas condições em que predomina. Numa sociedade realmente imutável, cumpre perfeitamente a sua missão: contém toda a informação concreta necessária e, ao mesmo tempo, evita complicações desnecessárias. Representa a forma mais simples possível de lidar com o mundo mais simples possível. A sua maior fraqueza não é a falta de subtileza, mas sim o facto de a informação concreta que contém ser inferior ao que se pode alcançar através de uma abordagem diferente. Para nós, isto é óbvio, abençoados que somos com o conhecimento superior. Pode não incomodar aqueles cujo conhecimento se limita à tradição, mas torna toda a estrutura extremamente vulnerável a influências externas. Um sistema de pensamento rival pode destruir a posição monopolista das crenças existentes e obrigá-las a sujeitarem-se à análise crítica. Isto significaria o fim do modo tradicional de pensar e o início do modo crítico.

Veja-se o caso da medicina. O homem que pratica a medicina tribal tem uma imagem completamente falsa do funcionamento do corpo humano. A experiência ensinou-lhe a utilidade de alguns tratamentos, mas é possível que faça as coisas certas pelas razões erradas. Contudo, é olhado com admiração pela tribo; os seus falhanços são atribuídos aos espíritos maléficos com os quais familiariza, mas por cujas acções não é responsável. Só quando a ciência médica entra em competição directa com a medicina primitiva é que a superioridade das explicações verdadeiras sobre as falsas se torna visível. Ainda que com alguma má vontade e suspeição, a tribo acaba por aceitar a medicina do homem branco porque esta funciona melhor.

O modo tradicional de pensar pode também deparar--se com dificuldades intrínsecas. Como vimos, pelo menos parte do corpo predominante de crenças é falso. Mesmo numa sociedade simples e imutável, ocorrem alguns acontecimentos invulgares que têm de ser levados em conta. A nova explicação pode contradizer a antiga e a luta entre as duas explicações pode destruir a estrutura maravilhosamente simples do mundo tradicional. No entanto, o modo tradicional de pensar não se destrói sempre que há uma mudança nas condições da existência. A tradição é extremamente flexível, desde que não seja ameaçada por alternativas. Por definição, abrange todas as explicações existentes. Assim que aparece uma nova explicação, esta torna-se automaticamente a explicação tradicional e, sem a distinção entre passado e presente, parecerá ter existido desde sempre. Deste modo, até mesmo um mundo em mudança pode parecer imutável dentro de limites bastante extensos.

Podemos então ver que, num mundo simples e relativamente imutável, o modo tradicional de pensar pode satisfazer sempre as necessidades das pessoas, mas, se forem expostas a formas diferentes de pensar ou se novos desenvolvimentos criarem uma situação mais complexa, este modo de pensar pode ser destruído. As crenças tradicionais podem conseguir conservar a sua supremacia na competição com outras ideias, sobretudo se tiverem o apoio da coerção adequada. Nestas circunstâncias, porém, o modo de pensar já não pode ser visto como tradicional. Não é o mesmo declarar o princípio de que as coisas devem ser como sempre foram e acreditar nisso de forma implícita. Para sustentar tal princípio, uma perspectiva deve ser considerada a correcta e todas as outras têm de ser eliminadas. A tradição pode servir de pedra angular para aquilo que é ou não elegível; mas já não pode ser o que era para o modo tradicional de pensar – a única fonte de conhecimento. Para distinguir o pseudo-tradicional do original, designá-lo-ei por «modo dogmático de pensar» e falarei dele em separado.

A SOCIEDADE ORGÂNICA

O modo tradicional de pensar não reconhece a distinção entre leis sociais e leis naturais: a estrutura social é considerada tão inalterável quanto tudo o resto que envolve o homem. Como o ponto de partida é uma sociedade imutável, esta é sempre composta pelo Todo social e não pelos indivíduos. Se a sociedade determina totalmente a existência dos seus membros, estes não têm palavra na determinação da natureza da sociedade em que vivem, porque assim lhes foi determinado pela tradição. Isto não significa que haja um conflito de interesses entre o indivíduo e o Todo, em que o indivíduo perde sempre. Numa sociedade imutável, o indivíduo como tal não existe; além disso, o Todo social não é uma ideia abstracta em contraste com a ideia de indivíduo, mas sim uma unidade concreta que abrange todos os membros. A dicotomia entre o Todo social e o indivíduo, tal como muitas outras, resulta do nosso hábito de usar termos abstractos. Para compreendermos a unidade que caracteriza uma sociedade imutável, temos de abandonar alguns dos nossos hábitos de pensamento, sobretudo o nosso conceito de indivíduo.

O indivíduo é um conceito abstracto; como tal, não tem lugar numa sociedade imutável. A sociedade tem membros, cada um deles capaz de pensar e sentir; mas, em vez de serem fundamentalmente semelhantes, são fundamentalmente diferentes em função da situação em que se encontram na vida. Nem sequer lhes ocorre que, de algum modo, são iguais.

Tal como o indivíduo enquanto abstracção não tem existência, o Todo não existe enquanto abstracção, mas como facto concreto. A unidade de uma sociedade imutável é comparável à unidade de um organismo. Os membros de uma sociedade imutável são como os órgãos de um corpo. Não podem viver fora da sociedade e, dentro dela, só têm uma posição: aquela que ocupam. As funções que desempenham determinam os seus direitos e deveres. Um camponês difere tanto de um sacerdote como o estômago difere do cérebro. É verdade que as pessoas têm a capacidade de pensar e sentir, mas como a sua posição na sociedade está determinada, o efeito não é muito diferente do que se não tivessem consciência.

Esta analogia aplica-se apenas quando os membros aceitam de forma submissa o papel que lhes é atribuído. Paradoxalmente, a analogia é normalmente usada quando a estrutura tradicional já está ameaçada: as pessoas que vivem numa sociedade realmente imutável não têm necessidade nem capacidade para pensar fazê-lo. O facto de Menénio Agripa* ter achado necessário propor a analogia indica que a ordem estabelecida estava em causa. O termo «sociedade orgânica» aplica-se apenas a uma sociedade na qual a analogia nunca seria pensada, e torna-se falsa no momento em que é usada.

---

* Cônsul romano em 503 a.C. De origem plebeia, Menénio Agripa usou a analogia (apólogo) entre a sociedade e o corpo humano para convencer os plebeus a voltarem a Roma, depois de estes terem saído da cidade como protesto contra a tributação e os abusos de poder dos patrícios (*N.T.*).

A unidade de uma sociedade orgânica é anátema para outro tipo de unidade, a da humanidade. Como o modo tradicional de pensar não utiliza conceitos abstractos, todas as relações são concretas e particulares. A igualdade fundamental entre os homens e os direitos inalienáveis do homem são ideias de outra era. O mero facto de se ser humano não implica o gozo de direitos: aos olhos da lei, um escravo não é diferente de qualquer outro bem. Por exemplo, numa sociedade feudal, a terra é mais importante do que o seu proprietário; este só goza dos seus privilégios em virtude da terra que possui.

Os direitos e os títulos podem ser hereditários, mas isto não faz deles propriedade privada. Podemos pensar a propriedade privada como algo muito concreto; na verdade, é o contrário. Dividir uma relação entre direitos e deveres é já uma abstracção; na sua forma concreta, implica ambos. O conceito de propriedade privada vai ainda mais longe; implica posse absoluta sem quaisquer obrigações. Como tal, é diametralmente oposto ao princípio de sociedade orgânica, na qual qualquer posse implica obrigações correspondentes.

A sociedade orgânica também não reconhece a justiça como um princípio abstracto. A justiça existe apenas como um conjunto de obrigações e direitos concretos. No entanto, a administração da lei envolve um certo tipo de generalização. Excepto numa sociedade tão imutável que está morta, cada caso depende de algum precedente para o tornar aplicável. Sem princípios para o orientar, o julgamento depende do juiz. Existe pelo menos uma hipótese de a nova decisão estar de algum modo em conflito com o precedente. Felizmente, isto não precisa de causar dificuldades, já que a nova decisão se transforma imediatamente num precedente que pode orientar decisões futuras.

O que resulta deste processo é a lei comum, que é oposta aos estatutos legislativos. Baseia-se na pressuposição tácita de que as decisões do passado continuam a aplicar-se indefinidamente. Esta pressuposição é totalmente falsa, mas é tão útil que pode continuar a prevalecer muito depois de a sociedade ter deixado de ser orgânica. A administração efectiva da justiça requer que as regras sejam previamente conhecidas. Face ao conhecimento imperfeito do homem, a legislação não pode prever todas as contingências e são necessários precedentes para suplementarem os estatutos. A lei comum pode funcionar em paralelo com a lei estatuária porque, apesar da presunção subjacente da imutabilidade, pode ajustar-se imperceptivelmente às novas circunstâncias. Por isso, a sociedade orgânica não sobreviveria à codificação das suas leis, pois perderia a flexibilidade. Quando as leis são codificadas, a aparência de imutabilidade não pode ser mantida e a sociedade orgânica desintegra-se. Felizmente, a necessidade de codificar leis, de elaborar contratos ou de registar a tradição de alguma forma permanente não é muito premente quando a tradição não é ameaçada por alternativas.

A unidade da sociedade orgânica significa que os seus membros não têm alternativa senão pertencer a essa sociedade. E mais. Implica que desejem apenas fazer parte dela, uma vez que os seus interesses e os da sociedade são os mesmos; identificam-se com a sociedade. A unidade não é um princípio proclamado pelas autoridades, mas sim um facto aceite por todos os participantes. Não exige qualquer grande sacrifício. O lugar de uma pessoa na sociedade pode ser mau ou indigno, mas é o único disponível; sem esse lugar, a pessoa não tem lugar no mundo.

No entanto, haverá sempre pessoas que não aceitam o modo de pensar predominante. A forma como a sociedade lida com essas pessoas é o teste supremo à sua adaptabilidade. A repressão é contraproducente, pois provoca conflito e pode encorajar a evolução de um modo de pensar alternativo. A tolerância misturada com o descrédito é, provavelmente, a resposta mais eficiente. A loucura e a demência, em todas as suas variedades, podem ser particularmente úteis para lidar com pessoas que pensam de maneira diferente, e as sociedades primitivas são conhecidas pela tolerância relativamente às pessoas com doenças mentais.

Só quando os laços tradicionais são suficientemente vagos para permitirem que as pessoas, pelo próprio esforço, mudem as suas posições relativas na sociedade é que elas separam os seus interesses dos do Todo. Quando isto acontece, a unidade da sociedade orgânica desintegra-se e toda a gente procura satisfazer o seu próprio interesse. Nestas circunstâncias, as relações tradicionais podem ainda ser conservadas, mas só através da coerção. Já não é uma sociedade orgânica, mas sim uma sociedade conservada artificialmente imutável. A distinção é a mesma que há entre o modo tradicional e o modo dogmático de pensar e, para enfatizar este ponto, designo este estado de coisas por sociedade fechada.

O MODO CRÍTICO DE PENSAR

Abstracções

Enquanto as pessoas pensarem que o mundo é imutável, podem ficar tranquilas de que a sua visão do mundo é a única concebível. A tradição, por muito afastada que esteja da realidade, providencia orientação e o pensamento nunca necessita de ir além da consideração de situações concretas.

Num mundo em mudança, porém, o presente não repete servilmente o passado. Em vez de um rumo ditado pela tradição, as pessoas são confrontadas com um leque infinito de possibilidades. Para introduzirem alguma ordem num universo que, de outro modo, seria confuso, são obrigadas a recorrer a simplificações, a leis causais e a todo o género de ferramentas mentais.

316 | A ERA DA FALIBILIDADE

Os processos mentais não ajudam apenas a resolver problemas; criam também os seus próprios problemas. As abstracções abrem a realidade a interpretações diferentes. Como não passam de aspectos da realidade, uma interpretação não exclui as outras: cada situação tem tantos aspectos quantos aqueles que a mente nela descobre. Se esta característica do pensamento abstracto fosse totalmente compreendida, as abstracções criariam menos problemas. As pessoas perceberiam que estão a lidar com uma imagem simplificada da situação e não com a própria situação. Mas, mesmo que toda a gente compreendesse totalmente as subtilezas da moderna filosofia da linguagem, os problemas não desapareceriam, pois as abstracções desempenham um papel duplo. Relativamente às coisas que descrevem, representam aspectos da realidade que não têm existência concreta. Por exemplo, a lei da gravidade não faz com que as maçãs caiam no chão; explica apenas as forças que provocam esse acontecimento. Relativamente às pessoas que as usam, porém, as abstracções são uma parte da realidade: ao influenciarem atitudes e acções, têm grande impacto nos acontecimentos. Por exemplo, a descoberta de lei da gravidade mudou o comportamento das pessoas. Na medida em que as pessoas pensam sobre a sua própria situação, o comportamento torna-se reflexivo. Em vez de uma separação clara entre pensamentos e realidade, a variedade infinita de um mundo em mudança é composta pela variedade infinita de interpretações que o pensamento abstracto é capaz de produzir.

O pensamento abstracto tende a criar categorias, que põem em contraste aspectos opostos do mundo real. Tempo e Espaço, Sociedade e Indivíduo, Material e Ideal são dicotomias típicas desse género. Escusado será dizer que os modelos que construo aqui pertencem também ao conjunto. Estas categorias não são mais reais do que as abstracções que lhes deram origem. Ou seja, representam, desde logo, uma simplificação ou distorção da realidade, mas, pela influência que exercem sobre o pensamento das pessoas, podem também introduzir divisões e conflitos no mundo real. Contribuem para tornar a realidade mais complexa e as abstracções mais necessárias. Desta forma, o processo de abstracção alimenta-se a si próprio: as complexidades de um mundo em mudança são, em grande medida, criação do próprio homem.

Face às complicações, por que razão usam as pessoas conceitos abstractos? A resposta é que elas as evitam o mais possível. Quando vêem o mundo como imutável, não usam qualquer abstracção. Mesmo quando as abstracções se tornam indispensáveis, preferem tratá-las como parte da realidade e não como um produto do seu próprio pensamento. Só a experiência concreta lhes ensinará a fazer a distinção entre os seus pensamentos e a realidade. A tendência para ignorar as complicações relacionadas com o uso de abstracções deve ser vista como uma fraqueza do modo crítico de pensar, uma vez que as abstracções lhe são indispensáveis, e quanto menos compreendidas forem, maior a confusão que geram.

Apesar das suas desvantagens, as abstracções são muito úteis. É verdade que criam novos problemas, mas a mente responde a estes problemas com esforços renovados até o pensamento atingir níveis de complexidade e refinamento que seriam inimagináveis no modo tradicional. Um mundo em mudança não se presta ao género de certeza que existiria se a sociedade fosse imutável, mas no seu modo de pensar menos que perfeito proporciona um conhecimento muito valioso. As abstracções criam uma variedade infinita de interpretações; desde que haja um método suficientemente eficiente para fazer uma escolha, o modo crítico pode aproximar-se muito mais da realidade do que o modo tradicional, que tem apenas uma interpretação à sua disposição.

O PROCESSO CRÍTICO

Optar entre alternativas pode ser visto como a função essencial do modo crítico de pensar. As pessoas não se podem comprometer com uma interpretação particular sem, pelo menos, terem consciência das alternativas e as rejeitarem por qualquer razão. O modo tradicional de pensar aceita as explicações de forma acrítica, mas, numa sociedade em mudança, ninguém pode dizer «as coisas são assim, por isso, não podem ser de outra maneira». As pessoas têm de sustentar as suas interpretações com argumentos, de outro modo não convencerão ninguém a não ser a si mesmas; e acreditar incondicionalmente numa ideia rejeitada por toda a gente é uma forma de loucura. Mesmo aqueles que crêem ter a resposta definitiva têm de levar em conta as objecções possíveis e defender-se das críticas.

O modo crítico de pensar é mais do que uma atitude: é uma condição predominante. Denota uma situação em que há grande número de interpretações divergentes; os proponentes destas interpretações esforçam-se por ver aceites as ideias em que acreditam. Se o modo tradicional de pensar representa um monopólio intelectual, o modo crítico pode ser descrito como uma competição intelectual. Esta competição predomina, independentemente da atitude dos indivíduos ou das escolas de pensamento. Algumas das ideias em competição são incertas e apelam à crítica; outras são dogmáticas e desafiam a oposição.

A ATITUDE CRÍTICA

Uma atitude crítica ajustar-se-ia melhor às circunstâncias de um mundo em mudança do que uma atitude dogmática. As opiniões incertas não são necessariamente correctas e as dogmáticas não têm de ser completamente falsas; mas uma abordagem dogmática só perde a sua força persuasiva quando existem interpretações em conflito: a crítica é um perigo, e não uma ajuda. Por contraste, uma atitude crítica pode beneficiar com a crítica: a interpretação defendida será modificada até que já não se possam levantar mais objecções válidas. Seja o que for que resulte deste tratamento rigoroso, poderá cumprir o seu objectivo de maneira mais eficiente do que a proposição original.

A crítica, basicamente, é desagradável e difícil de aceitar. Poderá ser aceite, nem que seja por ser eficiente. Por conseguinte, a atitude das pessoas depende muito do bom funcionamento do processo crítico; inversamente, o funcionamento do processo crítico depende da atitude das pessoas. Portanto, o êxito do processo crítico e a permanência do modo crítico de pensar estão longe de estarem garantidos.

O grande mérito do processo crítico é o facto de poder proporcionar uma melhor compreensão da realidade do que o modo tradicional ou, como veremos mais à frente, o modo dogmático. O cumprimento da sua promessa depende de várias considerações. Será que as pessoas se interessam suficientemente por compreender a realidade para suportarem as inconveniências do processo crítico? Fornecerá a realidade um critério seguro para se avaliar interpretações em competição? Existe um acordo geral acerca de como deve funcionar o processo? Estas questões estão interligadas. Veremos que o sucesso do processo crítico varia de acordo com a matéria e o propósito do pensamento.

O MÉTODO CIENTÍFICO

O processo crítico funciona melhor nas ciências naturais. A realidade fornece um critério seguro para determinar a verdade ou validade das proposições científicas e existe um acordo geral sobre o propósito do pensamento e como deve funcionar o processo crítico. Isto porque a natureza funciona de maneira independente daquilo que as pessoas pensam. Compreender as leis que regem a natureza é a melhor maneira de a controlar. Por conseguinte, não há conflito entre procurar a verdade e tentar impor a nossa vontade à realidade. Ao mesmo tempo, o conhecimento científico não serve apenas para determinar a verdade; ajuda-nos também a viver. A ligação não é óbvia, mas, assim que é estabelecida, torna-se irresistível. Uma arma de fogo é mais poderosa do que o arco e as flechas.

Apesar das experiências de Galileu, as pessoas podiam continuar a viver alegremente acreditando que a Terra era plana. Aquilo que tornou irresistíveis os seus argumentos foi o ouro e a prata descobertos na América. Os resultados práticos não foram previstos:

de facto, não teriam sido alcançados se a investigação científica se limitasse apenas aos objectivos práticos. Mas forneceram a prova suprema para o método científico: apenas porque há uma realidade e porque o conhecimento que o homem dela tem é imperfeito, a ciência pôde descobrir algumas facetas da realidade cuja existência as pessoas nem sequer imaginavam.

O método científico desenvolveu as suas próprias regras e convenções acerca das quais há um acordo tácito de todos os participantes. Estas regras reconhecem que nenhum indivíduo, por mais dotado e honesto que seja, é capaz de alcançar um entendimento perfeito; as teorias têm de ser submetidas à análise crítica da comunidade científica. Aquilo que resultar deste processo interpessoal terá atingido um nível de objectividade que nenhum pensador individual seria capaz de alcançar sozinho. Os cientistas adoptam uma atitude crítica minuciosa, não por serem mais racionais ou tolerantes do que os seres humanos vulgares, mas porque o processo crítico é indispensável para o sucesso do método científico. A atitude dos cientistas é mais um resultado do que uma causa do processo crítico.

O método científico tem sido muito bem sucedido no estudo dos fenómenos naturais, mas menos na esfera social. A natureza funciona independentemente dos nossos desejos; a sociedade, porém, pode ser influenciada pelas teorias com ela relacionadas. Nas ciências naturais, as teorias têm de ser verdadeiras para serem eficazes; o mesmo não sucede nas ciências sociais. Há um atalho: as pessoas podem ser influenciadas pelas teorias. A tendência para obedecer às convenções da ciência é menor e, como resultado, é o processo interpessoal que sofre. As teorias que procuram mudar a sociedade podem apresentar um aspecto científico, para explorarem a reputação que a ciência adquiriu, sem obedecerem às suas convenções. O processo crítico oferece pouca protecção porque o acordo no propósito não é tão genuíno como no caso das ciências naturais. Há dois critérios pelos quais as teorias podem ser ajuizadas: a verdade e a eficácia – e já não coincidem.

A solução proposta pela maioria dos defensores do método científico é aplicar, com força redobrada, as regras desenvolvidas pelas ciências naturais. Karl Popper propôs a doutrina da unidade da ciência: os mesmos métodos e critérios aplicam-se ao estudo dos fenómenos naturais e sociais. Eu não concordo. Existe uma diferença fundamental entre os dois campos de estudo: a matéria das ciências sociais tem um carácter reflexivo e a reflexividade destrói a separação entre proposição e facto, que tornou tão eficiente o processo crítico nas ciências naturais.

A reflexividade gera algumas dificuldades para o processo crítico que não existem nas ciências naturais. Temos de reconhecer dois problemas muito distintos. O primeiro é que as teorias podem influenciar a maté-

324 | A ERA DA FALIBILIDADE

ria a que se referem. O segundo é que o entendimento imperfeito dos participantes introduz um elemento de incerteza na matéria, o que torna as previsões falsificáveis e dificulta a descoberta de explicações.

Karl Popper tinha razão em insistir que as teorias têm de ser falsificáveis para se qualificarem como científicas, e tinha também razão em afirmar que o marxismo não se qualifica como tal. Mas não aprofundou o suficiente. Não percebeu que um princípio básico da economia – nomeadamente, que os mercados financeiros tendem para o equilíbrio – também não se qualifica. O equilíbrio é um conceito abstracto da física newtoniana e baseado em pressuposições que não existem na realidade. Os indícios empíricos de que os mercados financeiros não mostram uma tendência consistente para o equilíbrio não invalidam, portanto, a teoria.

As dificuldades associadas à reflexividade não são bem percebidas. As ciências sociais esforçaram-se duramente para imitar as ciências naturais, a fim de se aproveitarem da reputação que as ciências naturais conquistaram. A teoria económica, em especial, fez muito para negar a reflexividade.

Ao considerar as condições de oferta e procura como independentemente dadas, a teoria económica conseguiu eliminar a reflexividade da sua matéria de estudo. Como resultado, a teoria económica apresenta uma imagem enganadora da realidade, mas a distorção é difícil de ser demonstrada enquanto as ciências sociais forem apreciadas pelos mesmos critérios das ciências naturais. As teorias científicas devem fornecer previsões e explicações inequívocas; as teorias que reconhecem a reflexividade não podem fazê-lo.

O processo crítico enfrenta dificuldades ainda maiores fora da esfera da ciência. O objectivo declarado da ciência é produzir conhecimento; o conhecimento baseia-se em proposições verdadeiras; o processo crítico, portanto, está profundamente enraizado na procura da verdade. O mesmo não acontece noutras esferas de actividade. O primeiro propósito do pensamento é perseguir os interesses pessoais, sejam eles quais forem, e não procurar a verdade numa forma abstracta, a menos que este seja o interesse especial de alguém. Como as pessoas têm interpretações diferentes da realidade, a procura da verdade é uma forma muito ineficiente de perseguir os interesses próprios e poucas pessoas o fazem. No entanto, é absolutamente necessário corrigir as concepções erróneas, pois as interpretações distorcidas têm consequências adversas inesperadas. Como colmatar esta necessidade?

ECONOMIA DE MERCADO E DEMOCRACIA

Na economia, os mercados financeiros providenciam um mecanismo eficiente de reacção para saber se as

326 | A ERA DA FALIBILIDADE

decisões de investimento foram ou não correctas. Os mercados financeiros estão longe da perfeição. Podem produzir inicialmente um auto-reforço, mas, em vez de um equilíbrio, acabam por dar origem a processos de autodestruição de expansão-contracção [boom-bust] e, de qualquer modo, servem apenas para a distribuição de recursos escassos entre necessidades privadas em competição, e não para a satisfação dos interesses comuns – estes têm de ser decididos por um processo político. No entanto, os mercados financeiros são superiores às decisões arbitrárias de investimento. De igual modo, na política, uma forma democrática de governo pode evitar erros graves com mais eficiência do que as regras arbitrárias. Uma forma autoritária de governo tem de suprimir activamente as interpretações alternativas porque pode ter a adesão universal, bastando para isso proibir a crítica e evitar o aparecimento de novas ideias; em suma, destruir o modo crítico de pensar e travar a mudança. Se, por contraste, as pessoas forem autorizadas a resolverem as questões da organização social, as soluções não têm de ser finais: podem ser anuladas pelo mesmo processo que as produziu. Toda a gente tem a liberdade de expressar a sua interpretação e, se o processo crítico funcionar bem, a interpretação que prevalecer pode ser a que melhor representa os interesses dos participantes. Este é o princípio da democracia.

Para que a democracia funcione bem, é preciso que

determinadas condições sejam satisfeitas, que se podem comparar às condições responsáveis pelo sucesso do método científico: em primeiro lugar, tem de haver um critério pelo qual se possam julgar ideias divergentes e, em segundo, tem de haver uma vontade geral de obedecer a esse critério. O primeiro pré-requisito é fornecido pela votação maioritária, como definido pela constituição, e o segundo por uma crença na democracia como modo de vida. Não basta uma variedade de opiniões para criar a democracia; se várias facções adoptarem dogmas opostos, o resultado não é a democracia, mas sim a guerra civil. As pessoas devem acreditar na democracia como um ideal: mais do que verem a sua opinião prevalecer, devem dar importância ao facto de as decisões serem alcançadas por via constitucional. Esta condição só será satisfeita se a democracia produzir, efectivamente, resultados positivos.

Há aqui uma relação circular: a democracia só pode servir de ideal se for eficiente, e só pode ser eficiente se for geralmente aceite como ideal. Esta relação tem de evoluir através de um processo reflexivo, no qual os sucessos da democracia reforçam a democracia enquanto ideal e *vice-versa*. A democracia não pode ser imposta por decreto.

A semelhança com a ciência é notória. A convenção de objectividade e a eficiência do método científico são também mutuamente dependentes. A ciência depende das suas descobertas para quebrar o círculo vicioso:

elas falam mais eloquentemente a seu favor do que qualquer outro argumento. A democracia também requer resultados positivos: uma economia evolutiva, estímulo intelectual e espiritual, um sistema político que satisfaça melhor as aspirações dos cidadãos do que as formas rivais de governo.

A democracia é capaz desses resultados. Dá liberdade àquilo que pode ser considerado o aspecto positivo do conhecimento imperfeito – a criatividade. Não há maneira de saber o que é que a criatividade produzirá; os resultados imprevistos podem fornecer a melhor justificação para a democracia, tal como fazem para a ciência. Mas o progresso não está garantido. Os contributos positivos só podem vir dos participantes. Os resultados dos seus pensamentos podem ser previstos; podem ou não continuar a fazer da democracia um sucesso. A crença na democracia enquanto ideal é uma condição necessária, mas não suficiente. De facto, isto complica muito a democracia enquanto ideal. Não pode ser garantida, mesmo que seja universalmente aceite como ideal. A democracia não pode ser garantida porque depende das energias criativas daqueles que nela participam. Mas, para predominar, tem de ser vista como ideal. Os que nela acreditam devem ter fé no aspecto positivo do conhecimento imperfeito e esperar que produza os resultados desejados.

A PROCURA DA CERTEZA

A democracia enquanto ideal deixa algo a desejar. Não fornece um programa definido, um objectivo claro, excepto nos casos em que as pessoas foram privadas da sua liberdade. Quando as pessoas são livres de perseguirem objectivos alternativos, confrontam-se com a necessidade de decidirem quais são os seus objectivos. E é aqui que a atitude crítica é pouco satisfatória. Não dá qualquer garantia de que as decisões tomadas são as correctas. As ciências naturais podem produzir conclusões firmes porque têm critérios objectivos à sua disposição. As ciências sociais estão em terrenos menos firmes, uma vez que a reflexividade interfere com a objectividade; para decidir programas políticos, a atitude crítica, por si só, não é de grande utilidade. Tem de ser combinada com um conjunto de valores e crenças, que é depois sujeito a um processo de avaliação crítica. Uma crença firme nos interesses próprios pode ser muito mais forte do que uma procura hesitante do interesse comum.

O modo tradicional de pensar resolve a questão da certeza de forma muito mais eficiente do que o modo crítico. Não estabelece uma distinção entre a crença e a realidade: a religião, ou o seu equivalente primitivo, o animismo, abrange toda a esfera do pensamento e exige uma adesão incondicional. Não admira que as pessoas suspirem pelo paraíso perdido da beatitude primeva! As ideologias dogmáticas prometem satisfazer essa aspiração. O problema é que só o podem fazer eliminando as crenças divergentes. Isto torna essas ideologias tão perigosas para o modo crítico de pensar como a existência de explicações alternativas para o modo tradicional.

A SOCIEDADE ABERTA

Quando elaborei a minha estrutura conceptual, pensei na sociedade aberta como uma sociedade perfeitamente mutável que contrastava com a imutabilidade perfeita da sociedade orgânica. Desde então, mudei a minha opinião. Agora, vejo a sociedade aberta como uma sociedade relativamente estável, aberta à inovação e ao aperfeiçoamento. A mudança brusca e a incerteza podem representar uma ameaça existencial para a sociedade aberta. Mas vou agora apresentar a estrutura tal como a concebi originalmente nos anos 60. Foi esta estrutura que me orientou quando me envolvi na abertura do sistema soviético. As revisões posteriores da estrutura estão descritas no capítulo 2.

Concorrência perfeita

Uma sociedade perfeitamente mutável parece difícil de imaginar. Não há dúvida de que a sociedade deve ter uma estrutura permanente, de outro modo como poderia ela sustentar as relações complexas de uma civilização? Mas uma sociedade perfeitamente mutável não pode ser apenas postulada: já foi profundamente estudada na teoria da concorrência perfeita. A concorrência perfeita fornece às unidades económicas situações alternativas que são apenas marginalmente inferiores à que elas realmente ocupam. Se houver a mais pequena mudança nas circunstâncias, estão prontas a actuar; entretanto, a sua dependência das relações presentes é mantida ao mínimo. O resultado é uma sociedade perfeitamente mutável, que pode até nem mudar.

Penso que a teoria da concorrência perfeita é irrealista, mas vou usá-la como ponto de partida porque tem sido muito influente. Ao mostrar como me afasto da abordagem seguida pela economia clássica, posso esclarecer melhor o conceito de sociedade aberta do que se tentasse abordá-lo directamente. A minha objecção básica à teoria da competição perfeita é o facto de ela produzir um equilíbrio estático, ao passo que defendo que uma sociedade aberta deve estar num desequilíbrio dinâmico.

A concorrência perfeita é descrita pela teoria económica da seguinte forma: um grande número de indivíduos, cada qual com a sua própria escala de valores, depara-se com um grande número de alternativas, que eles podem escolher livremente. Se cada homem escolher racionalmente, ficará com a alternativa que mais lhe agrada. A teoria clássica afirma então que, devido ao grande número de alternativas, a escolha de um indivíduo não interfere com as alternativas disponíveis para os outros; deste modo, a concorrência perfeita serve para maximizar o bem-estar de todos.

A teoria pressupõe que existe um grande número de unidades, cada qual com conhecimento e mobilidade perfeitos. Cada unidade tem a sua própria escala de preferências e depara-se com uma determinada escala de oportunidades. Acho que estas pressuposições são irrealistas. A minha abordagem baseia-se na ausência do conhecimento perfeito. E a mobilidade perfeita não se pode conciliar com activos fixos e capacidades especializadas, ambos indispensáveis ao modo de produção capitalista. A razão por que os economistas toleraram durante tanto tempo estas pressuposições inaceitáveis é que produziam resultados considerados, em vários sentidos, desejáveis. Em primeiro lugar, atribuem à economia um estatuto comparável ao da física. A semelhança entre o equilíbrio estático da competição perfeita e a termodinâmica newtoniana não é coincidência. Em segundo, demonstram que a concorrência perfeita maximiza o bem-estar.

Na verdade, as condições só se aproximam das da concorrência perfeita quando novas ideias, novos produtos, novos métodos e novas preferências mantêm a mobilidade das pessoas e dos capitais. A mobilidade não é perfeita: o movimento tem custos. Mas, ainda assim, as pessoas movem-se, atraídas por melhores oportunidades ou deslocadas por mudanças de circunstâncias, e, quando começam a mover-se, tendem para oportunidades mais atractivas. Não têm um conhecimento perfeito, mas, ao estarem em movimento, deparam-se com mais alternativas do que se ocupassem a mesma posição durante toda a vida. Opor-se-ão a que outras pessoas tomem os seus lugares, mas, com tantas oportunidades em aberto, o seu apego à situação existente é menos forte e ser-lhes-á mais difícil ter o apoio de outros que estão, actual ou potencialmente, na mesma posição. Quando as pessoas se movem com mais frequência, desenvolvem uma certa facilidade de ajustamento, o que reduz a importância de quaisquer qualificações especializadas que possam ter adquirido. Aquilo que podemos designar por «mobilidade efectiva» substitui o conceito irreal de mobilidade perfeita e o modo crítico de pensar substitui o conhecimento perfeito. O resultado não é a competição perfeita, como definida na economia, mas sim uma condição a que chamarei «concorrência efectiva». Aquilo que a distingue da concorrência perfeita é o facto de que os valores e as oportunidades, longe de serem fixas, estão sempre a mudar.

Se o equilíbrio fosse alguma vez alcançado, as condições da concorrência efectiva deixariam de se aplicar. As unidades ocupariam posições específicas, que estariam mais dificilmente disponíveis para outros, pela simples razão de que elas lutariam para as defenderem. Tendo desenvolvido capacidades especiais, o movimento implicaria uma perda. As unidades resistiriam com toda a força a qualquer usurpação; se necessário, prefeririam um corte na remuneração do que terem de se mover, sobretudo porque teriam de lutar contra os interesses adquiridos de outros. Face às suas posições entrincheiradas e aos sacrifícios que as unidades estariam dispostas a fazer para as defenderem, alguém de fora teria dificuldade em competir. Em vez de oportunidades quase ilimitadas, cada unidade ficaria então mais ou menos presa à situação existente. E, não sendo dotadas de conhecimento perfeito, podem nem se aperceber das oportunidades que estão a perder. Algo muito longe da concorrência perfeita!

Instabilidade

Vale a pena explorar as diferenças com o conceito clássico de concorrência perfeita. A economia clássica considera os valores e as oportunidades como dados de forma independente. Por conseguinte, a instabilidade deve ser um problema endémico. Esta conclusão contradiz directamente a teoria clássica da concorrência perfeita, segundo a qual a busca racional do interesse próprio deve produzir o equilíbrio. Em vez do equilíbrio, a acção livre das forças do mercado produz um processo interminável de mudança, em que os excessos de um tipo cedem aos de outro tipo.

Esta conclusão abre uma caixa de Pandora. A análise clássica assenta inteiramente no interesse próprio; mas se a busca do interesse próprio *não* conduz a um sistema estável, levanta-se a questão se ela será suficiente para assegurar a sobrevivência do sistema. A resposta é um rotundo «não». A estabilidade dos mercados financeiros só pode ser preservada por alguma forma de regulação. E quando se faz da estabilidade um objectivo político, outras causas importantes se seguem. Obviamente, em condições de estabilidade, a competição deve também ser preservada. A política pública para preservar a estabilidade e a competição, e sabe-se lá mais o quê, opõe-se ao princípio do *laissez--faire*. Um deles deve estar errado.

Podemos falar do século XIX como uma época em que o *laissez-faire* era a ordem económica geralmente aceite e predominante em grande parte do mundo. Evidentemente, não se caracterizava pelo equilíbrio da teoria económica. Foi um período de rápido progresso económico, durante o qual se inventaram novos métodos de produção, se desenvolveram novas formas de organizações económicas e se expandiram as fronteiras da actividade económica. A antiga estrutura dos controlos económicos desintegrara-se; o progresso era tão rápido que não havia tempo para o planear; os desenvolvimentos eram tão inovadores que não havia método conhecido para os controlar. O mecanismo do Estado era inadequado para assumir tarefas adicionais; já tinha dificuldades para manter a lei e a ordem nas cidades que cresciam cada vez mais e nas fronteiras em expansão.

O princípio do *laissez-faire* gozou de forte revivalismo nos anos 80. O presidente Reagan invocou a magia do mercado e Margaret Thatcher encorajou a sobrevivência dos mais fortes. Desde então, a globalização deu aos detentores do capital a opção de procurarem países onde recebessem o melhor tratamento. Isto reduziu fortemente a capacidade de os governos os tributarem e regularem. As condições predominantes estão muito longe dos pressupostos irrealistas da concorrência perfeita, mas são muito favoráveis à procura desenfreada do lucro pessoal em detrimento de outras considerações. Vejamos como funciona o sistema.

Liberdade

A concorrência efectiva não produz equilíbrio, mas maximiza a liberdade do indivíduo, reduzindo a sua dependência das relações existentes. De uma forma geral, a liberdade é vista como um direito ou uma série de direitos – liberdade de expressão, de movimento, de oração – protegidos pela lei ou pela Constituição. Trata-se de uma definição muito limitada. Prefiro dar ao termo um significado mais lato. Vejo a liberdade como a existência de alternativas. Se as alternativas a uma situação corrente forem muito inferiores, ou se a mudança envolver grande esforço e sacrifício, as pessoas permanecerão dependentes das situações existentes e estarão sujeitas a todo o tipo de restrições e explorações. Se lhes forem abertas alternativas que sejam apenas marginalmente inferiores, ficam livres de pressões. Se estiverem sob pressão, mudam-se. A liberdade, portanto, é uma função da capacidade de as pessoas deixarem os cargos que têm. Quando as alternativas são apenas marginalmente inferiores, a liberdade é maximizada.

Isto é muito diferente do modo como as pessoas costumam ver a liberdade, mas, neste caso, a liberdade é geralmente vista como um ideal e não como um facto. Enquanto ideal, a liberdade vale o sacrifício. Enquanto facto, consiste em fazer o que se quer sem ter de se fazer sacrifícios.

As pessoas que acreditam na liberdade como ideal podem lutar apaixonadamente por ela, mas não a compreendem necessariamente. Como a liberdade lhes serve de ideal, tendem a vê-la como uma graça absoluta. Na verdade, a liberdade não está isenta de aspectos indesejáveis. Quando os sacrifícios dão frutos e a liberdade é alcançada, isso pode tornar-se mais visível do que quando a liberdade era apenas um ideal. A aura de heroísmo desaparece, bem como a solidariedade baseada num ideal comum. O que fica é uma multidão de indivíduos, cada qual perseguindo o seu próprio interesse tal como o entende. Este interesse pode ou não coincidir com o interesse público. Esta é a liberdade tal como se encontra numa sociedade aberta; e pode parecer decepcionante para os que por ela lutaram.

Propriedade privada

A liberdade, tal como é aqui definida, estende-se não só aos seres humanos, mas também a outros meios de produção. A terra e o capital podem também ser «livres», no sentido em que não estão presos a usos particulares e têm alternativas marginalmente graduadas.

Os factores de produção são sempre usados em conjunto com outros factores, de tal modo que qualquer mudança no uso de um deve ter influência nos outros. Por conseguinte, a riqueza nunca é realmente privada; colide com os interesses dos outros. A concorrência efectiva reduz a dependência de um factor em relação a outro e, segundo as pressuposições irreais da competição perfeita, a dependência desaparece na sua totalidade. Isto livra os proprietários dos recursos produtivos de qualquer responsabilidade para com os outros participantes e fornece uma justificação teórica para se ver a propriedade privada como direito fundamental.

Percebe-se que o conceito de propriedade privada necessite da teoria da concorrência perfeita para a justificar. Na ausência das pressuposições irreais da mobilidade perfeita e do conhecimento perfeito, a propriedade acarreta não só direitos, mas também deveres para com a comunidade.

A concorrência efectiva também favorece a propriedade privada, mas de forma mais qualificada. As consequências sociais da decisão individual são difusas e os efeitos adversos são amortecidos pela capacidade de os factores afectados procurarem alternativas. As obrigações sociais associadas à riqueza são também vagas e generalizadas, e pode haver poucas objecções ao facto de a propriedade ser detida e administrada por privados, sobretudo quando a alternativa da propriedade pública apresenta maiores desvantagens. Mas, em contraste com a análise clássica, os direitos da propriedade privada não podem ser vistos como absolutos, pois a concorrência não é perfeita.

Contrato social

Quando a liberdade é um facto, o carácter da sociedade é totalmente determinado pela decisão dos seus membros. Tal como numa sociedade orgânica a posição dos membros só pode ser compreendida relativamente ao Todo, agora o Todo é em si mesmo insignificante e só pode ser compreendido em termos das decisões dos indivíduos. É para sublinhar este contraste que uso a expressão sociedade aberta. Uma sociedade deste género pode também ser aberta no sentido mais usual de as pessoas poderem entrar e sair à vontade, mas, para mim, este significado é contingente.

Numa sociedade civilizada, os indivíduos estão envolvidos em muitas relações e associações. Enquanto que, na sociedade orgânica, estas são determinadas pela tradição, na sociedade aberta são constituídas pelas decisões dos indivíduos envolvidos: são reguladas por um contrato redigido e tácito. Os laços contratuais substituem os laços tradicionais.

As relações tradicionais são fechadas no sentido em que os seus termos e condições estão fora do controlo das partes interessadas. Por exemplo, a herança da terra é predeterminada, bem como a relação entre o servo e o senhor. As relações são também fechadas no sentido em que se aplicam apenas àqueles que estão directamente envolvidos e não dizem respeito a mais ninguém. As relações contratuais são abertas no sentido em que os termos são negociados pelas partes interessadas e podem ser alterados por mútuo acordo. São também abertas no sentido em que as partes contratuantes podem ser substituídas por outros. Os contratos são, geralmente, publicamente conhecidos e as discrepâncias flagrantes entre acordos que cobrem situações similares são corrigidas pela concorrência.

Num certo sentido, a diferença entre as relações tradicionais e as relações contratuais corresponde à diferença entre o pensamento concreto e o pensamento abstracto. Enquanto que uma relação tradicional se aplica apenas aos que estão directamente envolvidos, os termos de um contrato podem ser considerados como tendo validade universal.

Se as relações são determinadas pelos participantes, então a participação nas várias instituições que constituem a sociedade civilizada deve estar, também, sujeita a um contrato. Foi este raciocínio que conduziu ao conceito de contrato social. Tal como foi organicamente exposto por Rousseau, o contrato não tem validade teórica nem histórica. Seria enganador definir a sociedade em termos de um contrato livremente consentido por indivíduos completamente independentes; e seria um anacronismo atribuir a tal contrato a génese histórica da sociedade civilizada. Contudo, o conceito de Rousseau define a essência da sociedade aberta de forma tão clara quanto a alegoria de Menénio Agripa definia a sociedade orgânica.

A sociedade aberta pode ser vista como um modelo teórico no qual todas as relações têm carácter contratual. A existência de instituições com participação obrigatória ou limitada não interfere com esta interpretação. A liberdade individual é assegurada enquanto existirem várias instituições diferentes de categoria mais ou menos igual abertas a todos os indivíduos, de

342 | A ERA DA FALIBILIDADE

modo a que estes possam escolher a instituição a que querem pertencer. Isto é verdade mesmo quando algumas destas instituições, como o Estado, têm poderes para obrigar, e as outras, como os clubes sociais, não podem ostracizar os indivíduos porque estes podem contratar noutro lado.

A sociedade aberta não garante oportunidades iguais para todos. Pelo contrário, se um modo de produção capitalista se associar à propriedade privada, haverá certamente grandes desigualdades, que, se forem ignoradas, tendem a aumentar em vez de diminuir. A sociedade aberta não é necessariamente sem classes; de facto, é difícil – embora não impossível – imaginá-la como tal. Como pode a existência de classes conciliar--se com a ideia de sociedade aberta? A resposta é simples. Numa sociedade aberta, as classes são apenas generalizações dos estratos sociais. Dado o alto nível de mobilidade social, não pode haver consciência de classe do tipo que Marx falava. O seu conceito aplica-se apenas a uma sociedade fechada, que, mais à frente, definirei com maior rigor.

Admirável Mundo Novo

Que me seja permitido levar o conceito de sociedade aberta à sua conclusão lógica e descrever como seria uma sociedade perfeitamente mutável. Haveria alternativas em todos os aspectos da vida: nas relações pessoais, opiniões e ideias, processos produtivos e materiais, organização social e económica, e assim por diante. Nestas circunstâncias, o indivíduo ocuparia uma posição proeminente. Os membros de uma sociedade orgânica não possuem qualquer individualidade; numa sociedade menos que perfeitamente mutável, as relações e os valores estabelecidos abrangem a relação das pessoas com a nação, com a família e com os seus semelhantes, e dependem inteiramente das suas próprias decisões. Olhando para o reverso da moeda, isto significa o fim da permanência das relações sociais; a estrutura orgânica da sociedade desintegrou-se a ponto de os seus átomos, os indivíduos, ficarem à deriva sem raízes nem laços.

Como é que o indivíduo opta entre alternativas constitui a matéria da economia. A análise económica, portanto, fornece um ponto de partida conveniente; basta apenas estendê-lo. Num mundo em que qualquer acção é matéria de escolha, o comportamento económico caracteriza todos os campos de actividade. Isto não significa necessariamente que as pessoas dêem mais atenção à posse de bens do que aos valores espirituais, artísticos ou morais, mas apenas que todos os valores podem ser reduzidos a termos monetários. Isto torna os princípios do mecanismo do mercado relevantes para áreas tão díspares como a arte, a política, a vida social, o sexo e a religião. Nem tudo o que tem valor está sujeito à compra e venda, uma vez que existem alguns valores que são puramente pessoais e, por isso, não podem ser trocados (por exemplo, o amor maternal); outros há que perdem o valor no processo de troca (por exemplo, a reputação); e outros que seria fisicamente impossível ou ilegal trocar (por exemplo, o estado do tempo ou as nomeações políticas); mas o alcance do mecanismo do mercado seria alargado aos seus limites extremos. Mesmo quando a acção das forças do mercado fossem reguladas pela legislação, a própria legislação seria o resultado de um processo de negociação aparentado ao comportamento económico.

Nascem escolhas que nem tinham sido imaginadas no passado. A eutanásia, a engenharia genética ou a lavagem cerebral tornaram-se problemas de importância prática. As funções humanas mais complexas, como o pensamento, podem ser reduzidas nos seus elementos e reproduzidas artificialmente. Tudo parece possível até se provar impossível.

A característica mais evidente de uma sociedade perfeitamente mutável é, talvez, o declínio das relações pessoais. O que faz com que uma relação seja pessoal é o facto de se estar ligado a uma pessoa específica. Os amigos, vizinhos, maridos e mulheres tornar-se-iam, se não permutáveis, pelo menos facilmente substituíveis por substitutos apenas marginalmente inferiores (ou superiores); estariam sujeitos à escolha em condições competitivas. É provável que a relação entre pais e filhos se mantivesse, mas os laços que os unem podem ficar mais soltos. O contacto pessoal pode perder importância à medida que meios de comunicação mais eficientes reduzem a necessidade da presença física.

Esta imagem não é muito agradável. Como factor atenuante, devemos lembrar que qualquer sistema social se torna absurdo se for levado até às suas conclusões lógicas, quer seja a *Utopia* de More, os países imaginários de Defoe, o *Admirável Mundo Novo* de Huxley ou o *1984* de Orwell. No entanto, deve ser agora claro que, enquanto facto consumado, a sociedade aberta pode mostrar-se menos desejável do que parece aos que vivem numa sociedade fechada.

A Questão dos Valores

O grande benefício da sociedade aberta, e o facto que a qualifica para servir de ideal, é a liberdade do indivíduo. A atracção mais óbvia da liberdade é negativa: a ausência de repressão. Mas a liberdade também tem um aspecto positivo, que é ainda mais importante. Permite que as pessoas pensem por si próprias, decidam o que querem e traduzam os seus sonhos em realidade. Podem explorar os limites das suas capacidades e alcançar feitos intelectuais, organizacionais, artísticos e práticos que, de outro modo, nem pensavam possíveis. Pode ser uma experiência intensamente excitante e satisfatória.

346 | A ERA DA FALIBILIDADE

No lado negativo, a posição proeminente de que os indivíduos desfrutam impõe-lhes um fardo que, por vezes, pode parecer insustentável. Onde podem eles encontrar os valores de que necessitam para fazerem todas as escolhas com que se confrontam? A análise económica toma como dados tanto os valores como as oportunidades. Vimos que a pressuposição é diametralmente oposta ao princípio de uma sociedade perfeitamente mutável. É uma contradição de termos esperar que um indivíduo sem relações opere com um conjunto fixo de valores. Os valores são tanto uma questão de escolha como outra coisa qualquer. A escolha pode ser consciencioso e o resultado de muita meditação e reflexão; mas é mais provável que seja impulsiva, baseada na educação familiar, em conselhos, na publicidade ou noutra influência externa. Quando os valores são mutáveis, mudá-los torna-se uma importante actividade económica. Os indivíduos têm de escolher os seus conjuntos de valores sob grandes pressões externas.

Se fosse apenas uma questão de consumo, não haveria grande dificuldade. Quando se trata de decidir que marca de cereais escolher, a sensação de prazer pode constituir uma orientação adequada – ainda que mesmo isso seja duvidoso à luz das quantias gastas na publicidade aos cereais. Mas uma sociedade não pode assentar apenas no princípio do prazer. A vida inclui dor, riscos, perigos e a perspectiva da morte. Se o prazer fosse o único critério, o capital não seria acumulado, muitas das associações e instituições que constituem a sociedade podiam não sobreviver, nem se poderiam fazer muitas das descobertas e criações artísticas e técnicas que formam uma civilização.

Deficiência de Finalidade

Quando vamos além das escolhas que fornecem satisfação imediata ao indivíduo, vemos que a sociedade aberta padece daquilo que pode ser designado por uma «deficiência de finalidade». Isto não significa que não haja finalidade, mas apenas que ela tem de ser procurada e encontrada por cada indivíduo em si mesmo.

Encontrar uma finalidade torna-se um problema. As pessoas podem tentar identificar-se com uma finalidade mais lata, juntando-se a um grupo ou dedicando-se a um ideal. Mas as associações voluntárias não têm a mesma qualidade tranquilizadora e inevitável da sociedade orgânica. Não se pertence a algo graças a uma maldição, mas como resultado de uma escolha consciente. E é difícil que alguém se comprometa incondicionalmente com um determinado grupo quando há tantos à escolha. Mesmo que o faça, o grupo pode não comprometer-se: há um perigo constante de se ser rejeitado ou abandonado.

348 | A ERA DA FALIBILIDADE

O mesmo se aplica aos ideais. Os ideais religiosos e sociais têm de competir entre si porque não têm a completude universal que levaria as pessoas a aceitá-los incondicionalmente. A adesão a um ideal torna-se tanto uma questão de escolha como a adesão a um grupo. O indivíduo continua isolado; a sua adesão não significa identidade, mas sim um acto consciente de escolha. A consciência deste acto faz a mediação entre o indivíduo e o ideal adoptado.

A necessidade de encontrar uma finalidade para e em si mesmos, coloca os indivíduos num dilema. O indivíduo é a unidade mais frágil das que compõem a sociedade e tem um tempo de vida mais breve do que a maioria das instituições que dele dependem. Por si próprios, os indivíduos providenciam uma base muito incerta para um sistema de valores suficiente para sustentar uma estrutura que lhes sobreviverá e que deve representar para eles um valor maior do que as suas próprias vidas e bem-estar. Mas este sistema de valores é necessário para sustentar a sociedade aberta.

A inadequação do indivíduo como fonte de valores pode ser expressa de várias maneiras. Solidão, sentimentos de inferioridade, culpa e futilidade podem estar directamente relacionados com uma deficiência de finalidade. Estas perturbações psíquicas são exacerbadas pela tendência das pessoas para se considerarem pessoalmente responsáveis por esses sentimentos, em vez de colocarem as suas dificuldades pessoais num contexto social. A este respeito, a psicanálise não ajuda: independentemente do seu valor terapêutico, a sua preocupação excessiva com o indivíduo tende a agravar o problema que tenta curar.

Quanto mais riqueza e poder tem o indivíduo, maiores se tornam os seus problemas. Uma pessoa que mal ganha para viver não se pode dar ao luxo de parar e pensar no sentido da vida. Mas aquilo a que chamei «aspecto positivo do conhecimento imperfeito» pode servir para tornar profusas as sociedades abertas, já que o dilema deve apresentar-se em toda a sua força. Pode chegar-se a um ponto em que até o princípio do prazer é ameaçado: as pessoas podem não conseguir retirar satisfação suficiente dos resultados do seu trabalho para justificar o esforço despendido para os alcançar. A criação de riqueza pode fornecer a sua própria justificação como forma de actividade criativa; os sinais de congestão tendem a aparecer quando se trata de gozar os frutos.

Aqueles que não conseguem encontrar uma finalidade em si próprios podem ser levados a um dogma que fornece ao indivíduo um conjunto de valores predeterminado e um lugar seguro no universo. Uma forma de remover a deficiência de finalidade é abandonar a sociedade aberta. Se a liberdade se torna um fardo insustentável, a sociedade fechada pode parecer a salvação.

O MODO DOGMÁTICO DE PENSAR

Vimos que o modo crítico de pensar coloca directamente no indivíduo o fardo de decidir o que é correcto e errado, verdadeiro ou falso. Dado o entendimento imperfeito do indivíduo, existem algumas questões vitais – sobretudo, as que dizem respeito à relação do indivíduo com o universo e ao seu papel na sociedade – às quais ele não pode dar uma resposta definitiva. A incerteza é difícil de suportar e a mente humana pode fazer grandes esforços para escapar dela.

Existe esse escape: o modo dogmático de pensar. Consiste em dar a supremacia a um corpo de doutrina que se pensa ter uma origem não individual. A sua origem pode ser a tradição ou uma ideologia que ganhou supremacia em competição com outras ideologias. Seja como for, é declarado o árbitro supremo sobre interpretações divergentes: as que se conformam são aceites; as que estão em conflito são rejeitadas. Não há necessidade de considerar alternativas: todas as escolhas já estão feitas. Nenhuma pergunta é deixada sem resposta; o espectro temível da incerteza é removido.

O modo dogmático de pensar tem muito em comum com o modo tradicional. Ao postular uma autoridade que é a fonte de todo o conhecimento, tenta reter ou recriar a simplicidade maravilhosa de um mundo no qual a interpretação predominante não está sujeita à dúvida nem ao questionamento. Mas é exactamente a falta de simplicidade que o distingue do modo tradicional. No modo tradicional, a imutabilidade é um facto universalmente aceite; no modo dogmático, é um postulado. Em vez de uma interpretação universalmente aceite, há muitas interpretações possíveis, mas só uma delas está de acordo com o postulado. As outras têm de ser rejeitadas. O que complica as coisas é o facto de o modo dogmático não poder admitir que está a constituir um postulado, pois isso enfraqueceria a autoridade inquestionável que tenta estabelecer. Para ultrapassar esta dificuldade, algumas contorções mentais incríveis poderão ser necessárias. Por muito que o tente, o modo dogmático de pensar não pode recriar as condições em que o modo tradicional predominava. O ponto essencial da diferença é este: um mundo genuinamente imutável não pode ter história. Quando há uma consciência dos conflitos passados e presentes, as explicações perdem o seu carácter inevitável. Isto significa que o modo tradicional de pensar se restringe aos primeiros estádios do desenvolvimento humano. Só se as pessoas esquecessem a sua história passada é que seria possível um regresso ao modo tradicional.

Por conseguinte, pode-se descartar uma transição directa do modo crítico para o modo tradicional. Se um modo dogmático de pensar predominasse durante um período indefinido, a história desapareceria gradualmente – mas, na conjuntura presente, isso não merece ser visto como uma possibilidade prática.

A escolha é apenas entre o modo crítico e o modo dogmático.

Com efeito, o modo dogmático de pensar alarga a pressuposição da imutabilidade (que permite o conhecimento perfeito) a um mundo que já não é perfeitamente imutável. Isto não é fácil. Face ao entendimento imperfeito do homem, nenhuma explicação pode estar totalmente de acordo com a realidade. Quando a observação tem alguma influência naquilo que é visto como verdade indiscutível, surgem sempre algumas discrepâncias. A única solução realmente eficaz é remover a verdade do domínio da observação e reservá-la para um nível superior de consciência, onde pode reinar sem ser incomodada por provas divergentes.

O modo dogmático de pensar tende, portanto, a recorrer a uma autoridade sobrehumana como Deus ou a História, que se revela à humanidade de uma forma ou de outra. A revelação é a única e definitiva fonte de verdade. Enquanto os homens, com o seu intelecto imperfeito, discutem interminavelmente sobre as aplicações e implicações da doutrina, esta continua a brilhar na sua pureza augusta. Enquanto a observação regista um fluxo constante de mudanças, o domínio do poder sobre-humano mantém-se imperturbável. Este sistema mantém a ilusão de uma ordem mundial bem definida e permanente face a muitas provas que, de outro modo, o desacreditariam. A ilusão é reforçada pelo facto de o modo dogmático de pensar, se bem sucedido, tender a preservar a imutabilidade das condições sociais. No entanto, mesmo quando é bem sucedido, o modo dogmático não possui a simplicidade que era a característica redentora do modo tradicional.

O modo tradicional de pensar lida inteiramente com situações concretas. O modo dogmático assenta numa doutrina aplicável a todas as situações concebíveis. Os seus princípios são abstracções que estão para além, e por vezes se afastam, da observação directa. O uso da abstracção traz consigo todas as complicações que não existiam no modo tradicional. Longe de ser simples, o modo dogmático de pensar pode tornar-se ainda mais complexo do que o modo crítico. Isto não surpreende. Manter a pressuposição da imutabilidade em condições não totalmente adequadas, sem admitir que se faz uma pressuposição, é uma distorção da realidade. Para conseguir uma aparência de credibilidade, é necessário recorrer a contorções complexas e pagar elevados custos em termos de esforço mental. De facto, seria difícil acreditar que a mente humana é capaz de se enganar assim a si mesma se a história não nos fornecesse bons exemplos disso. Parece que a mente é um instrumento que pode resolver qualquer contradição interna criando novas contradições noutros lados. Esta tendência tem rédea livre no modo dogmático de pensar porque, como vimos, os seus princípios estão expostos a um contacto mínimo com os fenómenos observáveis.

Com todo o esforço reservado à resolução de contradições internas, o modo dogmático de pensar não dá muito espaço para desenvolver o corpo de conhecimentos existentes. Não pode admitir a observação directa como prova porque, em caso de conflito, a autoridade do dogma seria enfraquecida. Tem de se limitar a aplicar a doutrina. Isto conduz a discussões sobre o significado das palavras, sobretudo das palavras da revelação original – discussões sofisticas, talmúdicas, teológicas e ideológicas, que tendem a criar novos problemas para cada problema que resolvem. Como o pensamento tem pouco ou nenhum contacto com a realidade, a especulação tende a tornar-se mais convoluta e irreal à medida que avança. Quantos anjos podem dançar na cabeça de um alfinete?

Os conteúdos que compõem uma doutrina dependem de circunstâncias histórias e não podem estar sujeitos à generalização. A tradição pode fornecer parte do material, mas, para isso, tem de sofrer uma transformação radical. O modo dogmático de pensar requer proposições universalmente aplicáveis, ao passo que a tradição se baseava originalmente em termos concretos. A tradição tem de ser agora generalizada a fim de a tornar relevante para um universo de acontecimentos maior do que aquele para que se destinava. O modo como isto se faz é claramente demonstrado pelo desenvolvimento das linguagens. Uma das formas como uma linguagem se ajusta a novas circunstâncias é usar num sentido figurado palavras que, originalmente, tinham apenas uma conotação concreta. O sentido figurado retém apenas um aspecto característico do caso concreto, que pode depois ser aplicado a outros casos concretos que partilham essa característica. O mesmo método é utilizado pelos sacerdotes, que constroem os seus sermões a partir de um excerto da Bíblia.

Uma doutrina pode também incorporar ideias oriundas de uma sociedade aberta. Todas as teorias filosóficas e religiosas que fornecem uma explicação geral para os problemas da existência têm as características de uma doutrina; só precisam de uma adesão incondicional e de uma aplicação universal. O criador de uma filosofia abrangente pode não ter tido a intenção de construir uma doutrina para ser incondicionalmente aceite e universalmente aplicada; mas as intenções pessoais têm pouca influência no desenvolvimento das ideias. Quando uma ideologia se torna a única fonte de conhecimento, ela adquire algumas características que predominam para além da sua intenção original.

Como o modo crítico de pensar é mais poderoso do que o modo tradicional, as ideologias desenvolvidas pelo pensamento crítico podem servir como base do dogma melhor do que a própria tradição. Uma vez estabelecidas, podem assumir uma aparência tradicional. Se a linguagem é suficientemente flexível para permitir o uso figurativo de afirmações concretas, pode também pres-

356 | A ERA DA FALIBILIDADE

tar-se ao processo inverso, e as ideias abstractas podem ser personificadas. O Deus do Antigo Testamento é um destes casos e o *Golden Bough** de Frazer oferece muitos outros exemplos. Na prática, podemos ver que aquilo a que chamamos tradição incorpora muitos produtos do pensamento crítico traduzidos em termos concretos.

O primeiro requisito do dogma é ser totalmente abrangente. Tem de fornecer um padrão pelo qual todas as ideias e acções sejam avaliadas. Se não se pudesse avaliar tudo segundo esse padrão, seria necessário procurar outros métodos para se fazer a distinção entre o certo e o errado; esta procura destruiria o modo dogmático de pensar. Mesmo que a validade do dogma não fosse directamente atacada, o mero facto de a aplicação de outros critérios poder ter resultados divergentes tenderá a ameaçar a sua autoridade. Se uma doutrina quiser cumprir a sua função como fonte de todo o conhecimento, a sua supremacia tem de ser afirmada em todos os campos. Pode não ser necessário recorrer sempre a ela: pode-se cultivar a terra, pintar quadros, travar guerras, lançar foguetões – cada um à sua maneira. Mas sempre que uma ideia ou acção entra em conflito com uma doutrina, a doutrina deve ter pre-

---

* *The Golden Bough* [*O Ramo Dourado*] é uma obra do antropólogo James George Frazer, originalmente publicada em 1890. Trata-se de um estudo comparativo de mitologia e religião (*N.T.*).

A ESTRUTURA ORIGINAL | 357

cedência. Deste modo, cada vez mais esferas da actividade humana ficam sob o seu controlo.

A outra grande característica do dogma é a sua rigidez. O modo tradicional de pensar é extremamente flexível. Como a tradição é intemporal, qualquer alteração é imediatamente aceite, não só no presente, mas como algo que existe desde tempos imemoriais. Isto não acontece no modo dogmático. As suas doutrinas fornecem um padrão pelo qual são avaliados os pensamentos e as acções. Por isso, têm de ser permanentemente fixas e nenhuma transgressão pode justificar uma mudança. Um qualquer desvio à norma tem de ser corrigido de imediato; o próprio dogma deve ser inviolável.

À luz do nosso entendimento inerentemente imperfeito, é evidente que alguns novos desenvolvimentos podem chocar com doutrinas estabelecidas ou criar contradições internas de maneiras inesperadas. Qualquer mudança representa uma ameaça potencial. Para minimizar o perigo, o modo dogmático de pensar tende a inibir novos desenvolvimentos tanto no pensamento como na acção. Faz isso não só eliminando a mudança irregular da sua própria visão do universo, mas também suprimindo activamente os pensamentos e as acções irregulares. Até aonde vai nesta direcção depende da dimensão do ataque que sofrer.

Em contraste com o modo tradicional de pensar, o modo dogmático está inseparavelmente ligado a uma certa forma de compulsão. A compulsão é necessária

358 | A ERA DA FALIBILIDADE

para garantir a supremacia do dogma sobre alternativas actuais ou potenciais. Todas as doutrinas levantam questões que não se resolvem por mera contemplação; na ausência de uma autoridade que defina a doutrina e defenda a sua pureza, a unidade da visão dogmática quebrar-se-á em interpretações divergentes. A maneira mais eficiente de lidar com este problema é instituir uma autoridade humana encarregada de interpretar a vontade do poder sobre-humano, com o qual a validade das doutrinas pode acompanhar as mudanças que ocorrem na realidade. Mas nenhuma inovação senão a sancionada pela autoridade pode ser tolerada, e a autoridade tem de ter poder suficiente para eliminar as interpretações divergentes.

Pode haver circunstâncias em que a autoridade não precisa de recorrer muito à força. Enquanto o dogma predominante cumprir as suas funções que consistem em fornecer uma explicação totalmente abrangente, as pessoas tendem a aceitá-la de forma incondicional. Afinal de contas, o dogma tem o monopólio: ainda que possam existir várias interpretações sobre questões particulares, quando se trata da realidade como um todo só há uma interpretação aceitável. As pessoas são educadas sob a sua égide, são treinadas para pensar segundo os seus termos: para elas, é natural aceitá-la e não questioná-la.

No entanto, quando as contradições internas se desenvolvem em debates cada vez mais irrealistas, ou quando ocorrem novos acontecimentos que não se ajustam à explicação estabelecida, as pessoas podem começar a questionar as bases. Quando isto sucede, o modo dogmático de pensar só pode ser conservado pela força. O uso da força tem uma influência profunda na evolução das ideias. O pensamento já não se desenvolve segundo as suas próprias linhas e mistura-se com a política do poder. Os pensamentos particulares associam-se aos interesses particulares e a vitória de uma interpretação depende mais da força política relativa dos seus proponentes do que da validade dos argumentos expressos em sua defesa. A mente humana torna-se um campo de batalha de forças políticas e, reciprocamente, as doutrinas transformam-se em armas nas mãos das facções em guerra.

A supremacia de uma doutrina, portanto, pode ser prolongada por meios que pouco têm a ver com a validade dos argumentos. Quanto maior for a coerção usada para manter o dogma em vigor, menos satisfará as necessidades da mente inquisitiva. Quando a hegemonia de um dogma se quebra, as pessoas sentem que foram libertadas de uma opressão terrível. Abrem-se novos horizontes e a abundância de oportunidades gera esperança, entusiasmo e enorme actividade intelectual.

Vemos que o modo dogmático de pensar não consegue recriar nenhuma das qualidades que tornavam o modo tradicional tão atractivo. O modo dogmático é convoluto, rígido e opressivo. É verdade que elimina as incertezas que assolam o modo crítico, mas só a custo de criar condições que a mente humana consideraria intoleráveis se tivesse consciência da existência de qualquer alternativa. Tal como uma doutrina baseada numa autoridade sobre-humana pode constituir uma forma de fugir às desvantagens do modo crítico, o próprio modo crítico pode parecer a salvação para os que sofrem a opressão de um dogma.

A SOCIEDADE FECHADA

A sociedade orgânica apresenta algumas características muito atraentes para o observador: uma unidade social concreta, uma pertença incondicional, uma identificação de cada membro com o colectivo. Os membros de uma sociedade orgânica teriam dificuldade em considerar isto uma vantagem. Ignorantes como são de que a relação podia ser diferente, só aqueles que têm consciência da existência de um conflito entre o indivíduo e o Todo social na sua própria sociedade é que podem ver a unidade orgânica como um objectivo desejável. Por outras palavras, os atractivos da sociedade orgânica são melhor apreciados quando as condições requeridas para a sua existência já não predominam.

Não admira que, ao longo da história, a humanidade tenha mostrado desejo de regressar ao seu estado original de inocência e beatitude. A expulsão do Jardim do Éden é um tema recorrente. Mas a inocência, uma vez perdida, não pode ser recuperada – a menos que, talvez, se esqueça toda a experiência. Em todas as tentativas para recriar artificialmente as condições da sociedade orgânica, é precisamente a identificação incondicional e inquestionável de todos os membros com a sociedade a que pertencem que é mais difícil de alcançar. Para restabelecer a unidade orgânica é necessário proclamar a supremacia do colectivo. O resultado, porém, distinguir-se-á da sociedade orgânica num ponto vital: em vez de serem idênticos, os interesses do indivíduo ficam subordinados aos do colectivo.

A distinção entre interesse pessoal e interesse público levanta uma questão perturbante acerca daquilo que é realmente o interesse público. O interesse comum tem de ser definido, interpretado e, se necessário, imposto sobre os interesses pessoais divergentes. Esta tarefa é melhor desempenhada por um dirigente vivo, uma vez que pode ajustar as suas políticas às circunstâncias; se a tarefa for confiada a uma instituição, é provável que seja desempenhada de uma forma desajeitada, inflexível e ineficiente. A instituição tentará evitar as mudanças, mas, a longo prazo, não o conseguirá.

Independentemente do modo como o interesse comum seja teoricamente definido, na prática reflectirá o interesse dos dirigentes. São eles que proclamam a supremacia do Todo e são eles que impõem a sua

362 | A ERA DA FALIBILIDADE

própria vontade sobre os indivíduos recalcitrantes; a menos que se pense que são totalmente altruístas, são eles que beneficiam com isso. Os dirigentes não perseguem necessariamente os seus objectivos egoístas enquanto indivíduos, mas beneficiam com o sistema existente enquanto classe: por definição, são a classe dirigente. Como a participação nas classes está claramente definida, a subordinação é de uma classe a outra. A sociedade fechada pode, pois, ser descrita como uma sociedade baseada na exploração de classe. A exploração pode também ocorrer na sociedade aberta, mas, como a posição do indivíduo não é fixa, não funciona numa base de classes. No sentido de Marx, a exploração de classe só pode existir numa sociedade fechada. Marx deu um contributo valioso quando estabeleceu o conceito, tal como Menénio Agripa fez quando comparou a sociedade a um organismo. No entanto, ambos aplicaram a ideia ao tipo errado de sociedade.

Se o objectivo declarado de uma sociedade fechada é assegurar a supremacia de uma classe (ou raça ou grupo) sobre outra, pode cumprir eficientemente a sua tarefa. Mas se o seu objectivo é restabelecer as condições idílicas de uma sociedade orgânica, está condenada ao fracasso. Há um hiato entre a unidade ideal e social e a realidade da exploração de classe. Para eliminar este hiato, é necessário um conjunto elaborado de explicações, que, por definição, é divergente dos factos.

Tornar a ideologia universalmente aceite é a principal tarefa da autoridade dirigente e o critério do seu sucesso. Quanto mais aceite for uma ideologia, menor é o conflito entre o interesse colectivo e as políticas realmente seguidas, e *vice-versa*. No seu melhor, um sistema autoritário pode esforçar-se muito para restabelecer a calma harmonia da sociedade orgânica. Com maior frequência, é necessário empregar algum nível de coerção e este facto tem de ser explicado por argumentos tortuosos que tornam a ideologia menos convincente, o que exige o uso de mais força até que, no seu pior, o sistema fica apenas baseado na compulsão e a sua ideologia deixa de ter qualquer relação com a realidade.

ÍNDICE REMISSIVO

A Sociedade Aberta e os Seus Inimigos (Popper), 53, 89-90
Adams, John, 54
Afeganistão, 233
ajuda externa, falta da, 230-232
Albright, Madeleine, 134
Alemanha nazi *versus* administração Bush, 141-147
aquecimento global, 245-247
Arafat, Yasser, 236
armas de destruição maciça, 242-243
As Duas Fontes da Moral e da Religião (Bergson), 90
Aznar, José Maria, 149

Bergson, Henri, 90
Blair, Tony, 149
Bolton, John, 227
Browne, John, 274
Bush, administração
    11 de Setembro explorado pela, 149-150, 175-176
    agenda do, 121-122
    alargamento indevido de poderes executivos à, 148-149

Alemanha nazi/União Soviética *versus*, 141-147
aquecimento global visto pela, 245-247
ataques terroristas e resposta da, 134-135
Cheney como fonte de ameaça da, 148-149
democracia promovida pela, 218-219
falhanços de liderança na, 148-149, 253
falhanços dos seguidores da, 149-151
fragilizando os Estados Unidos, 253-254
ideologia abrangente não como guia da, 144-145
ideologias totalitárias *versus*, 144-146
medo explorado pela, 165-166, 174-176
modelo expansão-contracção e, 139
natureza do poder como guia da, 198-201

366 | A ERA DA FALIBILIDADE

neoconservadores na, 169
poder para a, 198-201
políticas da, 185-186, 233-235
realidade mal interpretada
pela, 166
relações internacionais na,
198-201
sobre actos de terrorismo cometidos pelo Estado, 167-169
técnicas de propaganda da,
143-144, 238-239
Bush, George, W.
opinião pública contra, 137
reeleição de, 122, 137
significado da democracia
para, 235

carvão, extracção de, 286
Castro, Fidel, 212
Chávez, Hugo, 198, 285
Cheney, Dick, 30
como fonte da ameaça da
administração Bush, 148-149
sobre os terroristas, 285
China
sociedade civil, 278-279
desenvolvimento, 269-270
petróleo, 289-290

ciência, ataques contra a, 132-
-133
comportamento racional, 43-51
Comunidade das Democracias,
17-18, 265-270

condições longe do equilíbrio, 49
condições perto do equilíbrio *versus*, 118-119
em situações políticas/so-
ciais, 41-43
experiências de, 70-74
nos mercados financeiros,
41-43
operar em, 107-111
situações reflexivas e, 40-43
conhecimento
busca de, 43-44
científico, 321-322
como imperfeito, 46-47
decisões baseadas no, 78-73
ideologia como fonte de,
354-356
na realidade, 36
objectos de, 36
Conselho de Segurança da
ONU, 211-212, 181-182
Consumismo, 161-164, 202-203
crise energética global, 281-298
Crvenkovski, Branko, 12
cultura, 69-70
Cuny, Fred, 134

Declaração de Varsóvia de
2000, 223-224
como gesto vazio, 266
democracia
americana, 154-156
compreensão de Bush da,
235

conquistas da, 332-334

economia de mercado e, 325-238

falácia da, 228-230

funcionamento adequado da, 327

guerra ao terrorismo e, 183--184

introduzida do exterior, 218--220

liberal, 120

Médio Oriente, 184, 235-236

no Afeganistão, 233-234

princípio da, 325-326

promoção da, 218-239

sociedade aberta associada à, 54-55

Development as Freedom (Sen), 224

direito internacional. *Ver também* sociedade aberta global

Iraque como violador do, 225-226

regência do, 15

economia

de mercado, 325-328

domínio do consumismo, 162-163

global, 248-251

papel dos governos na, 228--230

eleições

corrupção de, 163-165

livres, 236-239

nas Nações Unidas, 267-268

no Médio Oriente, 182-184

energia, 281-298. *Ver também* crise energética global

Estados Unidos

administração Bush não exerce o papel de liderança dos, 253-254

agenda da ordem mundial marcada pelos, 207

Alemanha nazi/União Soviética *versus*, 142

aliados contra os, 215

atitude dos, 212-214, 267--268

bolha imobiliária nos, 204--205

como líder legítimo do mundo livre, 251-252

como obstáculo a um mundo estável/justo, 19

como potência dominante, 207-218

como sociedade hedonista, 28, 156-165

como única superpotência *versus* líderes do mundo livre, 211

condições de crédito nos, 203-204, 248-249

condições materiais dos, 201-205

declínio da posição dos, 177--178, 194, 198, 253-254

368 | A ERA DA FALIBILIDADE

envolvimento construtivo no exterior *versus* no interior, 227-228

fim dos EUA como sociedade aberta, 171-172

força usada pelos, 208-210

Fundação Sociedade Aberta nos, 127

guiados por concepções erróneas, 215-216

instituições internacionais bloqueadas pelos, 210-213

interesse nacional promovido pelos, 211

modelo de sociedade aberta importante para, 138

ONU como instrumento dos, 226-227

ordem mundial ameaçada pelos, 135-136

papel dos, 19, 216-217

poder de veto no Conselho de Segurança da ONU, 211

preocupação com a falta de verdade nos, 149-150

programa nuclear iraniano como efeito da fragilidade dos, 181

regime não totalitário, 147

sinais passados reconhecidos pelos, 175-176

situação de fornecimento de energia nos, 203-204

sociedade aberta ameaçada pelos, 120-123, 131-132

superioridade militar, 201

uso de armas nucleares pelos, 242-243

valores necessários aos, 158

Ezekwesili, Oby, 276

falácias férteis, 68-70

falibilidade

conotação negativa da, 51-52

era da, 51-55

na realidade, 36

princípios gémeos da reflexividade e, 51-52

radical, 79-84

sociedade aberta aceita a, 92

Freud, Sigmund, 81

Friedman, Milton, 134

Fundação Sociedade Aberta

actividades da, 108-109

apoio da, 104-105

capacidade dos governos melhorada a nível central/local pela, 220-221

envolvimentos construtivos dos governos *versus*, 230-232

erros da, 115-116

estratégia de duas vias da, 220

financiamento, 102-105

objectivo da, 116

preocupação com o bem-estar dos beneficiários, 230-231

ÍNDICE REMISSIVO | 369

promoção da democracia, 218-223
sociedade civil adopta a, 104-105
nos Estados Unidos, 127--128
fundamentalismo do mercado, 213-214, 228-230
fundamentalismo religioso, 162
fundos de investimento mobiliários de hipoteca, 59-60

Gage, Phineas, 67
globalização
ascensão da, 213-215
assimétrica, 15-17, 263-264
como projecto dos fundamentalistas do mercado, 229--230
em relação ao Estado-providência da União Europeia, 255-256
forma corrente da, 336
mundo como interdependente devido à, 123
Gorbachov, Mikhail, 105, 212
Gore, Al, 245
governos, 24, 219-232
guerra
estado permanente de, 171--172
liberdades civis ameaçadas durante o estado de, 170
nuclear, 287-288

ordem mundial não evita a, 208-209
guerra contra as drogas, 129-131
guerra contra o terrorismo
aliados viram-se contra os Estados Unidos, 170
ameaça o papel dominante dos Estados Unidos, 171
como contraproducente, 166, 171-172
estado de guerra permanente devido à, 171-172
incompatibilidade da democratização com a, 170
medo cria apoio para a, 166--168
pagar pela, 201-203
papel do medo da morte na, 128-130
poderes executivos ilimitados permitidos pela, 139-140
suspende o modo de pensar da sociedade aberta, 134-135

Hamas, 183-184, 235-237, 293--294
Heisenberg, Werner, 75
Hezbollah, 183
Holmes, Stephen, 117
Hubbert, King, 282-283
Hubbert, Pico de, 281-286
Hussein, Saddam, 180

Ieltsin, Boris, 111

370 | A ERA DA FALIBILIDADE

Iluminismo
  atitudes com raízes no, 44
  democracia americana como
  produto do, 154-156
  limitações da razão manifes-
  tadas no, 49
  razão separa da realidade
  no, 66
  imigração, 264-265
  incerteza, 74-76
  mudança como causa, 95
  no modelo da sociedade
  aberta, 95-96
  intervenções, 227-230
Irão, 179-181, 244-245
Iraque, Guerra do
  direito internacional violado
  pela, 225-226
  Irão como beneficiário da,
  179-181
  media na, 159
  Médio Oriente destabilizado
  pela, 178-179
  opinião pública sobre a, 149
  pagar pela, 201-203
  petróleo e, 115-116
Irmandade Muçulmana, 238
Islão, 182-183

Jaruzelski, Wojciech, 236
Jefferson, Thomas, 54, 213
Johnson, Mark, 68

Kagan, Robert, 261

Karimov, Islam, 168, 195, 226,
  233, 278
Khodorkovsky, Mikhail, 291
Kovalyov, Sergei, 13
Kuchma, Leonid, 111, 291

laissez-faire, 336
Lakoff, George, 68, 80
lei comum, 313
liberdade
  conceito de, 336-338
  propriedade privada e, 338-
  -339
  sociedade aberta significa, 89
liberdades civis, 170
Luntz, Frank, 67-68

Madison, James, 54
Mahatir, Mohamed, 9
maldição dos recursos, 272-279
Marx, Karl, 81
McCain, John, 177
McCain-Feingold, lei, 20-21
media, 159
Médio Oriente
  confusão no, 178-180
  democratização do, 182-184,
  235-236
  destabilizado pela Guerra
  do Iraque, 178-179
  eleições no, 182-184
  maldição dos recursos e instabilidade no, 281
medo

ÍNDICE REMISSIVO | 371

apoio à guerra ao terrorismo criado pelo, 166
da morte, 128-130
exploração do, 174-176
política do, 142
mercantilismo asiático, 202-203
metáforas
falsas, 199
lógica *versus*, 79-80
método científico, 76-79, 321--325
Mianmar, 197, 226, 278
Morales, Evo, 197
mortalidade, 86-87
morte
na sociedade hedonista, 173
negação cultural da, 128-130, 173-174
movimento ambientalista, 142, 144
mudança
conceito de, 304-307
incerteza causada pela, 94-95
Mugabe, Robert, 226, 278
Musharraf, Pervez, 184

Nações Unidas
como instrumento dos Estados Unidos, 211-212, 226-227
Conselho dos Direitos Humanos, 18
eleições, 267
Programa de Desenvolvimento das, 222-223

Norquist, Grover, 145-146
Novembro, 11 de, exploração do, 149-150, 175-176

Obasanjo, Olusegun, 222, 275--277
Of Paradise and Power (Kagan), 261
Okonjo-Iweala, Ngozi, 222, 276
ordem mundial
aquecimento global e, 245--247
base de soberania/não--intervenção da, 223-224, 251-252
bases para a, 208-209
cooperação internacional para a, 251-252
desordem da, 253
instável, 194-198
mudança de atitude em relação à, 217-218
não evita a guerra, 208-209
perspectivas económicas da, 248-251
proliferação nuclear como problema da, 240-245
regras que regem a, 208-210

países em desenvolvimento, 269-279
Pamuk, Orhan, 259
pensamento/pensar

372 | A ERA DA FALIBILIDADE

abstracto, 315-318
como parte da realidade, 35--39
falácias férteis como realidade separada do, 68-69
método científico do modo crítico de, 321-325
modo crítico de, 315-318
modo dogmático de, 350-360
modo tradicional de, 302--309
modo tradicional *versus* modo tradicional de, 350-353
processo crítico de, 318-319
realidade separada do, 304--305
petróleo
    Guerra do Iraque e, 197
    Pico de Hubbert na produção global de, 281
    situação da China em relação ao, 289-290
    situação de escasso fornecimento do, 282-285
Plassnik, Ursula, 260
Platão, 152
Poder, 198-205
políticas
    da administração Bush, 185--186, 233-235, 239
    qualificações para ter, 11-12
    reforma da política da droga, 129-131
Popper, Karl, 17

como filósofo da ciência, 55
influência de, 52-56
revisão do esquema do método científico de, 76-79
sobre a organização social, 90
sobre a sociedade aberta, 52--55
sobre a unidade da ciência, 323-324
sobre a unidade da doutrina do método, 76-79
sobre as ameaças à sociedade aberta, 90-92
sobre os inimigos da sociedade aberta, 117
positivismo lógico, 45
princípio da incerteza humana, 74-76
Projecto sobre a Morte na América, 174-175
    cuidados paliativos defendidos pelo, 128-130
proliferação nuclear, 240-245
propaganda, 140
    técnicas da administração Bush, 143
propriedade privada, 338, 339
Putin, Vladimir, 9, 290-291

Quioto, Protocolo de, 246-247, 262, 287

Rabin, Yitzhak, 236

razão
abandonada quando orientada pelo medo, 174-175
no Iluminismo, 49-50, 65
relação da emoção com a, 66-68
Reagan, Ronald, 161, 190, 213--216
realidade
aspectos objectivos/subjectivos da, 49
como contingente em relação às decisões, 36-38
conhecimento da, 36
durante o Iluminismo, 65-66, 155
falácia fértil como separação do pensamento e, 68-70
falibilidade na, 36-37
hiato entre percepções e, 74--75
incerteza inerente da, 50, 94-96
manipulação da, 152-153
pensamento como parte da, 35-39
pensamento separado da, 304-305
pré-requisito do sucesso como conhecimento da, 151-152
reflexividade ocorre num segmento da, 43-44
representação errónea pela administração Bush, 166

reflexividade, 152
como interferência, 39-41
como norma, 65-66
conceito de, 39-41, 55-56, 75
condições longe do equilíbrio e, 41-43
dificuldades do processo crítico devido à, 323-324
elemento de incerteza introduzido pela, 74-76
entre valores/oportunidades, 47-78
nos mercados financeiros, 56-63
princípios gémeos da falibilidade e, 51-52
situações de, 39-41
teoria e economistas académicos, 47-49
relações internacionais, 198--201, 207-209
Robbins, Lionel, 162
Rumsfeld, Donald, 30, 148, 169, 197-199
Russell, Bertrand, 46

Sakharov, Andrei, 84, 105-106
Sarkozy, Nicholas, 260
Schiavo, Terri, 129
Sen, Amartya, 224
Shultz, George, 134
soberania
como conceito anacrónico, 17, 208

374 | A ERA DA FALIBILIDADE

na União Europeia, 254-255
relações internacionais e,
208
sociedade aberta global, 13-17
globalização assimétrica,
263-264
necessidade da UE como
protótipo da, 256-265
sociedade fechada, 314-315
colapso da, 117
deficiências da, 99-100
exploração de classe na, 98-
-99, 357-360
objectivo da, 362
sociedade aberta *versus*, 93-
-96, 118-120
sociedades. *Ver também* s. civis, s.
fechadas, s. abertas, s. orgânicas
condições sociais na imutabilidade, 305-307
imutáveis, 302-306
indivíduo/Todo nas, 309-312
perfeitamente mutáveis, 342-
-346
vida dos membros nas, 309-
-310
sociedades abertas. *Ver também*
sociedade aberta global
ameaçadas, 117-119, 131-
-132
como conceito epistemoló-
gico, 53-54
como desejáveis, 156-157

como florescente, 96-99
como ideia abstracta, 257-
-256
como sociedade imperfeita
aberta ao aperfeiçoamento,
127-128
competição perfeita nas,
330-334
concepções erróneas corrigidas pelas, 20-22
conclusão lógica das, 342-345
consequências da não com-
preensão das, 156-157
construção de, 239
contrato social nas, 339-343
deficiências das, 100, 347-349
democracia associada ao
conceito de, 52-54
democracia liberal *versus*, 120
desafios estruturais das, 120-
_124
esperança/criatividade gera-
das pelas, 83-84
Estados Unidos como desa-
fio às, 120-122
Estados Unidos e o modelo
das, 138
falibilidade aceite pelas, 91-
-93
falta de consenso ameaça as,
299
guerra contra o terrorismo
suspende o modo de pensar
das, 134-136

ÍNDICE REMISSIVO | 375

importância da verdade nas, 151-152
incerteza como modelo nas, 138-140
incerteza inerente da realidade reconhecida pelas, 94-96
inimigos das, 117
instabilidade nas, 334-336
liberdade/ausência de repressão nas, 89
movimentos que não ameaçam as, 142-144
mudança/incerteza nas, 329--330
na Era da Falibilidade, 53-54
não compreendidas, 154-159
objectivo dos Estados Unidos como, 171-172
perigos para as, 20, 157
Popper sobre, 52-56, 90-925
promoção das, 53-56, 115--116, 233-239
revisão da estrutura das, 117-120
significado das, 89-124
sistema político adequado às, 96
sociedade civil *versus*, 220
sociedade fechada justaposta às, 92-96, 118-120
tradição política americana e, 154-155
União Europeia como encarnação das, 254-255

valores nas, 345-347
sociedades civis,
comportamento da China para com as, 278-279
eficiência das, 271-272
Fundação Sociedade Aberta adoptada pelas, 104-105
internacionais, 271-272
sociedades abertas *versus*, 220
sociedades orgânicas
características das, 360
existência de, 93-94, 99-100, 309-311
justiça nas, 312-313
unidade das, 312-315
Soludo, Charles, 276
Steinberg, Saul, 59
Strauss, Leo, 156
Sucesso, 150-154
Supremo Tribunal, 170

terrorismo. *Ver* guerra contra o terrorismo
Thatcher, Margaret, 214, 336
tiranos, 225-227, 256-257
Tong, Bao, 107
tradições, 315-316
Tratado Lógico-Filosófico (Wittgenstein), 46
Truman, Harry, 161-190
Turquia, negociações da UE com a, 259-251

União Europeia

como potência militar, 257
como protótipo global da
sociedade aberta, 254-265
como sociedades hedonistas,
264-265
construção da, 254-255
globalização no Estado-providência da, 255-256
influência americana sobre
a, 197-198
missão da, 256-262
necessidade competitiva da,
264-265
negociações da Turquia com a,
259-261
política energética da, 289-
-298
reanimação, 256-257
sustentada, 255-258
tradição de cooperação da,
261-263
vontade política da, 256
União Soviética *versus* administração Bush, 141-147

valores
como questão de escolha,
96-97
nas sociedades abertas, 348-
-349
necessários aos Estados Unidos, 158
reflexividade entre oportunidades e, 47-48
Venezuela, 196
Verdade, 84-86, 90-91, 151-154

Wittgenstein, Ludwig, 46
Wolfowitz, Paul, 134-156

Yanukovich, Viktor, 291
Yavlinsky, Grigory, 110

Ziyang, Zhao, 107
Zoellick, Robert, 212